城乡融合发展助力峒山村乡村振兴

马德富　蔡　玲　叶　宁　许　伟　著

长江出版传媒｜湖北人民出版社

图书在版编目(CIP)数据

城乡融合发展助力峒山村乡村振兴/马德富等著.
武汉:湖北人民出版社,2019.7
ISBN 978-7-216-09747-5
Ⅰ.城… Ⅱ.马… Ⅲ.农村—社会主义建设—研究—鄂州 Ⅳ.F327.633
中国版本图书馆 CIP 数据核字(2019)第 118353 号

责任编辑:刘天闻
封面设计:刘舒扬
责任校对:范承勇
责任印制:王铁兵

出版发行: 湖北人民出版社　　**地址**:武汉市雄楚大道 268 号
印刷:武汉市天星美润设计印务有限公司　　**邮编**:430070
开本:710 毫米×1010 毫米 1/16　　**印张**:15
字数:258 千字　　**插页**:2
版次:2019 年 7 月第 1 版　　**印次**:2019 年 7 月第 1 次印刷
书号:ISBN 978-7-216-09747-5　　**定价**:42.00 元

本社网址:http://www.hbpp.com.cn
本社旗舰店:http://hbrmcbs.tmall.com
读者服务部电话:027-87679656
投诉举报电话:027-87679757

总　序

“基础不牢、地动山摇”。城乡社区作为社会治理基本单元点，承担着将党的路线方针政策落实到“最后一公里”的重担。其治理水平直接关系国家治理体系和治理能力现代化。在我国社会结构深刻变动、利益格局深刻调整、思想观念深刻变化的社会转型背景下，城乡社区成为多样化社会矛盾的积聚点、多元化利益诉求的交会点和各种治理力量的凝结点。推动社会治理重心下移和关口前移成为化解社会风险、实现国家长治久安的必然选择。自《中共中央国务院关于加强和完善城乡社区治理的意见》（中发〔2017〕13号）指出“城乡社区治理事关党和国家大政方针贯彻落实，事关居民群众切身利益，事关城乡基层和谐稳定”之后，党的十九大报告更是进一步明确提出“加强社区治理体系建设，推动社会治理重心向基层下移，发挥社会组织作用，实现政府治理和社会调节、居民自治良性互动”。

实现治理重心下移的首要前提是尊重基层自治的主体性、尊重基层自主治理权。回顾我国农村改革的发展历程，从家庭联产承包责任制到土地“三权分置”，从村民自治、农村税费改革到乡镇综合配套改革，这些重大农村政策变革与调整的背后都离不开基层的自主创新与探索。在城乡社区治理实践中，“三社联动”“三治融合”、公益创投、城乡社区民主协商等的提出，也均萌芽于基层、发展于基层、成熟于基层。可以说，基层主体性的发挥是基层自治的活力和力量源泉。然而在现实基层治理过程中，由于种种客观原因，虽然政府充分认识到基层治理的重要性，并一再强调“社会治理的重心必须落到城乡社区”，但在建设“党委领导、政府负责、社会协同、公众参与、法治保障”的社会治理体制实践中，社会协同、公众参与始终处于相对薄弱的地位，基层自治真正落实依然任重道远。在城乡社区治理中，“干部说群众听、干部要求群众干”的现象较为普遍，社区行政化倾向依然明显。在诸多社区事务中，行政事务占据社区干部大部分精力和时间，社区俨然异化为政府附属机构，其自治功能和自治活力被弱化。

面对此种情境，基层干部对于自治怀有三种不同心态。一是依赖心态。受一元化社会管理思维影响，上级政府习惯以建议的名义直接推进基层具体事务。这种治理模式不仅限制了基层自治功能的发挥，而且也使部分基层干部养成“等、靠、要”“搬、套、抄”的思维惯性，甚至以“多做多错，少做少错”为自己的不作为行为开脱。在该思想主导下的城乡社区，自治意识缺失成为自治面临的最大障碍。二是赞同心态。与依赖心态不同，该类基层干部深刻认识到基层自治的重要性以及难点、痛点，并期望政府能够赋予其更多的基层事务自治权，使其能真正做到因地制宜地发展。正如一村支书所感慨的，“中央出台的各种惠农政策就好像一桌满汉全席，十分诱人，但都堆积在喉咙，没有进入胃里消化”，而要“消化”，就必须尊重基层自治，使各类政策适应当地气候水土，并生根发芽。三是矛盾心态。持这一心态的基层干部一方面看到了传统管理模式的弊端，认为激发基层自治活力，建立共建共治共享的社会治理格局乃时代大势所趋；另一方面，他们对基层自治前景存疑，唯恐自治成为引发社会冲突和社会不稳的隐患。因此，其行为也表现出摇摆性和矛盾性。

这种对于基层自治的顾虑可从风险社会所面临的多元化社会风险与基层有限治理能力的矛盾加以解释。一是基层防范和化解多元社会风险的能力不足。现代社会不仅面临传统安全风险，也面临非传统安全风险；既需要面对内部安全问题，又需要面对外部安全挑战。正如党的十九大报告所言，世界面临的不稳定性不确定性突出，世界经济增长动能不足，贫富分化日益严重，地区热点问题此起彼伏，恐怖主义、网络安全、重大传染性疾病、气候变化等非传统安全威胁持续蔓延，人类面临许多共同挑战。与此相对的是，理念的滞后、治理结构的僵化、自治组织的功能有限使基层自治能力与水平尚未达到能有效抵御社会风险的要求。二是大数据时代下的基层治理理念与治理能力面临挑战。如何更好地运用“互联网+”技术是目前基层治理中需要考虑的新课题。信息安全、网络社会治理、舆情引导、专业人才培养、新技术运用等都成为其需要考虑的问题。虽然一些城乡社区借助现代信息技术开展智能社区建设，以推进社区服务智能化、专业化和精细化，但仍有部分基层干部对网络运用所带来的治理结构、治理内容和治理方式的变化缺乏充分的心理准备和知识、技能与人员储备。因此，他们尽管意识到信息社会所带来的各种新变化和新挑战，但受限于自治能力的不足，只能沿用传统的治理理念和模式去处理所遇到的问题。

由此看来，如何提升基层自治能力成为治理重心有效下移的关键。在这个过程中，培育自治组织、提升自治能力是推进基层治理能力现代化的重要环节。在具体实践中，部分地区已经着眼于本地需求与资源，围绕激发自治活力、培育自治组织、创新自治德治法治相结合的方式进行了一系列的探索和尝试，建立起不同的城乡社区治理模式。基于此，湖北社会治理体系研究中心、湖北省社会科学院社会学所在推进“社会治理双基工程”第三期工作中，选取了孝感市陡岗镇袁湖村、宜昌市秭归县茅坪镇陈家坝村和鄂州市峒山村为样本点，进行了为期一年多的实证跟踪研究，并从不同角度深入探索其在社会治理实践中所折射出来的基本经验和规律。袁湖村从尊重村民自主性、提高其自治效能感着手，创造性地提出“1+X”民主管理模式，将自治单位下移至自然垮和村小组，从而实现了乡村治理中村民从村治旁观者到积极参与者、干群关系从紧张到信任、村治效能从低效到高效的三大转变。陈家坝村基于“幸福村落”创建活动而形成的乡村自治模式通过在全村建立“双线三级”的村治组织体系、开展公益创投项目、推进“积分制”量化管理、成立内生型村民社团等举措，不仅在乡村内部建立起公共参与激励机制，而且减少了乡村发展的对外依赖性，体现出不同以往的农村治理新思路。峒山村则积极探索城乡融合发展的乡村振兴之路，对城乡融合中的城乡关系重塑、城乡体制机制创新、产业体系建立以及基础设施和公共服务体系建设进行了探讨。

“双基工程”已经走过三个年头，第四辑著作仍将继续秉承前三辑所提之基本观点和原则：在研究理念上，“坚持共性个性的统一，通过系统、全面和深入的个性积累，揭示共性”。在研究对象上，“坚持突出具有一般性特征的对象研究，关注全面指导意义，强调共性主体原则，避免一叶障目；坚持突出具有特别性特征的对象研究，做到分类指导，因地制宜，增强社会实践的指导性；坚持突出具有典型性的对象研究，提升理性成果，指导社会实践”。在研究内容上，“既注重研究对象的全面性，又注重其个别特殊性，更加突出特殊性。始终在总结分析、研究提升和指导工作的基础上，把每一个研究对象在社会治理实践中所体现的特殊性，尤其是所面临的重要问题的破解作为研究的重中之重”。在研究方法上，注重专题研究、追踪研究和开放研究相结合。“在问题导向的引导下，以解决好我国当前社会治理实践中所面临的突出问题为目的，按照轻重缓急、分类研究的原则，确定重点内容和领域，分阶段、分类别地集中力量展开专题研究。”

一微尘可观大千世界，一滴水可见日月天光。三年来，湖北省社会科学院社会学所“双基工程”课题组的青年学者们，在对社会样本进行麻雀剖析的基础上，对城乡社区治理研究的相关领域进行了持续而谨慎的探讨。其不足之处欢迎各专家学者和社会工作实践者们不吝赐教！

是为序。

2019年3月

前　言

实施乡村振兴战略，是党的十九大做出的重大战略部署，是决胜全面建成小康社会、全面建设社会主义现代化国家的重大历史任务，是新时代“三农”工作的总抓手。推动城乡融合发展，建立健全城乡融合发展体制机制和政策体系，是实现乡村振兴的有力举措。改革开放以来，我国工业化、城镇化快速推进，目前常住人口城镇化率达到58.52%。但与此同时，一些农村地区出现了村庄空心化、农户空巢化、农民老龄化等问题。能否顺利解决这些问题，对于能否全面实现乡村振兴至关重要。由于知识水平、资金实力和技术条件等因素的制约，仅仅依靠农民自身是难以有效解决这些问题的。推动城乡融合发展，积极引导城市的人才、资本、技术、信息等生产要素流向农村，让各类人才与留乡、返乡的农民形成优势互补的乡村振兴新主体，能够有力促进工业化、城镇化过程中乡村问题的解决，确保实现乡村振兴。

乡村振兴让“三农”渐入佳境

实施乡村振兴战略，提出了新时代推动我国“三农”发展的新目标。习近平总书记在十九大报告中强调，我国社会主要矛盾已经转化为人民日益增长的美好生活需要和不平衡不充分的发展之间的矛盾。乡村发展不充分、城乡发展不平衡仍是制约满足广大农民群众日益增长的美好生活需要的瓶颈，是新阶段我国“三农”全面发展面临的主要矛盾。对此，实施乡村振兴战略提出了“产业兴旺、生态宜居、乡风文明、治理有效、生活富裕”

新20字总要求，相对十六届五中全会所提出的“生产发展、生活宽裕、乡风文明、村容整洁、管理民主”旧20字总体要求，意味着我们将以更丰富的内涵、更高的标准来推进乡村建设，进而推动城乡融合发展。这是基于新阶段“三农”发展所面临主要矛盾的准确把握，着眼于在“三农”领域全面深入落实经济、政治、文化、社会、生态“五位一体”总体布局，对标决胜全面建成小康社会，补“三农”发展短板、强“三农”发展弱项而提出的重大战略部署。

实施乡村振兴战略，强化了新时代推动我国“三农”发展的持久动力。改革开放以来农村改革发展的实践充分证明，农村基本经营制度的相对稳定和适时创新，是我国“三农”不断向前发展的根本动力。1978年，针对人民公社存在的弊端，实施了以“两权分离”为核心的家庭联产承包责任制改革，调动了广大农民的生产经营积极性，极大地解放了农村生产力。2005年，适应科学种田和生产社会化的需要，颁布实施了《农村土地经营权流转管理办法》，农业适度规模经营蓬勃发展，有力地促进了农业增效和农民增收。2013年，顺应农民保留土地承包权、流转土地经营权的意愿，启动了“三权分置”改革，并于2016年印发了《关于完善农村土地所有权承包权经营权分置办法的意见》。十九大报告提出的“实施乡村振兴战略”，围绕巩固农村基本经营制度，明确了保持土地承包关系稳定并长久不变，第二轮土地承包到期后再延长三十年；围绕完善农村基本经营制度，进一步强调了深化农村土地制度改革，完善承包地“三权分置”制度。无论是农村土地承包者还是经营者，均因此获得了更加明确和长远的政策预期，是未来一个时期推动我国“三农”发展的持久动力。

实施乡村振兴战略，指明了新时代夯实“三农”经济基石的产业路径。乡村产业是推动“三农”发展的经济基石。从十六届五中全会的“生产发展”到十九大报告的“产业兴旺”，新时代乡村产业发展的要求发生了根本改变，更具活力的乡村产业体系将逐步形成。如何才能实现产业兴旺？实施乡村振兴战略提出：构建现代农业产业体系、生产体系、经营体系，完善农业支持保护制度，发展多种形式适度规模经营，培育新型农业经营主体，健全农业社会化服务体系，实现小农户和现代农业发展有机衔接；同时提出，促进农村一二三产业融合发展，支持和鼓励农民就业创业，拓宽增收渠道。上述产业发展路径的提出，有其特定的背景：近年来，随着我国经济实力和综合国力显著增强，以乡村休闲旅游、避暑养老、创新创业、就业居住等为目的，城镇人口、资本、物资、技术和管理等要素开始向农村回流，城乡融合发展趋势越来越明显，多功能种养殖业、新型农业服务体系、乡村旅游、农产品加工业等农村一二三产融合发展的新业态及其新型经营主体因此得到快速发展，在推动将土地流转、适度规模经营量的积累转化为质效的飞跃，以及重构农村集体经济实体，建立新的“统、分”结合的现代农业产业体系、现代农业生产体系和现代农业经营体系方面发挥着不可替代的作用。因此，农村一二三产业融合发展将成为农村经济新常态。对此，要着力探索农业内部融合、产业链延伸融合、功能拓展融合、新技术渗透融合、产城融合、多业态融合等多种类型的农村“三产融合”发展模式，以此来实现产业兴旺发展的目标。

实施乡村振兴战略，提出了新时代破解制约“三农”发展治理难题的新思路。乡村治理是农村生产力和农村社会生产关系发展到一定阶段的必然产物，是国家治理体系的重要组成内容，有效的乡村治理是国家治理能力现代化的重要标志。乡村治理滞后于乡村经济的发展，是制约我国“三农”发展的重要因素。新时代做好“三农”工作，尤其需要重视乡村治理。随着农村一二三产业和城乡融合发展步伐加快，原本封闭的乡村快速、全面走向开放，乡村治理面临新的挑战和要求：乡村治理对象从原来封闭、静止、单一的乡村一元主体转向城乡互动的开放、动态、多元的城乡公民混合主体，需要建立维护城乡公民在乡村共生、和谐相处的社会治理体系；治理的农村经济制度基础从两权分离变为三权分置，需要建立维护农村土地集体所有者、农户承包经营权者和非村籍土地实际经营者共生并存的权益维护制度体系；治理的经济物质基础从一产主打到三产融合发展，需要建立维护城乡多元主体参与、共建共享的经济社会场域的利益调节体系。因此，十六届五中全会提出的“管理民主”已经不适应乡村经济社会发展的现实需要。对此，着眼于推进国家治理体系和治理能力现代化，党的十九大报告在“实施乡村振兴战略”中首次提出了“治理有效”的目标，并相应提出了加强农村基层基础工作，健全自治、法治、德治相结合的乡村治理体系的具体任务。这是我们党在新时期推进乡村建设的重大理论创新成果，对于构建新型乡村社会秩序，促进乡村经济社会持续健康发展，维护广大乡村居民利益具有重大现实意义。①

① 马德富. 乡村振兴战略谱写我国“三农”发展新篇章［N］. 光明日报，2018-07-10.

城乡融合发展是实现乡村振兴的必由路径

重塑城乡关系，促进城乡融合发展，是深入推进新型城镇化的内在要求。2017 年，我国城镇化率达到 58.52%。其中，东部地区城镇化率已达 67.1%，部分城市圈（群）城镇化率接近 80%；按照目前速度，预计到 2030 年全国城镇化率将高达 70%，大中城市市民和发展要素向生态环境优良、低成本的乡村空间转移的动力已经具备，逆城镇化趋势在我国东中西部日益明显。这标志着我国进入新型城镇化持续深入推进和中国特色逆城镇化稳步推进的发展阶段。此时，只有走逆城镇化道路，才能持续健康推进新型城镇化，形成城乡相宜的城乡融合发展新格局。

重塑城乡关系，促进城乡融合发展，是积极实施乡村振兴战略的现实需要。在长期的城镇化、工业化进程中，我国东中西部广大农村出现了村庄空心化、农户空巢化、农民老龄化等问题。这是各地实施乡村振兴战略必须面对的问题。谁来破解这些问题？受知识水平、资金实力和技术条件等的制约，第一代返乡农民工难独担此任；依靠返乡的“是农民不会种地，是工人缺技术，是知识分子少文化，在城里却被称作农民”的农民工二代显然更不现实。唯有有序推进逆城镇化，引导能人回乡、市民下乡和企业兴乡，并借此聚集更多人才、技术、资本、信息和创新等发展要素，团结带领留乡、返乡的村民，形成优势互补的乡村振兴新主体，通过发展适度规模农业、走农村一二三产业融合发展道路，加快构建现代农业产业体系、生产体系、经营体系，筑牢乡村振兴的产业基石。

重塑城乡关系，促进城乡融合发展的具体路径。我国的城镇化历程，先后经历农村要素单向流入城镇的“二元”结构时代、十六大报告提出的城乡统筹发展阶段、十七大报告提出的形成城乡经济社会发展一体化新格局发展阶段，以及十九大提出的建立健全城乡融合发展体制机制和政策体系发展阶段。这表明，我国新型城镇化越是推向深入，就越重视乡村的发展。当前，我国城乡步入融合发展的新阶段。加快推进逆城镇化，就是通过引导大中城市要素下乡，重塑城乡关系，实现城乡融合发展，妥善解决城镇化过程中乡村衰落问题。

逆城镇化是实现城乡融合发展不容回避的时代潮流

2018年3月7日上午，出席两会的习近平同志在参加广东代表团审议时强调："一方面要继续推动城镇化建设。另一方面，乡村振兴也需要有生力军。要让精英人才到乡村的舞台上大施拳脚，让农民企业家在农村壮大发展。城镇化、逆城镇化两个方面都要致力推动。城镇化进程中农村也不能衰落，要相得益彰、相辅相成。"

逆城镇化的率先实践及其理论形成，均源于西方发达国家。所谓逆城镇化，是指城市发展达到聚集空间趋近极限和出现难以治愈的"城市病"的阶段，在企业追求低成本发展和居民追求高品质生活的动力推动下，工商企业及其带动下的人口居住（购地修房或买房）向郊区（乃至向偏远小镇或乡村）转移的经济社会现象。

对比西方发达国家和中国的逆城镇化，人口、技术、资金等要素向乡村流动是共同特征，也是判断是否逆城镇化的根本标准。近年来，在规模种养业、互联网+农业、乡村旅游等农村一二三产业融合发展新业态推动下，城镇人口下乡（休闲旅游等）、要素下乡（创新创业投资等）、季节性居住下乡（挖掘大量农村空闲农房存量资源，发展避暑、养老等），乡村就业和居住常态化（乡村"双创"创造新的就业岗位，带动就业和居住常态化）等现象日趋明显。因此，中国特色的逆城镇化态势已明显呈现，一条渐进式中国特色逆城镇化道路基本成型。当然，我国的逆城镇化总体上尚处于起步阶段，并且呈现东部快速、中部平稳起步、西部滞后的状态。

新时代，顺应逆城镇化发展趋势，推进城乡融合发展，是实施乡村振兴战略的有效途径，也是新时代城乡关系新境界的标志。

城乡融合助力乡村振兴的峒山村实践

峒山社区位于鄂州市城区西郊，地势平坦，交通便捷，社区有6个自然垮，11个村民小组，有农户915户，人口3723人，村域面积15000亩，其中耕地面积 11000 亩。

2013 年 7 月 21 日至 23 日，中共中央总书记、国家主席、中央军委主席习近平在湖北调研全面深化改革问题和当前经济运行情况。其间，22 日下午，他来到鄂州市长港镇峒山村，了解城乡一体化建设情况，同部分村民座谈。他说，实现城乡一体化，建设美丽乡村，是要给乡亲们造福，不要把钱花在不必要的事情上，比如说“涂脂抹粉”，房子外面刷层白灰，一白遮百丑。不能大拆大建，特别是古村落要保护好。

积极落实习近平总书记的重要指示精神，近年来，鄂州市峒山村大胆探索城乡一体化发展的路径，先后被授予全国文明村、全国现代生态农业创新示范基地、省级旅游名村、省级美丽乡村示范村、全省发展壮大村级集体经济进步村、省级生态村、鄂州市城乡一体化“百里长港示范区”试点等殊荣，在统筹城乡发展方面走在了全省前列，在全国产生了重要影响，是顺应逆城镇化趋势，探索城乡融合发展，推动乡村振兴的有益探索。

目　录

第一章　城乡关系演变与乡村发展

城乡关系是广泛存在于城市与乡村间相互影响、相互作用、相互制约的互动关系，会通过政治、经济、社会、生态、文化等诸多因素和具体方式表现出来。城市作为生产力发展到一定阶段的产物，其与乡村间的关系必然与经济发展水平和一定条件下的制度安排相联系。

中国古代由于经济处于自然经济发展阶段，加之深厚的中央集权统治使得城乡关系往往体现为一方面乡村在政治上依附城市，另一方面乡村在经济上制约城市的特点，城市和乡村在整个社会体系中承担着不同的社会职能。近代社会之后，城市不仅继续延续着对乡村的统治，且还增加了对乡村资本主义的剥削和西方殖民掠夺。在此背景下，在若干重要港口城市获得急速发展的同时，主要的内陆地区依旧停留在自然主义的经济环境中。[①]

1949 年新中国成立后，工农联盟的特定政权形式使城乡关系从政治和利益上第一次拉近，中央政府明确提出要消除城乡差距，实现社会主义工业化，城乡统筹发展，由此作为中央政府的发展方针不断出现在政府工作报告和领导人讲话中。在新中国成立初期的经济恢复阶段，国家通过预售、现售、代购等多种形式和国营商业、合作社、私营商业等多种渠道将各种农村土特产送进城，把各种农村需要的工业产品送下乡。[②] 在这一商品交换和流通过程中，不仅农村提高了收入、工业拓宽了市场，且城乡间联系更为密切，发展也较为同步。然而，随着 1953 年的农产品统筹统销、1957 年的农村合作化和城市生产资料公有制改造，市场对城乡联系的客观调节作用逐渐式微，取而代之的是行政性计划约束成为改变和影响城乡关系的关键性因

① 蔡云辉. 城乡关系与近代中国的城市化［J］. 云南师范大学学报，2003（9）.

② 蔡禾. 城市社会学：理论与视野［M］. 广州：中山大学出版社，2003.

素，由此城乡关系在今后的很长一段时间里表现为城乡分治和城乡不平等。

第一节　城乡关系演变趋势及融合发展动力

城乡融合是城乡互补、融合、协同发展和共同繁荣的新型城乡关系，是发展过程与发展结果的统一。作为一个发展过程，城乡融合是在社会生产力发展基础上，推动资源和生产要素自由合理地流动和优化配置，达到城乡相互协作，优势互补，以城带乡，以乡促城，互为市场，互相服务，城乡经济、社会、文化和生态持续协调发展，从而实现城乡居民生产方式、生活方式和居住方式发生根本变化的历史过程；作为一个发展结果，城乡融合的实质是破除城乡分割和对立，深化城乡联系，推进城乡平等与融合发展，形成农业现代化、农村工业化、农村城市化、环境和谐化、社会文明化的发展格局。无论是一个过程还是一个结果，城乡融合的实质都是破除城乡分割和对立，深化城乡联系，推进城乡平等与融合发展，最大限度地缩小城乡差别，使高度的物质文明、精神文明和生态文明达到城乡共享。城乡融合作为一种高级的社会形态，包含“政治一体化、经济一体化、文化一体化、社会一体化、生态一体化”等要素，是“五位一体”的新型城乡关系。①

一、城乡关系演变趋势及融合发展的重要意义

（一）城乡关系演变的历史趋势

从人类城乡发展史可以看到，城乡关系是随着人类工农业生产的发展而发展变化的。其间，大致经历了城市依托乡村、城乡分割、城乡融合三个大的阶段。在城乡融合的阶段，城乡融合成为人类完善城乡关系普遍追求的目标。

我国城乡关系的变迁发展可以分为古代的城乡关系、近代城乡关系、新中国成立后的发展变化以及目前的城乡关系现状。我国城乡关系发展史表明，我国古代城乡初始状态长期稳定；近现代，我国卷入工业化浪潮中，工

---

① 王彩红．城乡一体化理论与马克思主义中国化［J］．理论探索，2011（8）．

业化对城乡关系影响巨大，直至改革开放后很长一段时间，我国城乡关系都处于城乡对立的二元结构下；当我国工业化发展到一定阶段后，实行城乡融合，是合乎规律的必然选择。

（二）当前我国城乡发展现状

总的来说，当前我国城乡关系是一种典型的二元城乡关系，城乡发展差距过大，城乡关系失调，具体表现在经济、社会、政治和文化生活等方面。

一是经济方面的城乡差别。城乡差距主要表现在收入、消费、储蓄等方面，这三个方面是紧密相连的，其中收入起着决定作用。虽然在实行农村家庭承包经营以后的一段时间，我国的城乡居民家庭人均收入差距有较大缩小，从 1978 年的 2. 57 倍缩小到 1985 年的 1. 86 倍，但 1984 年城市经济体制改革以来，以城市为重心的发展战略使得城乡居民收入差距逐渐拉大，目前，城乡居民家庭人均收入差距扩大到 2. 7 倍，远远高于世界平均水平，农民收入水平比城镇落后 9~10 年。

二是消费水平差距。收入对城乡居民的消费水平有着决定性的影响，城乡收入差距增大的情况下，城乡居民消费水平的差距也在不断扩大。城乡居民消费水平差距在改革初期有缩小之势，1985 年为 2. 3 倍，以后又呈扩大之势，1994 年扩大到 3. 5 倍，目前城乡居民消费水平差距在 3. 6 倍左右。

三是储蓄水平差别。1999 年我国城镇人口占总人口的比重达到 30. 89%，而同期城镇储蓄余额占总储蓄余额的 81. 2%，城镇居民人均储蓄存款余额为农村居民储蓄存款余额的 9~10 倍，差距非常悬殊。

四是社会方面的城乡差别。社会发展上的城乡差距主要表现在农村基础设施建设、教育、医疗卫生及社会保障等方面。

（三）推动城乡融合发展的重要意义

城乡融合是当前我国城乡关系发展的方向，通过城乡统筹解决二元城乡关系造成的问题，形成城乡融合的和谐格局，无论对城市还是农村、工业还是农业、市民还是农民，都有着重要意义。第一，城乡融合有利于农村经济结构升级和要素比例优化，提高农村生产力；第二，城乡融合有利于“三农”问题的解决；第三，推进城乡融合有利于扩大内需，实现经济协调发展；第四，推进城乡融合有利于保护生态环境和资源的有效利用；第五，推进城乡融合有利于维护社会稳定和推进城乡经济社会的全面进步。

二、城乡融合的目标任务、路径及评价指标体系

（一）城乡融合目标任务

城乡融合是相对城乡对立、城乡二元结构而言的，其发展的目标任务主要包括“空间一体化、产业一体化、资源配置一体化、社会一体化、生态一体化”等“五个一体化”。

1. 城乡空间一体化

城乡空间一体化，就是要把城乡作为一个整体，统一编制城乡产业发展、土地利用、城乡交通、通信、人口、基础设施、生态环境等专项规划，最终建立一个城乡相互配套、衔接，管理有序、落实到位的规划体系，形成城乡衔接、互通格局，缩短城乡之间的“空间距离”和“设施落差”，结束乡村封闭状态，加强城乡空间融合，进而推动城乡产业和人口融合。

2. 城乡产业一体化

所谓城乡产业一体化，是指按照统筹城乡区域经济协调发展的要求，合理产业布局、产业分工与合作，使三大产业在城乡之间进行广泛联合，构建城乡产业优势互补的一体化经济结构，最终使城乡经济相互渗透，相辅相成，最终实现共同繁荣。统筹城乡产业发展体现在经济结构调整上，重点是统筹城乡的产业布局，特别在推进农业和农村经济结构战略性调整中，要体现围绕农业发展二、三产业，办好二、三产业促进农业的发展思路；在发展方向上，城市产业要与农村二、三产业有合理分工，城市要加快产业升级换代的步伐，按照城乡统筹、合理分工的要求，将技术成熟产品成型的劳动密集型、资源密集型的产业，采取技术转移、设备转移、兼并联合、设立子公司等形式逐步向农村乡镇转移，加快培植农村新的产业优势。

3. 城乡资源配置一体化

要以市场为取向的改革，取消政府对市场不合理的干预和管制，建立城乡沟通、统一、有序的产品和要素市场，逐步解决城乡市场失灵问题，实现城乡市场对接，推动城乡之间商品、资金、信息、人才等要素的流通，促进城乡资源的优化利用与整合，使城市和乡村通过市场发挥各自的比较优势，享受市场带来的利润，实现优势互补和协调发展。

4. 城乡社会一体化

各级财政要加大对农村教育、卫生、文化等事业经费的投入；加强农村卫生服务体系建设，逐步建立新型的农村合作医疗制度和医疗救助制度，改

善农民的医疗条件；大力发展农村文化事业，丰富农民的文化生活，加强农村精神文明建设；要采取政策措施，引导社会力量投资举办农村的社会事业，建立多元化的投入机制，使农民能够享受更多的公共产品。

5. 城乡生态一体化

统筹城乡生态环境，一是要解决好人地关系的矛盾，防止人口膨胀造成的土地退化；二是要解决经济发展与环境污染的矛盾，严格控制污染源，保护物种的多样性。相对来说，当前农村的生态环境是城乡环境保护工作的重要领域，也是薄弱环节，因此必须采取积极的措施，加大对农村环境的保护力度，使农村现有的水资源、垃圾污染、土壤污染等一些重要环境问题有比较大的改善，禁止城市将污染环境的工程建到农村，针对当前农村规模化养殖及其他相关生态环境破坏情况，加强立法工作。

（二）推进城乡融合发展的路径

城乡发展一体化是一个复杂的系统工程。实施这一系统工程，不仅要求目标明确，而且要求路径选择正确。

1. 切入点：城镇化

城镇化可以从根本上解决城乡居民收入不平衡问题。从经济增长角度看，城镇化有助于减少现有农村人口和农村劳动力以及扩大农产品需求。特别是城镇化的发展将大量农民从低生产率的传统农业部门转移到高生产率的工业部门，可以从本质上改变二元经济结构。

2. 动力：工业化

工业化是城镇化的基础，只有推进工业升级，运用高新技术特别是信息技术改造并提升传统工业产业，才能走新型工业化道路；只有大力推进农业产业化，用企业化的工业基本模式大幅度调整农业产业结构，延伸农村产业链，才能推进农业区域化、专业化、社会化和高效化，只有通过工业化的产业聚集和升级功能，才能最终形成城乡良性互动局面，保持城乡的协调发展。

3. 基本政策取向：市场化

城乡融合发展，必须尊重市场规律，尊重市场的选择，充分发挥市场的作用。在制定城乡融合发展的具体政策措施时，必须发挥市场机制在人口向城市迁移、要素向城市集聚、城市内部结构调整和外部扩张等方面的基础作用，政府的作用主要是为市场机制发挥作用提供制度和政策空间。①

（三）城乡融合的评价指标体系

城乡融合指标体系是对城乡关系进行综合评估的系统工程。指标体系的构筑要有科学依据，具体指标的选择要具有实际意义。评价指标体系设计应能够全面、准确、科学地反映城乡融合的发展状态并进行综合评价和判断，体现城乡相互融合、发展的水平。为此，需要从经济发展、社会发展、可持续发展、人口素质、生活质量等方面，对众多相关指标进行选择，形成对城乡融合进行综合评价的指标体系。

主要包括：

（1）人均 GDP。人均国内生产总值反映的是一定区域内的经济发展水平，是评价一个国家现代化水平的标志。我国要实现城乡融合，则至少要达到中等发达国家水平，也就是说人均 GDP 要在 3000 美元以上。

（2）城乡居民收入。根据发达地区的实践经验，一般而言要实现城乡融合，使城乡均衡发展，城乡居民收入差距比应该在 2 倍之内。

（3）恩格尔系数。根据国际经验，人均 GDP 在 3000 美元左右时，居民消费的恩格尔系数均在 0.3 左右，而我国要实现城乡融合，居民生活水平应该至少处在富裕阶层，因而恩格尔系数也应在 0.3 左右。

（4）三次产业结构之间比例。实现城乡融合，就必须大力推进产业结构调整，使三次产业之间保持合理的比例。为此，要持续降低农业增加值所占比重，不断提高服务业增加值所占的比重。

（5）非农产业就业比重。根据我国发达城市实践经验，要实现城乡融合，非农产业就业比重须在 90%左右。

（6）人口城镇化率。人口城镇化率是指城镇人口占总人口的比重。

（7）城乡每千人拥有的医生数以及农村合作医疗覆盖率。要实现城乡融合，保证城乡居民的健康，医疗覆盖率要接近 100%。

（8）社会保障覆盖率。我国要建设全面小康社会，2010 年这一覆盖率要达到 50%以上，2020 年进一步提高到 80%以上。

（9）基尼系数。基尼系数在 0.2 以下，表示居民之间收入分配“高度平均”，在 0.3~0.4 之间为“比较合理”，0.4~0.6 为“差距偏大”，0.6 以上为“高度不平均”，国际上通常将 0.4 作为警戒线。

---

① 涂玮. 论城乡关系及走向一体化的目标、路径［J］. 经济师，2010（4）。

（10）其他指标。主要包括平均预期寿命、人口自然增长率、教育指标、国家信息化指数、国家资源环境安全系数等。

三、推进城乡融合发展的动力

城乡融合是通过资源和生产要素自由合理地流动和优化配置，达到城乡互动、城乡发展的动态过程。城乡互动是各种要素在城乡间相互作用的复杂过程，促进城乡之间各要素合理流动，并使各要素流在质态、量态、时态和空间上的协同是城乡融合发展的实质。城乡发展是伴随着经济增长，由产业结构非农化而引发的生产要素由农村向城市流动和集中，在城市体系不断升级的同时，农村的生产方式、生活方式逐渐与城市接轨，最终实现城乡融合的过程。因此，产业结构升级为城乡融合提供了动力。

同时，生产要素的流动，实质上是要素在各产业之间的流动，即产业结构转换是要素流动的结果。生产要素的流动依赖于城乡空间各种网络通道，因此城乡空间基础设施是城乡要素流动得以实现的基础，也可以说是城乡融合现实动力。同时，城乡要素的流动在市场机制下遵循趋利原则，因此可以推动城乡发展，也可能导致城乡的失衡，城乡的协同发展必然要求政策制度的协调作用。因此，制度安排与变迁也是城乡融合的动力。

另外，工业化是城乡融合的动力。根据张培刚先生对工业化的界定，我们不难看出，无论是产业结构升级、基础设施联动还是制度变迁，都是工业化的内容之一，产业结构升级是内在动力，基础设施建设与网络化联动综合推动力，制度安排与变迁协调动力，消除阻力。

（一）产业结构升级

无论是根据斯密的“自然顺序”，还是新古典经济学和产业经济学的资源要素、资本、劳动的部门转移遵循趋利性原则，都反映了区域产业结构有序演变推动资源要素合理配置的过程。这个过程不仅表现在资源要素在产业部门的转移，而且还表现在空间上的重新配置。在区域产业结构有序演变的早期，区域产业结构以第一产业为主，随着农业技术的发展，剩余农产品和农业剩余劳动力出现，城市开始产生，并以分散的中小城镇为主，其城市产业结构以农产品加工和商业服务业为主；随着生产力的进一步发展，第二产业在产业结构中的比例不断提高，城市的区位优势及集聚效应使得资源要素向城市转移，城市化开始快速发展；区域产业结构有序演变后期，城市地域网络建设不断完善，资源要素的空间转移灵活性加强，并向外围扩散，出现郊区城市化和逆城市化现象，已有城市向外围地区扩展，并引起区域内部城市地域经济形态向更高层次发展，最终形成区域经济一体化的过程。具体实践中我们不难发现，城市产业结构的优化与升级，带动了周围乡村乡镇企业的发展；乡镇企业的发展，促进了农村第三产业发展，为农业产业化创造了条件；农业产业化发展从经济上彻底打破了传统农业所依赖的自然经济基础，使其面向市场，走上专业化、商品化、现代化之路。①

（二）基础设施建设

基础设施是支撑和保障社会经济活动运行的基础结构要素，它包括交通运输、邮电通信给排水和供电等生产性设施，还包括商业科技教育、卫生文化、金融保险等社会公用设施和公共生活服务设施。城乡基础设施是城乡经济一体化的空间载体，是城乡空间相互作用与合作的先决条件。通过便捷的交通和通信，可以大大缩短城乡之间乃至区域之间的时间和空间距离，实现区域与外部发达地区、区域内部城乡之间经济发展上的整合。特别是交通通达性的提高，可以增加城乡经济运行的机动性，扩大对外交流的开放程度，还可以保证城乡生产生活的联系的密切性和快速性，提供城乡居民远距离就业的便利条件，改善乡村居民生活消费行为。

（三）制度安排与变迁

制度经济学认为，制度与经济增长密切相关，社会的技术结构决定了社会经济活动的上限，适宜的制度结构可以将经济活动尽力推向其上限，不适宜的制度结构则会使经济活动呈现出收缩衰退的趋势。城乡融合作为促进社会经济增长，协调城乡矛盾的战略选择，其最终能否有效地发挥对经济的发展推动作用，其关键在于是否能够提供有效的政策制度。政策制度在城乡融合进程中的协调动力和消除阻力的作用主要包括：通过有效率地推进农业发展的制度安排，促进农业生产效率和农业产出水平的提高，使得农业部门在维持本部门再生产的同时产生农业产品剩余和要素剩余，为非农产业的发展提供劳动力及农业产品等供给推力，当然也产生了对农业机械等工业产品、技术、信息等的需求拉力；通过有效率的推进工业、非农产业发展的制度安排，并在相应的企业制度，投融资体制等相关政策支持下，促进国民经济的工业化和非农化，从而为吸收农业剩余创造必要的拉力，并为满足农业发展

① 汪海燕，王涛. 城乡一体化下的城乡产业发展原则及问题浅析［J］. 北京农业职业学院学报，2014（3）.

提供供给推力；通过有效率的经济要素流动制度安排，使工农业部门之间及城乡地域之间的要素流出推力、流入拉力形成结合与集聚的合力，实现工农生产要素的合理配置、重新组合和利益再分配，促进农村农业产业化和农村工业化及城市化，实现城乡产业一体化；通过有效率的城市发展政策和城乡规划政策，使得各级规模、等级、职能的城镇与乡村在城乡地域中的有序分布，在功能上合理分工，在景观上的协调一致，以满足城乡经济协调发展的需要，并进一步加强城乡经济的联系，进而促进城镇体系优化、城乡景观的协调和现代化，实现城乡空间一体化。①

第二节　中国特色城镇化

从中国城镇化道路的发展历程看，根据不同阶段的主要工作特点不同大致可分为三个阶段：工业城镇化阶段、土地城镇化阶段和人口城镇化阶段。以下试从社会学视角对这三阶段城镇化的路径进行梳理和分析，以兹发现中国城镇化所具有的特色，以及乡村发展在其中所受到的影响。

一、工业城镇化（1978—1994）

工业城镇化阶段自 1978 年至 1994 年，此阶段的主要特点即为工业化的发展速度远高于城镇化发展速度。根据国家统计局的数据可知，1981 年全国工业产值对 GDP 的贡献率只有 15%不到，而到了 1994 年则迅速上升至 60%以上，与之相对，此期间的城镇人口比重却增长较为缓慢，十年间上升不到 10%个百分点。

改革开放初始阶段体现的是一种“渐进式”改革，其具体表现为各方面均以“承包制”作为改革方式。“承包制”的最大优点在于其针对改革开放前各领域出现的“大锅饭”现象，能在不改变所有制结构和不实行私有化的前提下，充分调动经营主体的积极性。在此阶段，乡镇企业作为中国工业化发展的主力军，以苏南、温州和珠江三角洲三个各具特色的地区作为代

① 吴丽娟，刘玉亭，程慧. 城乡统筹发展的动力机制和关键内容研究述评［J］. 经济地理，2012（4）.

表，其发展因素和发展路径也大相径庭、各不相同。例如，苏南地区的成功很大程度得益于改革“不够彻底”的“社队企业”，在改革开放的不断推进过程中，这些社队企业由于地理位置毗邻上海，不仅有机会大量承接一些国有企业的生产任务，且也获得了相应的技术支持。因此，“苏南模式”的工业化道路具有浓厚的集体经济色彩，是集体化时代的资本积累、从农业中解放出来的剩余劳动力与“文革”中上海国有企业工人和技术“下乡”等因素结合的产物。[①] 与之相对，“温州模式”是家庭经营和市场结合的产物；珠江三角洲则更多是在政策+地理的基础上发展成为珠三角地区的排头兵。由此可见，无论是上述三个地区哪种发展模式下的乡镇企业发展都离不开对内“搞活”与对外“开放”的政策导向，也均受益于在由于“承包制”而释放出来的农村剩余劳动力。由此，自 20 世纪 80 年代始，乡镇企业在全国繁荣发展、遍地开花，成为拉动 GDP 增长的生力军。从历史角度看，乡镇企业不仅对中国的工业化发展具有不容忽视的贡献，且以其所具有的独特性彰显出中国特色。

周飞舟曾对中国乡镇企业所具有的特点做了两点总结：一是典型的“模糊产权”，即所有权隶属乡镇政府或村集体；二是“离土不离乡，进厂不进城”的工业化和城镇化方式。[②] 对此，经济学家多从乡镇企业的外部环境对其绩效进行解释；社会学家则常针对如此模糊的产权结构是如何发生作用的展开讨论。针对中国乡镇企业所具有的产权悖论，诸多学者认为中国以“关系”为主体的社会结构是分析看待此问题的一个关键视角，即中国乡镇企业或工业化的发展关键不是企业与市场的关系，而是企业与地方社会和地方政府的关系。[③] 从治理的角度看，一个村庄办企业的经理很可能与一个村庄的村领导使用相类似的管理方式，并非因为这二者常为同一人，更重要的在于二者内生于同一社会结构之中。一定程度上说，这不仅是乡镇企业的奥秘所在，更是中国乡镇企业独居的特色之一。实际上，除了内部治理体现出的中国特色，乡镇企业在其外部关系，特别是与政府的关系更为如此。如果说早期乡镇企业的发展取决于诸多因素的共同作用，那么随后建立、发展起来的诸多“后发型”乡镇企业则多得益于地方政府的大力推动，其中“财

① 费孝通. 小商品，大市场［M］//费孝通全集（第十二卷）. 呼和浩特：内蒙古人民出版社，2009.

② 周飞舟，吴柳财，左雯敏，等. 从工业城镇化、土地城镇化到人口城镇化：中国特色城镇化道路的社会学考察［J］. 社会发展研究，2018（1）.

③ 渠敬东. 占有、经营与治理：乡镇企业的三重分析概念［J］. 社会，2013（1）.

政包干制”的实施亦是地方政府大力推动地方工业化发展的主要动力。“财政包干制”的思路是：通过在上级政府和下级政府间建立一个税收的“包干基数”，将超额完成部分按照一定的百分比留给下级政府自由支配；当出现“歉收”情况，即使严重到发不出工资，上级政府也不会给予财政补助。因此，财政包干制势必将成为下级政府多渠道增加财政收入的动力，而这一动力转而又将进一步转化为工业化和大办企业的动力。

财政包干制与工业化间的促进关系与我国税收体制的基本框架密切相关，延续计划经济体制时期的框架，一直以来我国税收的主体不是公民而是企业，其中规模最大的是产品税，占总税收额的40%左右。即便是自1986年逐渐改为增值税，其课税对象和性质也决定了企业所需缴纳的增值税与实际经营效益和利润率无关，而与投资规模、雇佣员工人数等成正相关。由此，当各级地方政府普遍采用“总量包干”的方式，结合税收因素即为地方政府大力投资兴办大型企业提供了充分的激励。然而，财政包干制度在繁荣了乡镇企业的同时，也促进了国有企业的迅速发展，随着20世纪80年代后期国有企业所推行的企业承包制改革，在国有企业固定资产投资规模不断扩大的同时乡镇企业的利润却在逐年下滑。①

综上，中国城镇化发展第一阶段“工业城镇化”所表现出来的中国特色基本可概括为“开放”和“搞活”，即通过政策和经营制度的变动，初步建立市场经济体制，释放包括个体、家庭和组织在内的社会各单元活力。“工业城镇化”在大力推动中国经济快速增长的同时，乡镇企业的经营效益、利润率也在地方政府积极兴办大型企业的政策环境下处于不利地位，其经营效益和利润率迅速下滑，企业资产负债率也不断上升，与此同时，村乡两级政府也逐渐累积起巨额债务。②

二、土地城镇化（1994—2012）

工业城镇化除了对乡镇企业发展具有不利影响外，由于大量新增企业的增值税在包干制的作用下几乎全部留给了地方，中央财政收入比重下降，进而使中央政府调节区域间财政的能力下降，对中央政府在其他事物上的指挥

① 周飞舟. 以利为利：财政关系与地方政府行为［M］. 上海：上海三联书店，2012.

② 谭秋成. 财政考核、制度租金榨取与乡镇债务［J］. 中国农村观察，2004（6）.

和协调能力造成影响。[①] 工业城镇化所表现出的诸多问题促使中央在 1994 年推出分税制财政体制改革，中央与地方的财政包干就此结束。

中国乡村发展亦受到分税制改革的深远影响。在分税制“税收分享”的指定下，包括国有、集体、私营在内的所有制造业企业的增值税均必须纳入分享计划中，这一规定使得地方政府大力兴办企业的动力消失殆尽，地方政府纷纷与企业“脱钩”，在乡村经济现象上则表现为大批乡镇企业倒闭，到 90 年代末，真正属于集体所有的乡镇企业所剩无几。乡镇企业的消失同时给中国社会带来了巨大的变化。在中西部地区，乡镇企业纷纷倒闭或转制后，县、乡两级的主要财政支出逐渐转为依靠农业税收，在农民负担、农村社会的矛盾问题日益激化的同时，大批从“消失”的乡镇企业中失业的农村剩余劳动力则越来越多地涌入中东沿海地区，这股“离土又离乡”的“民工潮”又为此时期的城镇化发展提供了条件。

在分税改革中，虽建立了财政转移支付制度，但就其实际效果看并未达到预期，面对这一情况地方政府只能另辟生财之道。从财政收入结构看，目前建筑业产生的营业税和土地出让金成了地方政府具有决定性作用的两种收入来源。依据我国现行的土地政策和土地管理法，农村土地归集体所有，且只能用于农业和农村住宅；城市土地归国家所有，城市建设的任何项目只能在国有建设用地上进行。因此，当城市建设需要农村土地时，第一步需要办理改变土地所有权性质的土地征用程序，此办理权限恰被垄断在地方政府的土地管理部门手中。由此可见，政府作为土地一级市场的垄断者，其价格与政府的城镇化和发展战略密切相关，而逐年攀升的土地价格亦是中国城镇化发展的一大标志。伴随着土地出让金称为地方财政预算外的收入主体，我国地方财政在分税制后也被称为“土地财政”；土地财政与城市建设的密切关系是该阶段城镇化发展的主要发展动力，亦是将此阶段称为“土地城镇化”的主要原因。[②] “土地城镇化”给整个城市带来了日新月异的快速发展。我国的城镇化将土地作为撬动资金的杠杆，地方政府更是通过“经营土地”“经营城市”的运作方式有效地避免了其他国家遇到的公共基础设施投资资金不足的问题，而这其中的关键即土地抵押贷款。按照现行相关法律、规则规定，地方政府不能直接利用财政信用从银行贷款，也不能作为担保方进行

① 王绍光. 分权的底限［M］. 北京：中国计划出版社，1997.

② 孙秀林，周飞舟. 土地财政和分税制：一个实证解释［J］. 中国社会科学，2013（4）.

财政担保贷款，因此在很多地区的城市基础设施投资主体是地方政府国资委所有或控股的国有公司。① 这些公司的资金来源主要通过土地抵押进行银行贷款，只要有土地就可以较为顺利地获得银行贷款。

综上，地方政府通过对土地的垄断获得相应的土地收入，并将其投入到地方融资平台建设之中，地方融资平台则以土地抵押贷款的方式对城市基础设施建设进行投资，伴随着越来越多新农地和银行资金的注入，城市也得以不断扩张。然而，城市不断扩张也导致了耕地面积逐渐减少以及由大规模拆迁带来的上访和集体性事件对社会和谐稳定的威胁。事实上，中央政府一直以来对地方政府的征地指标有所控制，且在松紧交替中展开。一般来说，中央下达的“新增建设用地指标”是严格控制的，但中央也会根据具体情况出台各种形式的“奖励指标”：如 2005 年左右鼓励地方政府通过土地整理增加耕地面积的“折抵指标”、2007 年鼓励地方政府通过减少农村宅基地面积保护耕地的“建设用地增加挂钩指标”②。特别是 2008 年后，中国政府出台了“四万亿”的经济刺激计划来应对美国金融危机，而面对“四万亿”的政策压力，地方政府需要更多的土地指标和抵押贷款来推进城镇化建设，由此“增减挂钩指标”即成为“土地城镇化”时期的重要核心目标。由此可见，农村是城镇化快速发展的关键，具体而言就是如何使农民合理合法地出让宅基地。在各地具体的操作实践中，由地方政府和城市房地产资本一起，推动“农民上楼”是最普遍的方法。即，通过村村合并，让农民集中住进当地楼房，就可在大幅度减少宅基地面积的同时，通过将农村的旧房拆除，重整、复垦后变成所需的“指标”，用以作为“准入资格”去拍买城市中的国有建设用地。③

由此可见，“农民上楼”成了“土地城镇化”能否加速发展的关键性因素，而全国各地政府所提出的无论是“城乡统筹”“城镇一体化”，还是“建设社会主义新农村”等各项发展战略，均离不开农民是否集中居住这一

① 这些国有公司被政界和学术界被称为“地方融资平台”，其定义是“由地方政府及其部门和机构等通过财政拨款或注入土地、股权等资产设立、承担政府投资项目融资功能、并拥有独立法人资格的实体”。（详见国发〔2010〕19 号文件《国务院关于加强地方融资平台管理有关问题的通知》）

② 建设用地增加挂钩指标，指的是地方政府每占用一亩农地进行城市建设，其管辖的行政区域范围内就必须相应减少一亩宅基地。

③ 此处描述的是最先采取“农民上楼”获得宅基地的重庆和成都两地做法，其他地区多以“项目对接”形式进行直接置换，但无论何种方式，农民上楼都是先决条件。

议题。故而，表面上看城镇化是政府和企业关系、中央和地方关系互动的结果，但从深层次看，城镇化发展的速度、规模和前景均取决于国家与农民关系的重新调整。①

按照土地政策和相关法律规定，村集体和农民个体对宅基地没有“出让权”，当农民“上楼”后，宅基地则变为“增减挂钩指标”进入城市。农民在此过程中得到的只有居住的楼房。② 有学者认为这种通过宅基地置换“楼房”的行为也是农民间接分享城镇化收益的表现。③，但如果将“农民上楼”置于中央和地方关系推动土地指标博弈下的城镇化来看，先用楼房置换宅基地，后以宅基地置换“增减挂钩指标”才是地方政府的主要目的所在，而这一连串的置换背后农民失去宅基地的真正价值并未体现出来。④ 在“土地城镇化”过程中，只有少部分农民因为居住在城市的周边而被征地，但被要求“上楼”的农民却覆盖面较广，这些农民实际上与城镇化并没有太多的直接关系，且从资本的角度看，“上楼”的农民距离城市越远，其成本也越低。

由此可见，作为中国城镇化发展速度最快的阶段，“土地城镇化”的主要特色即在“土地、财政、金融”三位一体的运作模式下，解决了城市基础建设所需的资金问题，同时在城市住房制度改革的背景下城市也进入有史以来建设速度最快的时期。

三、人口城镇化（2012 年至今）

从世界历史的城镇化过程看，人口与产业向城市地区集中是必要条件，但上述我国“土地城镇化”却是以土地和资金作为核心，由此一方面城市迅速建设、高速发展；另一方面随着城市建设用地的迅速扩张、城市建成区

---

① 周飞舟，吴柳财，左雯敏，等. 从工业城镇化、土地城镇化到人口城镇化：中国特色城镇化道路的社会学考察［J］. 社会发展研究，2018（1）.

② 现实中有的地区基本就是宅基地置换楼房，农民不需要自己出钱，而有些地区农民还要交各种上楼费。

③ 北京大学国家发展研究院综合课题组. 还权赋能：奠定长期发展的可靠基础（成都市统筹城乡综合改革实践的调查研究）［M］. 北京：北京大学出版社，2010.

④ 周飞舟，王邵琛. 农民上楼与资本下乡：城镇化的社会学研究［J］. 中国社会科学，2015（1）.

面积的扩张速度远高于城镇化率的增长速度。[①] 由“土地、资金先行，人口与产业滞后”带来的问题在 2012 年后表现得越来越明显，其中最突出的即“农民工”问题。在此背景下，党的十八大正式提出“坚持走中国特色新型工业化、信息化、城镇化、农业现代化道路”，至此“新型城镇化”即成为中国城镇化政策的指导方向，其核心是以人为本、以人为核心的城镇化。[②]

大规模的“流动人口”是中国特色的城镇化特征之一。一般来说，城镇化过程中人口流动是从农村到城市的单向迁移，但中国的人口流动表现出不同的特征——往返流动。我国的东部沿海地区是主要的流入地，但流动群体流入的目的却并非为了在东部地区“落地生根”，人口“落地”的滞后现象不仅与城乡二元体制下的户籍制度、农村集体土地所有制有关，实际上还与“土地城镇化”的基本模式息息相关。在“土地、财政、金融”三位一体的运作模式下，高房价以及由此带来的生活成本是城市特别是东部沿海地区城市的主要特点，农民工由于自身教育程度不高等特点，收入也普遍较低，根本没有能力在城市买房，而他们进城打工的主要目的是回乡盖房，由此在“土地城镇化”阶段相应产生出一个独特现象：在城市发展、国有建设用地迅速扩张的同时，农村居民点用地也在同时扩张。

如果说在“土地城镇化”阶段的城镇战略是以土地为中心，那么与之相对在“人口城镇化”阶段，城镇化的战略即是以人为中心。所谓的“以人为中心”指的是应站在农民、农民工群体的视角理解其行动的意义和逻辑。对农民工流动的意愿，学术界以往多从“劳动者”视角和“个体主义”视角分析，认为流动人口主要是因为社会经济因素阻碍了其流动意愿的实现，并极易陷入一种简单化的社会评判，如批评户籍、社保、教育等制度对留城造成的屏障；批评土地制度对流动的阻碍等。实际上，越来越多的学者注意到农民工的流动意愿更多来自家庭，而非个人，他们的流动会随着年龄和生命周期不断变化，且返乡往往并非是简单的“返回乡村”，更多的是返回家乡附近的集镇、县城。因此，“回乡不回村”的从事具有地方特色产业和非农产业的现象被诸多学者视为“人口城镇化”的未来前景，未来“城乡融合”的实现也将由这些具有流动性返乡的人实现，通过流动人群将城市的生产、生活方式以及精神文明传播到乡村，乡村将从“乡土中国”走

① 乔小勇.“人的城镇化”与“物的城镇化”的变迁过程：1978—2011 年［J］.改革，2014（4）.

② 李强，王昊.什么是人的城镇化［J］.南京农业大学学报，2017（2）.

向“城乡中国”。[①]

综上，在中国看似零散的城镇化道路发展道路中，“异军突起”的乡镇企业、“三位一体”的城市建设模式、持续增长的流动人口等是其最为突出的部分，也是世界其他国家城镇化过程中前所未有的独特现象。在面对不同阶段、不同任务、不同问题上，上述三个不同阶段的城镇化也呈现出“接力式发展”的局面，而在所有局面发展的背后实际上都隐含着政府与企业的关系、中央与地方的关系以及国家与农民的关系，各种关系在不同时期占据主导作用的同时又有伯仲。随着“工业城镇化”阶段的结束，土地逐渐成为城镇化发展速度和方向的关键性因素，国家和农民间关系亦发生了系列变化，在“新型城镇化”阶段，国家与农民的关系成为诸多关系中的主导，而农民在经历了“失地”“上楼”“务工”后也逐渐成为国家民生政策的主要对象。就整体而言，目前中国的流动群体规模依旧巨大、农村空心化和衰落态势也日益显露，以“人”为中心的城镇化才刚刚拉开序幕。

第三节　走向协调发展的城乡关系

中国的城乡二元结构以及城乡不平等关系既与长期以来国家政策中以城市为主的历史有关，又与改革开放中体制转轨的过程和速度有关，其原因是复杂的。伴随着中国经济的持续发展，缩小城乡差距、实现城乡的协调发展亦成为中国21世纪面临的主要课题之一，历届政府也在不断的努力中持续探索。中国共产党第十六届五中全会提出“生产发展、生活富裕、乡风文明、村容整洁、管理民主”20字方针的建设社会主义新农村的总体要求；党的十七大则明确提出“要建立以工促农、以城带乡的长效机制，形成城乡经济社会发展一体化新格局”；党的十八大报告进一步提出“到2030年中国城乡差别基本消除、城乡一体化协调发展，形成以工促农、以城带乡、工农互惠、城乡一体化的新型工农、城乡关系”；党的十九大报告则将“建立健全城乡融合发展体制机制和政策体系，加快推进农业农村现代化”实现“产业兴旺、生态宜居、乡风文明、治理有效、生活富裕”的振兴乡村目标作为强国富民的战略之一，并将“强富美”视为实现乡村全面振兴的

① 刘守英. 从“乡土中国”到“城乡中国”[J]. 中国乡村发现，2016（6）.

重要标志。

一、统筹城乡发展与社会主义新农村建设

建设社会主义新农村的提法虽早在20世纪50年代就曾出现，但真正将其放置国民经济和社会发展显著位置，将其作为现代化进程中的重要任务是在党的十六届五中全会，会议通过的《中共中央关于制定国民经济和社会发展第十一个五年规划的建议》标志着全党、全国对统筹城乡发展、建设社会主义新农村予以了前所未有的重视。社会主义新农村建设的提出也与当时的城乡发展矛盾密切相关。

自改革开放以来，我国整体的经济社会均发生了翻天覆地的变化，特别是城市的发展变化更是日新月异，大批现代化城市在全国各地相继建成。然而与之相对，农村的发展变化却十分缓慢，具体表现在：一方面，农民普遍收入水平较低，城乡差距较大。据统计，1998—2004年，城镇居民人均可支配收入平均每年以8.6%的速度增长，而农村居民的人均纯收入增长速度只有城镇居民的一半，在此背景下，城乡居民收入差距不断扩大，由1998年的2.51∶1扩大到2004年的3.21∶1；① 另一方面，农村市场需求不足。由于农村建设和发展速度缓慢，特别是由于农民收入增长较慢、公共基础建设滞后导致农村市场规模较小、农民购买力较弱。此外，虽然我国综合经济实力逐渐攀升，但大量资金主要都涌向城市，用于农村建设和发展的资金严重不足，很多地区的县乡财政职能维持基本运转，甚至一些地区连正常运转都难以维持，根本没有能力进行乡村建设和发展，地方乡镇企业发展更是举步维艰。

面对城乡发展不均衡、城乡矛盾日益严重，从中央到地方各级政府逐渐对“三农”问题更加重视，党的十六大即明确提出了统筹城乡经济和社会发展的要求，并开始制定工业反哺农业、城市带动农村的发展方针。

（一）反哺农业

中国自古以来都是一个农业大国，1949年新中国诞生后的很长一段时间里，中国也依旧以农业为主，实现工业化即成为当时国家经济发展的首要任务，因此城乡关系基本实行的是以农业养育工业、以农村养育城市的政

① 李炳坤．扎实稳步推进社会主义新农村建设［J］．中国农村经济，2005（11）．

策。从1949年到20世纪90年代末，国家通过税收、工农产品价格“剪刀差”和银行储蓄等渠道从农村吸取资金累计超过2万亿元①，中国工业化和城市化发展的主要资金都来自农村。据有关数据表明，进入21世纪后，我国人均GDP已超过1000美元，农业与非农业的产值结构约为5∶85，农业与非农业的产业机构约为50∶50，城市化水平达到40%左右。② 中国在进入工业化中期阶段时，城乡关系逐渐转为工业反哺农业、城市反哺农村。

首先，加大农业投入、减轻农民负担、增加农民收入。2001—2006年国家陆续取消、降低标准、免收面向“三农”的各项费用达150多项；2006年国家全面取消农业税，农民年收入增加1000亿元以上。与此同时通过采取对农药、化肥、农机免税，对农产品相关的进口实行税收优惠，加大对农业基础设施的投入等措施减轻农民负担。“九五”期间，国家财政在农村的资金仅为5186亿元，而2003—2005仅三年时间中，国家财政对“三农”的投入就高达7726亿元。③ 此外，国家还通过财政在支持方式从对农民的间接补贴转为对粮食、良种、购买农机具和劳动力培训等进行直接补贴，仅2004—2005一年时间，补贴金额就达到326亿元。

其次，加大对农村社会事业的投入，增加公共产品供给。④长期以来，农村的教育、医疗、文化等社会事业和公共基础生活设施主要依靠村集体经济和农民自身，发展较为落后。21世纪初，国家的新农村建设开启了国家对农村基础生活设施投入的新篇章，改厕、改水等项目工程在国家的大力投入下日益改善了部分农民的生活质量，2006年国家投入40亿元解决农村饮用水安全。在教育投入方面，从2003年始，中央财政明确将农村的教育、卫生和文化等教育事业作为新增财政预算项目；2004年中央用于农村义务教育的财政费用为1326亿元，比上年增加41%；2005年中央财政安排688亿元用于解决农村中小学危房和远程教育等项目；2006年国家提出将用两年时间全面免除农村义务教育阶段的学杂费，并对家庭困难学生免费提供书本，对寄宿学生予以生活补贴。农村公共医疗方面，2005年底，全国已有671个县开始新型农村合作医疗试点，2006年，国家对每个农民的合作医疗补助从过去的10元提高到20元。

---

① 睢党臣，王征兵. 取消农业税与农村公共产品供给研究［J］. 北京理工大学学报，2007（2）.

② 韩俊. 壮大县域经济要有新举措［J］. 人民论坛，2006（11）.

③④ 郑有贵. “三农”政策突破与理论创新［J］. 当代中国史研究，2007（11）.

（二）以城带乡

在中国的政府行政建制中，农村地区多为设县管理，城市地区则为设市管理，城乡在规划、财政、税收、投资和行政管辖等方面均相对独立。很明显，此种设置不利于将城市地区和农村地区发展进行统一规划，难以进行优势互补、城乡互促的协调发展。对此，中央政府自 1982 年开始在江苏省实行市管县①的体制改革，并取得了良好的成效，到 1994 年底全国 29 个省、自治区、直辖市均实现了市管县。虽然城乡发展最终需要依靠的是城乡之间自由开放的市场，但市管县的体制改革从行政管辖权上促进了城市对乡村发展的带动作用，有助于排除基层政府为追求基层利益而设置的行政封锁和区域隔离。此外，国家还通过部分发达地区与部分贫困地区建立互助关系来扶持贫困农村的经济和社会事业发展。

（三）建设社会主义新农村

在工业反哺农业、城市带动农村的一系列战略措施中，中央将建设社会主义新农村作为推进现代化建设的进一步政策措施，并将“生产发展、生活宽裕、乡风文明、村容整洁、管理民主”作为其建设目标和要求。具体来看，主要分为以下五个方面。

第一，发展农村经济。作为新农村建设的重要基础和首要任务，发展农村经济指要建设符合现代化要求的农业。主要包括：稳步发展粮食生产，提高粮食综合生产能力，确保国家粮食安全；调整农业结构、优化农业生产布局；改善农业生产条件、提高机械化水平和综合生产能力；推动农业科技进步、提高竞争力、促进农业可持续发展。

第二，建设农村基础设施。基础设施建设关系到农村居民的日常生产、生活。在新农村建设中，国家通过修建乡村道路、完善农村电网、确保饮水安全、普及沼气等项目使绝大多数农村环境得到了改善，村容村貌有了很大程度的改观。

第三，发展农村社会事业。改变农村落后的社会事业发展状态是新农村建设的一项重要任务，特别在加大农村教育投入、提高农村文化水平和农民综合素质方面，进而促进人的全面发展，培养新型农民。此外，农村公共卫生服务体系建设和新型农村合作医疗制度也进一步得到完善。

---

① 市管县，即指以经济相对发达的中心城市为核心，对周边的县进行管理，推动中心城市与周边农村地区形成一个规划和发展的整体，逐步形成以大中城市为依托的发展区域。

第四，推进农村体制改革。新农村建设离不开体制和机制做保障，其中主要包括：以家庭联产承包制为基础，统分结合的经营体制、土地流转机制、以乡镇机构为重点的农村综合改革、乡镇政府职能；同时也要抓好包括金融、征地、就业、流动等在内的农村各项改革，进而更好地适应新形势，增强农村活力，促进农村更快更好发展。

第五，促进农村现代文明建设。在有效提高农民经济收入的同时，切实加强农村的精神文明建设，促进现代文明是新农村建设中不可或缺的重要内容。农村的精神文明建设主要包括：满足不同农民群体多样化的文化需求，促进和睦团结。关系融洽的良好风尚。在农村政治文明建设中，特别要加强农村基层党组织建设，健全村组织领导班子的活力，提高自治水平。

二、城乡一体化战略与新型城乡关系的形成

随着整体社会经济的发展，从中央层面下达的支农惠农政策相继出台。截至 2012 年党的十八大召开，由十六大提出的统筹城乡经济社会发展的任务业已顺利完成，中国的城乡发展由此进入到新的征程。在党的十八大报告中，明确提出“加快完善城乡发展一体化体制机制，着力在城乡规划、基础设施、公共服务等方面推进一体化，促进城乡要素平等交换和公共资源均衡配置，形成以工促农、以城带乡、工农互惠、城乡一体的新型工农、城乡关系”①。如今，在历经六年的发展奋斗下，中国的城乡关系已然发生了较大变化。

（一）农业从“保护”到“全面提高竞争力”

近年来，在农业补贴政策的持续性实施以及逐渐加大补贴力度的情况下，生产面积精准化难题却持续存在，个性补贴也演变为收入补贴，由补贴产生的对生产性激励作用日益变小，政策效能的降低以及政策效应的减弱都使原有的农业补贴政策面临刻不容缓的改革。2015 年 5 月，由财政部和农业部联合下发了《关于调整完善农业三项补贴政策的指导意见》中提出实施“三补合一”政策，并随后选择了安徽、山东、湖南等五省份的一部分县市作为全国改革试点，并于次年在全国范围内实施。2016 年 6 月，财政部和农业部又联合下发了《农业支持保护补贴资金管理办法》，明确将绿色

① 中国共产党第十八次全国代表大会文件汇编［C］. 北京：学习出版社，2012.

生态作为农业支持补贴的主要方向。

经过长期努力，目前中国农业支持保护体系基本形成，初步完成了以保障粮食安全、促进农民增收和农业可持续发展的主要发展目标，并建立了农业产前、产中、产后各个环节与主要利益主体的农民保护支持体系。[①] 然而，虽然中国的补贴总量已经超过同期的日本、美国、欧盟等发达国家和地区，但由于这些国家的关税较高、关税形式也较为复杂，因此在整个国际环境下，中国以价格保护为主要内容的农业支持保护政策却使得国内农产品因价格较高而失去国际市场竞争力，特别是加入世贸组织后，中国的主要农产品成本均高于美国，成本的上升推动价格上涨，国家的最低收购价格也随之上涨。这使得中国在2005年前后，即刚开始实行价格保护政策时主要农产品价格低于国家市场价格，具有一定的竞争力，但随着小麦、水稻等主要农产品的价格逐渐超出国际市场价格后则失去了市场竞争力。

由此可见，中国政府面临着改革农产品价格形成机制，逐渐提高主要产品在国际市场中竞争力的迫切要求。为此，2015年国家降低了对东北“三省一区”玉米的临时收储价格，但同时维持其他品种的小麦、稻谷价格不变的做法开启了对主要农产品价格改革的先河，随后2016年按“市场定价、价补分离”的原则对玉米收储政策实行“市场化收购”与“定向补贴”的新机制；2017年全面降低各种稻谷的最低收购价格；2017年由国家发改委发布了《关于全面深化价格机制改革的意见》对稻谷、小麦、棉花等农作物的一系列试点与改革措均体现出农业从“保护”到“全面提高竞争力”目标性转变。

（二）农村社会保障从“接续”到“整合”

“新农合”与“新农保”的全面建立标志着中国农村社会保障体系的基本完成，但从全国范围内看，不同地区之间以及城乡之间依旧存在较大差距，劳动力在城乡间流动仍受到诸多方面的阻碍。对此，党的十八大报告明确提出要统筹推进城乡社会保障体系建设，“坚持全覆盖、保基本、多层次、可持续方针，以增强公平性、适应流动性、保证可持续为重点，全面建成覆盖城乡居民的社会保障体系”。2014年，在由国务院颁布的《国务院关于建立统一的城乡居民基本养老保险制度的意见》中，明确提出将新农保和城市居民社会养老保险制度相合并，并与职工基本养老保险制度相衔接，

① 汤敏．中国农业补贴政策调整优化问题研究［J］．农业经济问题，2017（12）．

在政策层面基本完成了养老保险的城乡统筹发展，实现了农村从“老农保”到“新农保”，再到“城乡居民养老保险”三阶段的跨越型发展。与此同时，城乡居民在医疗保险水平的接续和统筹方面也取得了显著性进展。特别是2012年由国家发改委、卫生部等六大部门联合发布的《关于开展城乡居民大病保险工作的指导意见》中提出农村大病人员的保险保障范围应与城镇居民的医保相衔接，无论是参保还是参合人员产生高额的医疗费用时，都要予以合理的保障。这一制度的实施，确实极大地降低了城乡居民因病返贫、因病致贫的概率。随后，国务院陆续发布的《关于全面实施城乡居民大病保险的意见》《关于整合城乡居民基本医疗保险制度的意见》均使得城乡统筹发展，特别是城乡居民在医疗保险等方面完成了全面接续。

城乡统筹发展取得的显著成效除了体现在上述农业发展与农村社会保障方面外，中国的城乡关系的调整还体现在农民人均纯收入、农村居民家庭恩格尔系数以及城乡居民收入比等指标上，详见表1-1。

表1-1　城乡统筹发展的几个指标

年份	农民人均纯收入（元）	农村居民家庭恩格尔系数（%）	城乡居民收入比
2011	6977.3	40.4	3.13∶1
2012	7916.6	39.3	3.10∶1
2013	8895.9	34.1	3.03∶1
2014	10489.0	33.6	2.75∶1
2015	11422.0	33.0	2.73∶1
2016	12363.0	32.2	2.72∶1
2017	13432.0	31.2	2.71∶1

由表1-1可知，首先，农民收入持续、快速发展。从年度增长情况看，2013—2017年农民的人均收入实际增长率均超过城市居民，且除2016年外，其余年份均超出GDP的增长率。从城乡居民收入比数据看，自2010年始城乡居民收入差距也逐渐缩小。其次，农村居民家庭恩格尔系数呈下降趋势。如表中所示，2017年农村居民家庭的恩格尔系数已经降至31.2%，接近国际通用标准20%~30%的富足阶段。值得注意的是，2012年农村居民的恩格尔系数是39.30%，短短五年间的巨大变化也证实了自十八大以来我国的城乡一体化发展取得了显著性进展。

三、城乡融合发展与乡村全面振兴

在城乡关系上，自党的十六大以来共有三种提法：城乡统筹发展、城乡一体化和城乡融合，其内涵覆盖层层递进。如党的十六大提出“统筹城乡经济社会发展”，内涵主要包括三大方面：一是加强农业基础地位，积极推进农业产业化经营，开拓农村市场；二是用逐步提高城镇化水平的方式促进农村富余劳动力向非农产业和城镇转移，通过减少农业人口提高农业现代化水平和农民收入水平；三是坚持党在农村的基本政策。① 由此可见，在城乡统筹的基本框架下，城乡关系仅仅是一种初步调整，其中“统筹”作为手段，实际的重心依旧在于“城”，从后续各种实际的政策取向看，在推动农业农村发展，缩小城乡差距所采取的也是“以工补农、以城带乡”方式。党的十七大虽依旧提出“统筹城乡发展，推进社会主义新农村建设”，“要加强农业基础地位，走中国特色农业现代化道路，建立以工促农、以城带乡长效机制，形成城乡经济社会发展一体化新格局”②，但也说明了“城乡统筹”与“城乡社会经济一体化”之间是一种递进型关系，即前者是阶段性目标，后者是目标的更高级阶段。随后党的十八大将“推动城乡发展一体化”作为农业农村发展的总体方针，并指出“城乡发展一体化是解决‘三农’问题的根本途径”，“要加大统筹城乡发展力度，增强农村发展活力，逐步缩小城乡差距，促进城乡共同繁荣”③。更是进一步对“城乡统筹”与“城乡社会经济一体化”之间手段与目的递进关系加以明确。可以说，正是在历经 15 年的城乡统筹发展、城乡一体化建设中取得较好的成效基础上，党的十九大才提出“建立健全城乡融合发展体制机制和政策体系”，将城乡融合发展作为未来更高的发展目标。具体来说，城乡融合发展主要包括如下几个方面：一是要素融合，即城镇要素要与农村要素相融合，要素包括劳动力、资金和土地等。在城乡利益趋同的条件下，各种要素不仅可以从城市流向农村，也可以从农村流向城市。二是区域融合，即城乡之间功能更加清晰、发展彼此互补，但其边界越来越模糊。三是生活方式融合，即农村地区的基础设施、农村居民的生活水平、生活方式与城市越来越趋于一致。

---

① 孙祥智，张效榕. 从城乡一体化到乡村振兴［J］. 教学与研究，2018（8）.

②③ 高举中国特色社会主义伟大旗帜　为夺取全面建设小康社会新胜利而奋斗［M］. 北京：人民出版社，2007.

自2005年10月，党在十六届五中全会正式提出社会主义新农村的建设要求，且在随后的12年中通过对农村基础设施建设、人居住环境和经济社会发展等方面的大力推进，取得了很大成绩。但随着社会整体发展和时代变迁，之前所提的要求已经逐渐不能适应农村居民日益增长的美好生活需要。在此背景下，党的十九大报告将“产业兴旺、生态宜居、乡风文明、治理有效、生活富裕”作为新时代乡村振兴的方针。对比新农村建设时期所提出的20字方针，可以将乡村振兴战略视为新农村建设的升级版①，乡村战略内涵由此更加丰富、领域更为广泛。2017年中央农村工作会议对乡村振兴战略进行了全面安排和部署，并提出了具体时间表，即到2050年分“三步走”实现乡村全面振兴，实现农业强、农村美、农民富。党的十九大报告将“建立健全城乡融合发展体制机制和政策体系”作为实现乡村振兴的主要途径，因此能否承接以往发展成就，建立适应新形势下的城乡发展融合机制是关乎乡村振兴成败的关键，下文将以我国农业农村发展体制机制的现状为脉络进行阐释。

（一）城乡融合发展体制机制现状

1. 体制机制发展经验

当前我国农村现代化水平较以前取得了长足进步，各项机制体制的改善也为城乡融合发展提供了有利的条件，具体表现在以下几个方面。

第一，农业指令性经济基本终结，产品市场调节体系完全建立。当前我国农产品的销售已全部实现市场化，产品价格也主要由市场的供需决定，农民基本形成了经济核算意识，目前中国农产品市场的自由竞争程度已经居于世界前列。

第二，农业多元市场主体形成，产业分工协作水平大幅提高。农村家庭联产承包制扩大了农民生产经营自主选择的空间，农业区域分工和产业链分工基本形成，目前根据不同类别的农产品全国业已形成了不同的主产区，极大地提高了农业资源利用率。

第三，政社合一制度终止，乡村自治体制逐渐形成。村民自治制度已经全面取代人民公社“政社合一”体制，通过探索村民自治组织，提高了村民的自治能力，村庄公共管理运行机制也体现了更大活力。

第四，要素流动市场逐渐打开，城乡经济互通格局初见雏形。大量农村

---

① 魏后凯. 多措并举促进乡村振兴［J］. 农村工作通讯，2018（5）.

剩余劳动力进入城市经济部门，在带动城市经济发展的同时，也改善了农村土地资源的配置条件。城乡建设用地“增减挂钩”的土地利用政策在保障耕地总量稳定的情况下，总体盘活了城乡土地资源；目前正在探索推行的农村各类财产权抵押、信用金融、农业保险等也对城乡资本流动起到了积极的推动作用。

第五，国家财政摆脱农业依赖，反哺农村进一步推进。农业税的取消不仅降低了农民长久以来的经济负担，且消除了小农生产方式对农民的束缚，增强了农村经济活力，巩固且扩大了国家财政基础。国家反哺农村力度越来越大，各项支农、惠农资金稳步增长；伴随着财政支农渠道的进一步整合，财政支农效率也有望提高。

第六，市场分工渗透农村社会，传统宗法关系影响逐渐式微。伴随着全社会市场化分工体系的不断深入，农民精英角色发生了改变，“新乡贤”逐渐取代传统的宗法关系成为促进农村社会发展的主要力量。

第七，权力进一步下放，中央与地方分权关系得以改善。国家经济的市场化改革以及中央对地方考核办法的优化运用，不仅推动了地方政府对辖区投资环境改善，且增加了经济活力；中央政府对货币政策和财政政策的娴熟运用也有助于城乡关系趋向良好方向改善。

第八，土地管理制度改革有望推进，土地资源配置政策的市场化适应性增强。国家推行的保护农地红线政策在抑制城市扩张的同时避免了土地浪费，且也为进一步深化农地制度改革创造了条件。此外国家正在研究中的农村宅基地制度、农村经营性建设用地入市、土地征收制度等多项改革也为未来打通城乡通道开辟了新的前景。

2. 体制机制现存弊端

虽然我国城乡融合发展的体制机制较以往有了明显的改善，但依旧存在诸多方面不能适应当前社会发展的需要，具体表现在如下几个方面。

首先，现行城乡区划制度不适应当前社会经济结构新变化。近年来，我国真正以农业为主的人口规模在不断缩小，以农业为主业的农村居民也随之减少，诸多村庄或者被建设成为新型小城市，或者被纳入周边大中城市，城乡社会经济结构较改革开放以前有了十分大的变化。然而，针对农村工作所涉及的区域和人口对象却并没有发生相应改变，政策术语也未调整，最为突出的问题体现在，很多打着农村建设旗帜的项目实际上却投向了城市，本以惠农为目的的政策却支持了非农业。这样的情况不仅影响了对农业农村政策的评估，也对农村经济发展产生了不利的影响。

其次，城乡要素流通渠道存在障碍。当前阻碍城市资本进入农村的主要障碍是土地制度不合理。由于城市生活成本高，大量“地畔农民”难以彻底脱离农村举家迁移到城市定居，土地流转难，不利于普通农民转为农场主。此外，因土地政策存在的缺陷而产生的“高地租率”更是极大地限制了城市要素进入农村，不利于农业进行规模性经营发展。

第三，土地利用规划管理体制①不利于城乡融合发展。一方面，在土地要素配置中，市场的作用依旧未能发挥决定性作用，政府控制土地、审批主导的格局依旧没有改变，由此地方政府以“化整为零”等行为规避中央政府监督的做法也将持续。另一方面，不同政府间分权模式尚未合理化。当前土地利用管理规划体制形式上高度集中，具体操作中却又有不同程度不规范的“放权”，无法可依、有法难依的现象存在。

第四，土地市场价格扭曲。有学者实地调研发现，我国谷物生产用地的市场化地租为每亩均价 900 元，是村庄内部小面积流转租金的三倍②，此现象严重阻碍了农业规模性发展。

第五，农业全产业链合作缺乏。世界范围看，农业发达国家在农民合作社的运作下，其食品产业链增加幅度均远大于农产增加，而在资本分配上，农民能分享的食品产业链利益高出他们农产生产的增加值。然而，我国目前农民合作社基本名不符实，据有关数据表明，2012 年全国有近 11 万家农业龙头企业，年销售额超过 5.7 万亿元，这也意味着全国近两亿户农民生产的产品实际是被极少量商家企业卖出，所获利润也全由这些企业获得。因此只有将农业合作社做大、做强才能发挥组织优势，解决当前农业全产业链组织机制合理化的难题。

第六，财政支农效率不高。目前我国实际单位农产品、单位耕地面积的农业财政支出并不少，整个农业领域的财政支出量也远高于欧美很多国家，但由于支农资金运用上存在目标分散、对象失准、跑冒漏滴等现象，使得农业财政支出效率不高。现实中本应用于集中支持大宗农产品生产、农业基础设施建设、农业科技进步、农业生态安排等方面的资金常被挪用于一些营利性企业、服务高端消费群体的农业企业以及一些与农业关系并不密切的企业，这些都严重地影响了我国农业财政支出效率。

---

① 土地利用规划管理体制，指的是国家针对土地基本用途做出区划分类和对社会经济活动主题利用土地的基本行为建立规范的总体性的制度安排（党国英，2018）。

② 党国英. 乡村振兴战略的现实依据与实践路径［J］. 社会发展研究，2018（2）.

（二）城乡融合——乡村全面振兴的根本途径

首先，在对城乡未来发展趋势精准预测的基础上，做好城乡产业布局和人口结构等方面的统一规划。有学者参考国际多数发达国家农业人口占全部就业人口的比重并结合我国实际情况，预测我国在未来农业人口所占比重将下降到15%~25%之间，且不同地区由于所处的地理环境、就业条件、交通情况的不同在人口数量上也会有所差异。[①] 因此，只有在对产业与人口未来变化趋势充分预测的基础上，对城乡的产业布局和人口结构进行统一合理规划下才能促进城乡融合发展。各地区各部门在做城乡规划时，要特别注意未来的可能变化趋势，特别是例如宅基地用地规模、乡村建设风格、街道交通布局等，对于居住条件或交通条件特别不好的村庄，也应注意到其未来可能搬迁转移的可能。

其次，消除城乡发展差距，进一步促进城乡融合。农业作为国家经济社会发展的基础，无论所占比重如何都不可或缺，且农村由于其丰富的土地资源、特有的文化习俗等具有有别于城市的不同特征，但由于目前城乡间存在的普遍差异使得人口与资源多向城镇集中，乡村发展也相对缓慢。因此，只有缩小城乡间在教育、医疗、卫生等公共服务方面以及产业、就业等方面的差距，弱化、消除城市对农村资源的单向虹吸效应才能真正扭转当前乡村的空心化、老龄化问题现状，城乡间才能呈现互相吸引、彼此交融的良好局面。

第三，充分发挥乡村比较优势，为城乡融合发展提供动力。多年的城乡建设实践证明，由财政主导的公共性投入虽可一定程度缩小城乡差距，但要想乡村获得长期稳定发展必须依靠释放其内生发展动力，发挥自身的比较优势。与城市相比，农村最大的优势即拥有较为开阔的空间场所、绿色生态的自然景观、宁静的居住环境以及特有的乡愁文化，因此除了大力发展农村的农业基础建设和农产品加工等相关产业外，公共服务水平也需相应提高。只有这样才能最大限度地发挥农村所具有的比较优势，才能吸引更多的城市人口来到农村，才能促进城乡融合发展。

第四，引导、调节好城乡生产要素自由流动，为城乡融合发展提供活力。目前来看，无论是城市户籍制度还是农村土地流转制度都进一步使得原有的城乡二元体制进一步固化，不利于城乡融合发展。必须让生产要素在城市与乡村间进行自由、双向流动，生产要素的自由流动不仅有助于提高整体

---

① 吕风勇. 乡村振兴战略的根本途径在于城乡融合［J］. 中国国情国力，2018（6）.

资源配置效率，且有助于避免单向流动带来的半城市化局面。对此，政府应在制度设计和相关政策上进行相应调整，如如何使农村承包经营用地可以自由流转？如何避免资本过渡向城市流动？如何逐渐开放农村宅基地流转的现有限制，防止农村空心化现象继续加剧等问题。

第五，形成正向政策激励机制，确保城乡融合发展。应对现存的农村农业政策进行审视，对于如城乡户籍制度、土地制度等一些在过去甚至现在确有一定积极方面，但在未来其消极一面将凸显的制度要提前考虑应在什么时候，以什么方式和步骤进行调整甚至不合理的方面需取缔。总之必须秉承一个原则，即哪些政策有利于城乡融合发展的就应继续保持，哪些不利于城乡融合发展的就应坚决取缔。与此同时，还应注意不同的发展阶段可能出现不同的新问题、新情况，因此应适时对政策进行及时的调整与修改，避免某些政策由正向激励转为负向激励。

（三）城乡融合在其他国家的实践经验

1. 德国

从城市化进程角度看，德国的城乡关系是沿着“合—分—合”的轨迹逐渐迈入城乡一体化的高级阶段，目前其城市化水平已达到90%左右。从具体做法上看，德国主要采取了如下一些举措。

首先，通过立法限定城乡区域发展均衡。为秉承“社会公正”的社会理念，德国通过制定《联邦基本法》《空间秩序法》《改善区域经济结构共同任务法》《联邦区域规划纲要》《结构援助法》《区域经济政策的基本原则》等一系列法律促进区域均衡发展。①

其次，运用合理规划引导城乡区域协调发展。德国在区域规划中对各种用地需求和各种公共设施在空间的分布上进行了专门且详细的制定，不仅考虑到如何提高效率且注意到不同区域的差异性与特殊要求。

第三，以财政政策助力城乡协调发展。德国的财政分为各州或各地方之间由财政实力强弱进行财政支付转移的横向财政政策和由联邦政府对州、州对地方进行财政支持的上下级政府间财政支付转移的纵向财政政策组成。在政策投资方面，德国的联邦政府有一半以上的资金都投向了经济欠发达地区，这一主导均衡的财政政策有效地缓解了地方政府财政收入能力与支出责任不对称间的关系，并促进了区域经济发展。

① 郝向明．德国城乡协调发展的经验与启示［J］．山西农经，2010（6）．

第四，依靠福利政策保障城乡协调发展。德国的社会保障制度十分完善，包括生、老、病、死、残、伤、失业、入学、住房等诸多方面。对于经济水平欠发达地区的弱势群体，可以通过享受相关社会福利维持其基本所需的生存和经济活动，且在德国没有明显的城乡差异，农工的差异也仅存在从事的工作性质不同，农民只要进城工作，按规则纳税就可以成为城市居民。

第五，运用发达的交通系统促进城乡协调发展。德国较好的区域交通、通信和供水、供电等基础设施网络为城乡融合发展创造了基本的条件。德国城市化发展的一个独特之处即在于城市间无论大小均平行发展，且小城镇遍布全国的各州，而无论是拥有百万人口的大城镇还是只有几千人口的小城镇，基本的各项市政设施水平几乎无异，加之小城镇一般具有相对更好的自然环境使其相较大城市对一些人来说更加具有吸引力。

2. 日本

日本的乡村建设背景与中国目前的乡村振兴背景十分相似，均是在乡村支持城市发展到一定阶段，自身进入瓶颈并凸显出诸多问题的情况下实施的。从阶段发展看，日本的乡村建设大致可分为三个阶段，每阶段的目标也都与城市有着密切联系。

第一阶段，以缩小城乡差距、提升农村居民生活水平为目的。日本在乡村建设发展的第一阶段也面临城乡二元结构、农村劳动人口减少和产业过于集中在环太平洋产业带等问题。对此，针对城市过度扩张和城乡差异过大等现状，日本政府制定的“1962 年全国综合开发计划”建设了 15 个新产业城市和 6 个工业建设特别地区，以据点式开发的模式分散工业。随后针对人口与产业聚集在城市的问题又制定了“1969 年全国综合开发计划”，通过建设与完善全国新干线和高速公路等交通设施，建立大规模农业畜牧业产业基地、投建娱乐设施等促进城市人口和产业向农村合理流动，促进农村发展。制定以提高农村经济水平，提高居民社会福利，改善农村落后面貌、减少城乡差距为目的的《山村振兴法》，在基础设施建设、土地利用、产业振兴和防御灾害等方面均进行了合理规划。此外，政府还制定了《农业地区导入工业的促进法》，在将城市工业向农村地区有效转移过程中，为农民提供了大量的就业机会、财政补贴和金融贷款。在多项政策的共同努力下，日本农民收入于 1975 年首次超过了城市居民。

第二阶段，以城乡协同发展、改善农村居住环境为目的。日本在一段时期内经济高速发展后，逐渐面临能源短缺和产业升级等问题，特别是后工业化时代的到来使得日本人口日益呈现老龄化趋势，城市化进程的速度也放缓。且随着大量工业转移至农村地区，农村的生态环境受到了较大程度的破坏，之前只发生在城市的噪音、垃圾也向农村转移，并出现了农业发展进入停滞期，产值 GDP 比重下滑迅速，农民宁愿从事非农产业，非农产业收入比重也高达 80%以上。与此同时，城市郊区的土地开发与农业保护等问题日益凸显。面对诸多问题，日本政府通过颁布《土地法》《增进农用地利用法》和《农业振兴地域整备法》等相关法律法规对农村土地流转制度和改善农村生活环境进行了完善。[①] 并在此基础上通过开展全国性的“造村运动”和“城乡广域活动”，从产业振兴出发，以具有特色的区域性文化形成具有地方特点的特色产业，以农产品深加工增加其附加值等手段带动区域经济发展，提高农村人口回流，增加农村活力。

第三阶段，以城乡一体化，实现农业可持续发展为目的。在全球泡沫经济破裂的背景下，日本经济发展也陷入了长期低迷时期，日本政府为拉动内需，除了向周边地区和国家转移具有污染性工业的同时，逐渐将产业政策的发展重点置于第三产业之上，在以服务业为主的第三产业发展带动下，日本的城镇化水平得到进一步提高，已经接近 95%，城乡差异几乎消失。然而，在实现城乡较大程度一体化的同时，日本也面临农业比重持续下降，甚至有消亡的危险，特别是粮食安全受到了较为严重的威胁，大量农村不再进行农业生产。对此，日本政府根据当时的形势对“农地法”进行了修订，并陆续颁布了《农业促进法》和《农业振兴地域整备法》为农业的可持续发展提供了法律上的保障，通过多项举措重塑了乡村环境，一定程度上实现了农业的可持续发展与乡村功能的续存。

3. 韩国

面对日益扩大的城乡社会经济差距，韩国政府自 20 世纪 60 年代开始通过采取一系列政策措施，加快了农村发展，推动了城乡一体化。主要包括新村运动、反哺农业、建立城乡一体化社会保障制度等。

首先，新村运动。韩国的新村运动目的在于通过促使农民树立“勤劳、自助、合作”精神来改善农村的生活环境、发展农业、提高居民生活水平。具体来看，第一，由政府出资，大力改善了农村基础设施条件和农村居民的居住环境；第二，政府通过制定多项规划，协调多方、提供服务，以及给予

① 刘震．城乡统筹视角下的乡村振兴路径分析［J］．学术前沿，2018（6）．

财政、物质、技术支持等进一步推动多种经营，发展农村金融业和流通业；[①] 第三，通过采取“政府出大头、地方出中头、农民出小头”的方式，由中央政府、地方政府和农户按照55%、30%和15%的比例共同出资，帮助农户贷款建房；第四，根据本国实际确立以稻米生产为主，经济作物为辅的种植结构，进一步优化农业产业结构。在上述四项举措的作用下，新村运动给韩国农村带来了较大变化，人们的生活与居住条件得到了很大改善，在提高了农民收入水平和农业机械化水平的同时，缩小了城乡贫富差距。

其次，制定并实施反哺农业政策。自 1991 年开始，韩国政府通过制定和实施一系列与农业相关的政策，不仅加快了农业发展也促进了城乡融合。第一，结构调整政策。韩国政府通过建立农业开发区、改进营销体系、多样化农业种植、对青年农民实行特殊信贷、技术培训、开发有竞争力的农产品、建立实验室与研究中心、改进农村生活条件等 12 条涵盖农业生产几乎所有方面的措施，在农业产业升级和农业内部结构优化等方面起到了重要的推动作用。[②]第二，制定新农计划。“新农计划”的实施目的在于进一步提高农业部门的市场竞争力和生产效率，随后又在此计划基础上制定了新的“农业与渔业开发计划”，旨在增强本国农业竞争力。这些新农计划的实施，对韩国的农业发展起到了重要的推动作用，也加快了韩国城乡一体化进程的步伐。

再次，建立城乡一体的社会保障制度。韩国农民可以享受社会保险(国民年金、医疗保险)、公共救济和社会福利三部分，其中国民年金是主要核心内容。为更大程度地产生经济效益，韩国鼓励农民 65 岁后将土地交与更富有耕种能力的人，为此国家规定，农民 65 岁后将土地无偿交给他人耕种，国家将按土地面积以每人每年每公顷 300 万韩元的标准补给农民，直至死亡；如果农民是将土地卖与他人耕种，则卖地的收入全部归个人所有，国家只支付 8 年的土地补助。[③]此外，韩国的医疗保险面向全体农民，公共救济和社会福利方面城乡统一。

最后，多层化农民教育等其他相关政策。韩国在促进城乡一体化的各项政策中多层化的农民教育是不容忽视的一个方面，目前已形成包括 4H 教育、农渔民后继者教育、专业农民教育在内的三个层次。通过多层化农民教育政策的实施，韩国农村现有 35~55 岁的农民后继者已达到 12 万人，并形

①②③ 康佳楠，马晓强. 韩国城乡一体化发展的实践、效果与启示［J］. 生产力研究，2014（7）.

成了5万多个有一定规模的专业户，平均每个村都有二十几个专业户，有效地带动了韩国农村的整体发展。此外，韩国实行城乡教师互换制度，通过教师间交流，提升了国家整体教育水平，避免了城乡教育不平等，对促进城乡一体化发展起到了积极的作用。

4. 英国

作为一个老牌资本主义发达国家，英国的城乡统筹建设有其特有的背景和历史意义，总体看英国的城乡统筹政策主要包括如下几个方面。

第一，大力推行农业规模化生产经营，积极鼓励兴办乡村企业。为了整合乡村资源，发展区域性产业优势，英国城乡统筹政策中十分重要的内容之一即农业的规模化生产。目前英国中小企业的绝大多数都集中在农村地区，正是乡村企业的蓬勃发展才使得城乡之间差异，特别是就业差异逐渐缩小，据相关报道，自20世纪80年代开始，英国农村的中小企业就业率已经高于城市企业。此外，得益于英国政府对农村市场的培育和对制造业生产工艺的鼓励，乡村企业在技术创新方面也不断提升，其创新成果甚至高于同期的城市企业。英国农村正是在抓住自身优势和政府优惠政策，吸引了众多投资者，建立了庞大的农村劳动力市场，城乡差异也得以缩小。

第二，政府财政对农村基础设施与公共事业的大力投入。在农村建设中，英国政府十分重视对农村道路、水电等基础设施和教育、文化、卫生等公共设施的投入，城乡在生活方式、生活水平上差异很小，并通过在全国范围内建立职业教育网点，根据地方区域的产业特色进行多元化的农民职业培养。此外，英国政府还十分重视农村的生态环境，并将其视为农村的核心竞争力，对此政府不仅对农村地区的水资源、土壤、植被等变化进行长期跟踪性调查评估，且建立了农村生态系统服务，并以相关政策作为保障，多方面全方位对农村生态环境进行保护。

第三，加强对农村经济发展的服务与指导。为解决早期农村企业因规模偏小、分布分散、与中心城市距离较远造成的农村企业服务推广难、经济成本高等问题，英国政府逐渐加大对乡村企业的各种市场服务指导，其中包括改进并增建就业服务设施、就业培训机构、乡村宽带、女性培训网络等。通过建立农村经济增长试点网络，解决了农村企业经营场所短缺、互联网技术落后、商业团体分散等问题。

第四，建立城乡一体化社会保障体系。早在1927年英国就建立了城乡居民失业保险制度，并于1957年设立了单独的农场主养老保险制度，后通过“农业社会互助金”形式使全农村地区的人口都享有社会保险福利，通过城乡统一立法建立了“国民皆保障”的社会保障体系。

第五，加强城乡统筹规划与立法。《1947年英国城镇和乡村规划法》是英国历史上具有真正意义的有关城乡规划的法律规范；1990年新颁布的《城市规划法》则将城乡统筹作为核心，更加强调城乡间协调发展，由此政府的干预能力加强，城市规划监控系统建立，均有效地解决了在城市化进程中所带来的生态问题、社会管理问题和经济结构转变等问题。

（四）他国城乡发展实践对我国城乡融合发展、乡村振兴的启示

通过上述对德国、日本、韩国、英国等发达国家在城乡建设中具体实践措施的简要介绍，可以发现他们各自旨意于城乡融合发展方面存在一些经验，这些有益的经验对中国当今倡导城乡融合发展、乡村振兴均具有一定的借鉴意义和启示作用。

（1）在基于城乡融合发展理念下合理进行城乡规划。政府应综合考虑各地区实际情况，高度重视规划的引领作用，要将规划的眼光放长远，实现城乡一体的全面覆盖，并将产业规划、城镇发展规划、土地使用规划以及环境保护规划等一系列情况贯穿于城乡融合发展的全过程，构建出不同区域类别功能齐全、有序的城乡系统。

（2）逐步建立城乡一体化社会保障体系。上述发达国家有一个共同点，即城乡社会保障都较为健全，农民没有后顾之忧。中国与之相比，具有农村人口基数大、经济基础薄弱、地区发展极为不均衡等特点，因此中国的城乡社会保障体系建设照搬他国，不能追求一蹴而就，而应从首先将城乡社会保障差距控制在合理范围内，采取层层递进的方式，逐渐实现城乡要素的自由流动，公共资源的均衡配置，逐渐建立起符合国情的高水平城乡一体化社会保障制度。

（3）大力发展乡村经济，鼓励农民创业，提高农村收入水平。《2011年中国城市发展报告》中相关数据显示，以当前城镇化进程的发展速度，未来将有越来越多因征地而失地的农民，预计2030年失地农民将达到1.1亿人以上。此外，有调查显示有六成的失地农民面临生活困难，八成的失地农民表示对未来十分担忧。[①] 针对这一情况，我国应进一步大力发展乡村经济，特别是对具有强大吸纳劳动力能力的乡镇企业予以政策上的扶持，这对整合区域资源优势、发展特色产业、改善农村产业结构具有十分重要的发展意义。此

① 参见财经网. http://www.caijing.com.cn/2011-08-09/110804337.html.

外，要加强对失地农民的再就业培训，提高失地农民的就业技能，还应积极鼓励有能力的农民自主创业。目前我国绝大多数农村地区尚不适宜推广类似英国等发达国家的农业规模化经营，但可以通过延长农业产业链、专业化和集群化生产经营等农业产业化生产，打造地方特色品牌，提高农民收入水平。

（4）进一步加快农村基础设施建设和公共服务水平，为城乡融合发展提供必要条件。良好的投资环境和公共服务是地区经济发展的必要条件，西方一些国家在进行乡村建设时都曾对交通、水利、电力、电信等基础设施予以较大比例投入以实现乡城间“无缝对接”和共建共享共用。然而，从我国目前情况看，现有对农村基础设施和公共服务的投资现状显然不足以满足农村经济社会发展的需要，因此需要增加投资资金渠道，积极利用市场机制、社会力量以及农村、农民自身力量鼓励外来资本投入农村公共建设之中，逐步建立起以政府为主导、社会参与、适度竞争、监督有力的农村公共服务多元化投入机制。①

小　结

古代中国的城乡关系被维系在自然经济的古老轨道之中，加之中国深厚的中央集权统治，因此城乡关系体现出乡村在政治上依附城市、乡村在经济上制约城市的特点。新中国成立后，在经济发展的初期恢复阶段，城乡之间通过商品的交换与流通加强了联系，并取得了共同发展；然而随后的在行政性计划约束的影响下，城乡关系在很长一段时间内均呈现出分治、城乡不平等的特征。本章通过梳理城乡关系的发展脉络，结合相关学者的观点，根据中国城镇化发展不同阶段的特点将城镇化发展历程划分为三个阶段：工业城镇化、土地城镇化和人口城镇化；并在当前中国以“人”为中心的城镇化逐渐拉开历史序幕的这一宏观背景下，通过对城乡融合发展机制的现状分析，以及对城乡融合、乡村振兴机制改革的主要路径进行了相关探讨。最后通过介绍德国、韩国、日本、英国等发达资本主义在发展城乡关系上的实践经验，得出对我国在城乡融合发展和乡村振兴上的启示。

① 王勇辉，管一凡. 英国城乡统筹政策对我国城乡一体化战略的启示［J］. 城市观察，2014（5）.

第二章　峒山村走城乡融合之路的基础条件

要走好城乡融合之路，必须打破城乡二元结构，使生产要素在城乡间自由流动实现优化配置，使城乡的经济、社会、生态文明和精神文明协调发展且相得益彰。而这一目标的实现，则需以具备一定的交通、产业、环境等方面的基础条件为前提。峒山村的干群在乡村振兴的实践中高度重视所需的基础条件建设，深刻认识到村里生产要素的优化配置须根植于优越的交通区位条件，经济社会协调发展须根植于良好的产业基础，城乡生态文明协调发展须根植于"宜业、宜游"的乡村环境，精神文明协调发展须根植于传承乡愁的文明乡风。他们根据自己的历史和村情，群策群力艰苦奋斗，努力改变着村里的交通条件、产业基础、乡村环境和乡风，为走城乡融合促进乡村振兴之路创造更好的基础条件。

第一节　区位交通条件

交通是各区域间连接的重要纽带。作为人流、物流的必需通道，对区域生产要素的流动、产业布局、人口迁移、城镇体系建设等方面都有决定性的影响。因此，交通区位条件直接关系着区域经济社会的发展。近年来，峒山村充分发挥地理位置的优势，不断完善内部交通和外部交通，努力提高交通的可达性和通行的便利性，使得区域开放的优势日益突出。

一、地理位置得天独厚

（一）是武汉城市圈一体化进程加快推进的受惠者

国家批准武汉市作为建设资源节约型和环境友好型社会综合配套改革试验区。鄂州作为武汉“1+8 城市圈”中的一员，与武汉市地域相连，紧邻武汉乃至湖北省最重要的产业聚集地——东湖开发区和化工新城。因此，城乡融合，以城带乡，加快鄂州与武汉的融合发展，已成为鄂州各地实现乡村振兴的重要路径。峒山村距鄂州市只有 20 多公里，所处的地理位置受惠于武汉城市圈一体化进程的推进，极利于城乡融合发展实现乡村振兴。

（二）是地理位置优越的“全域鄂州”的“百中心村”

2009 年，《鄂州市推进城乡一体化三年行动计划》提出“全域鄂州”规划理念，即将城市和农村作为一个整体，统筹规划空间布局，在鄂州交通较发达，经贸基础较好的地域，打破行政村界限，设立中心村新社区，以中心村新社区为融合发展基础，促进城乡融合，推动乡村振兴，形成了“一主、三新、十特、百中心村”的四位一体区域空间布局。[①] “一主”即以主城区为中心；“三新”指主城区所依托的三座新城（葛华科技新城、红莲湖梧桐湖旅游新城、花湖工贸新城）；“十特”是设置十个特色镇（太和镇、汀祖镇、燕矶镇、碧石镇、段店镇、蒲团镇、涂家垴镇、沼山镇、长港镇、长岭镇）作为节点；“百中心村”是以 106 个中心村新社区和其他建制镇为基础，由此形成城乡统筹、相互衔接、全面覆盖的“全域鄂州”体系。

长港镇峒山村在鄂州中部，位于武昌鱼的著名产地梁子湖出水要冲——九十里长港中上游的两岸，东与杜山镇接壤，西与东沟镇相连，北与红莲湖旅游度假新城毗邻，正是交通便利、经贸基础较好的“十特”与“百中心村”之一，所处地理位置十分优越。

二、内部交通不断完善

长港镇峒山村位于鄂州市的腹部，鄂州市公路交通的发展直接影响着峒

① 周长庆，王菲．“全域鄂州”城乡空间体系和架构敲定［EB/OL］．湖北省人民政府门户网站．［2009-08-19］．http：//www. hubei. gov. cn/zwgk/szsmlm/shzqb/200908/t20090819_ 232260. shtml.

山村区域内部交通状况。近年来，鄂州市狠抓区域内部的公路交通建设，形成了公路网密度增大、通达深度加深、路况水平改善、通行能力提升的公路交通网络全面发展的态势，增强了区位交通优势，有力支持了区域内的经济发展。

（一）增大了公路密度

一般而言，公路、高速公路网密度越大，内涵交通条件越好。2016 年，峒山村所在地的公路密度跃居全省农村公路密度第一，公路网密度达 230.31 公里/百平方公里，使其区域内部交通联系更加紧密。

（二）加深了公路通达深度

峒山村的公路通达深度取决于鄂州市公路里程的增长。如图 2-1 所示，鄂州市的公路里程从 2010 年的 2913 公里，增长至 2015 年的 3586 公里，2011 年至 2015 年的年度公路通车里程数增长率分别为 3.81%、2.48%、4.45%、6.77%、3.76%，年均增长率为 4.15%，反映出鄂州市公路通达程度逐年加深。其中，一级公路达到 142.006 公里，二级公路达到 206.913 公里，一级、二级和等级公路分别比“十一五”末新增 79.251 公里、22.448 公里、961.687 公里，有效延伸了公路通达深度。[①] 长港镇峒山村受益匪浅。

图 2-1　分年度的鄂州市公路里程变化趋势图

资料来源：湖北省统计局　鄂州市统计年鉴（2016）

① 周启江．鄂州公路：“十二五”浓墨重彩铸辉煌［EB/OL］．湖北省人民政府门户网站．［2016－01－15］．http：//www.hubei.gov.cn/zhuanti/2016zt/jtfz/glp/201601/t20160115_777657.shtml.

(三) 改善了公路路况水平

“十二五”期间，鄂州市对全市的国、省主干线全部进行了改造，近年来，完成公路大修 67.85 公里，中修 260.5 公里，公路大、中修工程的实施有效改善了干线总体路况。

(四) 提升了公路通行能力

鄂州市通村公路建设连续两年被市政府列为“十件实事”，全面推行农村公路网格化管理。“十二五”以来，鄂州每年新建通村公路 100 公里以上，完成通村公路 835.02 公里，至“十二五”末，鄂州市农村公路总里程达 3305.091 公里，其中县道 370.65 公里，乡道 948.681 公里，村道 1985.76 公里，全市 320 个行政村，3247 个自然塆，实现了行政村通水泥路 100%，使农村公路通行条件明显改善，并率先在全省实现村村通客车。

由于逐年加大道路基础建设投入，长港镇内交通更加通畅，湖北 239 省道横贯全镇，水泥路、柏油路延伸到全镇每个角落，实现了人畅其行，货畅其流。如图 2-2 所示，以长港镇为出发点，半小时车程圈，约 30 公里以内的城市有黄冈市、鄂州市、黄石市，以该镇为出发点，一小时车程圈，约 50 公里以内的城市有武汉市、咸宁市。

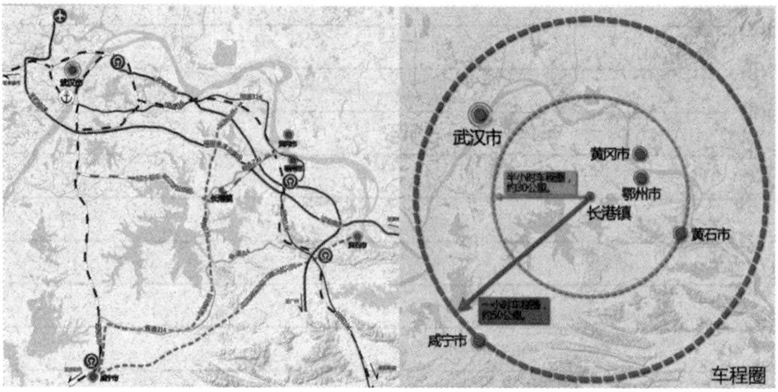

图 2-2　长港镇车程圈示意图

(五) “三点一线”发展旅游交通

峒山村将点轴系统理论作为构建和重组区位交通条件及建设城乡融合系统的重要依据。根据点轴理论，经济中心常集中分布于区位条件较好的地域，伴随经济中心逐渐增加，点和点之间通过交通干线构成轴线串联的“点轴系统”，众多点轴交织构成网络，通过这些立体空间网络，形成乡村综合体、村镇有机体等，从而构建起城乡融合系统，城乡融合系统是实现乡村振兴的重要前提，乡村综合体是乡村振兴的根本基础，村镇有机体是乡村振兴的重要载体和支撑。

峒山村按照点轴系统理论，优化配置当地交通资源，形成“三点一线”发展格局：即水边建码头，路边建服务中心，山边打造峒山古镇，新修康衢大道将三点一线贯穿，以本区域的水、陆交通为“开发轴线”，优化村内的内部交通。康衢大道从水边经路边到山边，把三处景点一线穿起，连接成为美轮美奂的峒山村一日游风光带。

通过内部交通建设，峒山村已经实现了组组通水泥公路，通村主干公路硬化，村内道路网布局合理，主次分明，村主干道架设了路灯，达到了绿化、美化、亮化的效果。

峒山村对村主干道、村塆微循环道路、上山步道、生态停车场、游客服务中心等基础设施项目的规划与建设，均与人流疏散同步进行。2016 年，峒山村实施了循环路网工程。共投入资金 510 万元，重点建设了全长 2 公里的中轴线，将峒山村 11 个村民小组全部贯通，新修三线桥、四线桥各一座，维修硬化村庄道路 2. 8 万平方米，铺设路肩彩砖 4900 平方米。[①] 这些举措不仅使内部交通更加完善，也有效推进了乡村旅游业的迅速发展。

三、外部交通优越便捷

外部交通，是一个地区与外界相联系的交通。鄂州西接“九省通衢”武汉，东连“矿冶之城”黄石，北与黄冈地区隔江相望，南与咸宁地区滨湖毗邻，整个版图轮廓呈“三叶形”，属湖北经济发展的核心区域，是鄂东水陆交通枢纽之一。

长港镇地处武汉城市圈核心层，位居武汉、黄石、鄂州三座大中城市的“金三角”地带，距京珠高速、沪蓉高速和宜黄高速公路均在半小时车程以内，到武汉天河国际机场只需 1 小时，是距国家级的武汉东湖高新技术开发区最近、最易接受辐射的地区之一。水路经百里长港可直达长江，铁路可就近通过武昌、汉口、鄂州等直达全国各地，交通十分便捷。

---

① 鄂州市发展和改革委员会．鄂州市长港镇峒山村创建全国文明村镇工作总结［EB/OL］．［2016－01－22］．http：//hb. ihold. com. cn/ezhou/ezsfgw/？ a = show&id = 46767&m = article.

鄂州峒山村的外部交通条件，将进一步受益于鄂州航空都市区综合交通铁路规划建设初步方案，该方案规划外向型开放铁路网，将鄂州与武黄城际铁路、武九线、京九线汇聚在一起；使鄂州处于三江港、阳逻港等港区的对接口，这将使峒山村与武黄城际铁路、武九线、京九线沿线地区联系紧密，高效释放该地区临空、临港经济的活力。

四、可达性高通行便利

区域的运输联系越便利，运输效率越高，可达性也就越高。距离长港镇内其他村的平均通行时间也会越短。

鄂州作为临近武汉、黄石、黄冈市等市的省辖地级市，近年来采取了以下一系列的举措提高当地交通的可达性。

一是建设长江公铁大桥。该桥为一桥三用的跨江大桥，包含铁路联络线、武汉城市圈城际铁路鄂黄黄环线及公路通道，可使黄石、鄂州、黄冈三市间的城际铁路形成便捷的环形网，避免绕行，公路过境车辆可避开鄂州、黄冈的中心城区行驶，充分提高铁路与公路的通行效率。

二是建设货运铁路专线（疏港铁路）。该货运铁路可以实现水、铁（含高铁）、公、空多种方式联程联运，极大地提高了运输效率和疏港能力。

三是建设鄂东机场。机场将于 2021 年建成投入使用，是专门用于顺丰高端快递的全货运机场，建成后是顺丰集团的全国核心枢纽，它将保证 2 小时飞行覆盖经济人口占全国 90%的地区。①

长港镇现已形成由 S239 连通武黄高速、汉鄂高速、鄂咸高速、疏港高速的四通八达的公路网，规划中的城际铁路横贯区域南部，距离武汉直线距离 70 多公里，交通区位条件优势十分明显。

峒山村位于长港镇东南部、百里长港中段，东临杜山镇东港村，南靠九十里长港，西接长港镇滨港大道，下辖峒山、自湾、松杉、张沟、新沟、傅家沟六个自然塆，距离鄂州城区 23 公里，距离鄂州开发区 18 公里，交通优势突出，239 省道贯穿峒山全村，村内道路纵横交错，交通的可达性很高，通行非常便利。

① 鄂州民用机场获批 鄂东如何巧搭“顺丰”车？［EB/OL］. 荆楚网.［2018-06-01］. http：//news. cnhubei. com/xw/jj/201806/t4118807. shtml.

五、区域开放优势突出

开放的区域能获得更多的发展机会和利益；同时区域也在对外联系中扩散自己的影响，推进自身的经济发展。区域越开放，区位优势也就越明显。如果用货运、客运周转量显示一个地区对外开放的程度，则如图 2-3 所示，鄂州对外开放程度正在不断快速提升。2010 年至 2016 年的七年间，鄂州货物周转量总体上增长显著，年均增长率 19.48%；客运周转量，年均增长率 6.51%。

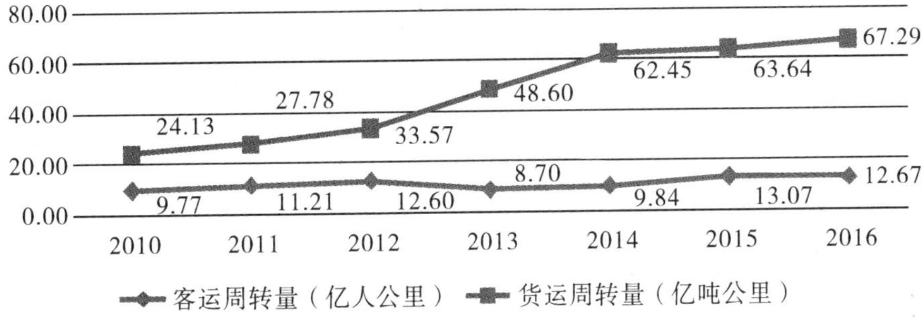

图 2-3　分年度的鄂州货运、客运周转量（2010—2016）

资料来源：湖北省统计局 鄂州市统计年鉴（2017）

鄂州市为进一步促进区域开放提高区位优势，下大力气进行了京九武九铁路联络线江南段、机场高铁、铁路物流基地、顺丰国际航空物流枢纽等重要交通设施项目建设。

新建京九武九铁路联络线江南段，将京九高铁、武杭高铁与武九客运联通，能强化高铁枢纽的吸纳力。

新建机场高铁。线路起点为武石城际铁路鄂州东站，向东延伸 7.5 公里，并规划建设机场高铁分拣中心，与航空物流分拣中心（转运中心）有机对接，再向东北方入地约 3 公里，直达湖北国际物流核心枢纽候机大楼（客运厅）。航空都市区将建立保税区、海关，并将与武汉东湖高新区一道纳入武汉国家自贸区试验范围，有效促进当地经济发展。

新建铁路物流基地。在三江港新区鄂州北站周边，建设铁路物流基地，借此打造中部地区一级铁路物流枢纽和一类铁路开放口岸，与湖北国际物流核心枢纽项目相互依托，互相呼应，空铁共融互补，实现多种方式联运与多赢发展。

新建顺丰国际航空物流枢纽。该项目于2016年4月落户鄂州，标志着鄂州即将有条件全面融入国际产业分工体系。2020年，第一架大飞机将从这里起飞，鄂州将构建航空、水运、铁路、公路有机衔接的多式联运体系，成为辐射全国、面向全球的航空物流枢纽中心和内陆开放重要门户。

上述这些交通基础设施项目的建设，必将有力推动鄂东城市群开发开放，提升整体区位优势，实现区域内各类生产要素的优化配置。

第二节　供需相宜的产业基础

峒山村的干群们深深地感受到，经济社会持续地协调发展必须要有良好的产业基础。他们真抓实干，系统研究当地农民、科技、市场、生产、发展等方面的客观需求，努力打造供需相宜的产业基础。

一、面向农民增收，连接市场发展产业

中国经济发展进入新常态、农业发展进入新阶段的格局下，资源、环境约束均已显著增强，国际农产品市场影响加深，农业生产成本呈持续上升的趋势。依靠拼资源、拼投入的粗放式农业发展道路已难以为继，迫切需要加快转变农业发展方式，推进农村产业融合发展，构建现代农业产业体系，才能促进农业增效、农民增收和农村繁荣，推动农村经济持续健康发展，真正实现乡村振兴。

峒山村坚持以农民增收为导向，把与农民建立紧密的利益联结作为产业发展的前提，大胆创新，打造供需相宜的良好产业基础，使农民切实地分享到产业发展的收益。

（一）以土地流转为抓手，采取多种模式引导土地经营权流转

峒山村按照“依法、自愿、合理、有序”的原则，推进适度规模经营，由传统农业向生态高效农业转型，由联产承包向专业合作组织转型，共流转土地3750亩，带动当地300多个农民就业，2014年村级集体收入280万元，人均年收入达到1.45万元，在基地、企业打工人员年收入超过2万余元。

他们采取入股分红、反租、租赁、联合、“公司+集体+农户”等模式，引导农民进行土地经营权流转，促进农民增收、农业增效。例如，鼓励农民

以口粮田入股“鄂州市峒山农业发展有限公司”，与公司签订合作协议，参与公司经营，公司与农户共担风险、按股分红，辐射带动农户达1420户，他们的户人均收入达到14520元，不少农户由此脱贫致富，实现产业发展与农民增收的“双赢”。

（二）实行先偿垫支合同，引导产业供需相宜

峒山农业发展有限公司想困难农户之所想，“以物放货，签订合同，先偿垫支”，解困难农户之所急。与困难农户签合同，先偿垫支种苗、有机农药、肥料、农机具等生产物资及田园管护的资料技术等，解决部分农户没有生产投入的困难，引导产业供需相宜，从而促进有机农产品产业化的进一步发展。

（三）建立利益联结模式合同制，实现供需协调增长

峒山农业发展有限公司按照保护农民利益的原则，与农户签订《生态农产品生产收购合同》，建立农业产业化经营中与农民利益联结模式的合同制，承诺实行保护价收购和市场调节相结合：市场价高于保底价，按市场价收购；市场价低于保底价，按保底价收购。区农业局作为监督机关，打消农民生产的后顾之忧，由此激发农民生产和学习新技术需求，新需求催生新供给，从而促进产业供需相宜，供需同步增长。

上述创新举措，一是优化了农业土地供需匹配。改善了以往农业资源错配，实现分散、小规模土地向集约化、专业化的企业和种田能手等经营主体流转的转变。二是改善了农业供需的错位。有效引导农业由过剩的传统农业向供给不足的生态高效农业转型。三是改善了村民生活方式。村民变居民，资金变股金，农民变股东，将原先单一收入渠道变成打工、土地租金、土地入股分红的多收入渠道。

峒山村的创新实践表明，处理好农户以及产业发展间的利益关系，关键是要引导企业、村集体、农民建立合理的利益联结机制，将农户增收需求与市场紧密连接，使他们能够参与、分享产业供给带来的增值收益，提高自身的发展能力。只有让农民增产增收、改善生活，才能激发其需求的持续增长，打造好供需相宜的产业基础。

二、面向科技需求，聚焦新技术新产业

峒山村的干群深刻认识到，在新一轮科技革命中，一系列重大颠覆性技

术正在引发产业的巨大变革，包括互联网、物联网信息技术、智能制造、清洁能源技术等正不断催生着新产业、新业态、新模式。

在科技革命浪潮中，产业发展必须面向新技术催生的新产业，聚焦科技发展前沿。为此，鄂州市加强高新技术产业发展，使其高新技术发展呈现逐年显著增长趋势。如图 2-4 所示，2010 年至 2016 年鄂州市高新技术工业增加值的年均增幅达 18.26%。

其中，2011 年增长 26.61%，2012 年增长 24.61%，2013 年增长 19.33%，2014 年增长 11.02%，2015 年增长 14.48%，2016 年增长 13.50%。鄂州市的高新技术产业发展势头强劲。

图 2-4　分年度的鄂州市高新技术工业增长趋势图

资料来源：湖北省统计局 鄂州市统计年鉴（2017）

国家发改委的《能源发展“十三五”规划》提出能源发展，应“着力培育能源领域新技术新产业新业态新模式”，“努力构建清洁低碳、安全高效的现代能源体系”①；《电力发展“十三五”规划》要求，能源发展方针为“节约，清洁，安全”，能源结构优化的过程中要优先布局清洁能源，全面推进分布式光伏发电建设，重点发展屋顶分布式光伏发电系统；太阳能发电装机 2020 年要达到 1.1 亿千瓦以上，其中分布式光伏 6000 万千瓦

① 中华人民共和国国家发展和改革委员会发展规划司. 能源发展“十三五”规划. 2016-12-26. http://www.ndrc.gov.cn/zcfb/zcfbtz/201701/W020170117335278192779.pdf.

以上。①

峒山村坚决响应国家号召，全面推进“光伏能源+高效农业”新产业，大力发展固态有机废弃物生物转化技术，积极发展节能生态循环农业，多元化地利用能源。

（一）全面推进“光伏能源+高效农业”新产业

光伏发电，是将太阳辐射能转换为电能的技术，具有零污染、无公害、无燃料消耗的特点，对优化调整能源结构意义重大。光伏发电可利用建筑顶部，如在蔬菜大棚顶部，安装太阳能电池板，并由此形成光伏能源和高效农业的跨界融合的光伏农业。峒山村立足自身特色优势，以光伏发电暨高效农业示范园为依托，形成独特的“光伏能源+高效农业”应用于园艺大棚的新领域。

一是建设高效农业示范园，建设可用于花卉、蔬菜、瓜果等育苗、培育的温控钢架大棚；二是建设光伏发电系统，依托园区温控钢架大棚骨架，配套建设光伏发电变电输电系统，装机容量 3.15 千兆瓦，年发电量 369 万千瓦时，该项目年产值可达 200 万元。实现了农业生产和周边居民的用电双赢，确保了光伏发电、农业生产、生态环境保护的协调发展。

尽管峒山村“光伏能源+高效农业”还处于初步探索阶段，存在着技术不成熟、配套不健全、生产体系不完善等问题，但随着对“光伏能源+高效农业”产业跨界研究的不断深入，相关技术将取得突破，配套和生产体系将会日益完善，终将在经济、社会、生态三方面效益协调增进的基础上，助力实现乡村振兴。

（二）积极发展固态有机废弃物生物转化技术

生物质，即所有的有机物质。生物质能，是太阳辐射能量，通过光合作用而被有机物质转化、储存于生物有机体内的可再生能源。生物质能具有可再生、分布广、形式多、总量充裕等特点，在新能源中的重要性超过风能、太阳能，地位首屈一指。以欧洲国家为例，2013 年生物质能在新能源中的占比已经超过 60%。② 固态有机废弃物生物转化和生物质能发电，孕育着产业变革。

---

① 中华人民共和国国家发展和改革委员会发展规划司. 电力发展“十三五”规划. 2017 - 06 - 05. http：//www. ndrc. gov. cn/fzgggz/fzgh/ghwb/gjjgh/201706/t20170605 _ 849994. html.

② 陈柳钦. 中国生物质能发电何去何从？[J]. 经济研究参考，2013（51）：37-43.

峒山村勇立潮头，巧用村农业废弃物原料，以鄂州蓝焰生态能源综合示范项目为依托，积极发展固态有机废弃物生物转化技术。该项目安装生物质热解联产联供设备自动生产线两条，将农业废弃物中的以化学能形式贮存在生物质中的能量，转化为常规能源燃料。项目建成后，可增加固态能源，年产木炭5000吨；增加液态能源，年增焦油900吨、木醋液4500吨；增加气态能源，年产燃气800万立方米；增加电力供应，年发电量550万千瓦时，该项目产生的固态、液态和气态可再生能源燃料，可谓取之不尽，用之不竭。未来，以生物质能为主的可再生能源，将在中国进入顶尖技术攻关和技术推向广大市场的机遇期，推进生物质能发电，既能化解电力短缺，又能开发可再生能源，使产业发展符合未来科技进步需求，促进乡村振兴。

（三）大力发展生态循环农业

峒山村结合自身农业生产实践，大力发展生态循环农业。循环经济是在资源的开采、利用、排放方面以低开采、高利用、低排放为结果的经济。循环农业，即在农业生产中运用循环经济，调整农产品的产销，实现农业生产的节能减排。国家发改委《能源发展“十三五”规划》提出能源发展的指导原则包括“坚持把节能贯穿于经济社会发展全过程，推动形成全社会节能型生产方式和消费方式”。

峒山村依据循环经济理论，实事求是、因地制宜地发展生态循环农业。一方面，以长港小流域生态循环农业示范项目为依托，推进节能减排，通过将畜禽养殖污染治理与废弃物资源化利用相结合，实现能量高效转化，物质高效循环；运用人工设计的生态工程、物联网监控、有机肥替代、在线监测等技术，实现农田清洁生产与生态循环养殖的良性循环。另一方面，发展稻虾互利共生的复合循环种养生态模式，稻田闲置时养殖小龙虾，小龙虾为稻田松土壤、清杂草、除害虫、增肥力，从而提升稻田和农产品质量，稻田为小龙虾提供饲料、水分、栖息地，成功实践了“一份田地，两份获利，种植养殖双丰收”的循环农业模式。

峒山村的实践表明，在科技发展风起云涌的大潮中，产业供需匹配不足主要体现在顺应世界科技前沿的高端产业发展不足、低端产业过剩、技术含量低且发展动力不足。为了促进产业供需相宜，农村产业发展必须以颠覆性技术创新为突破口，敢于走前人没走过的路，引入农业科技的新成果、生态工程技术、物联网前瞻技术，大力发展高效农业、生态农业、循环农业等新产业，紧紧把握住创新主动权、发展主动权，抢占先机，迎难而上，占领高端产业的发展的高地，才能实现产业供需相宜。

三、面向市场需求，激发市场主体活力

产业发展动力源于市场主体活力，多措并举激发市场主体活力，是实现产业供需相宜的有效方式。峒山村坚持以市场需求为导向，着重依靠市场主体选择产业发展路径，充分发挥市场在产业供需匹配中的引领作用，实现把产业选择、业态培育、模式选择的权力归还市场。激发市场主体活力，实现产业供需相宜方面，成效可圈可点。

（一）面向未来食品消费需求，选择培育优质农产品生产基地

过去，峒山村种植作物主要是粮、棉、油类农作物，经济效益较低。从全球食品需求角度看，未来需求增长主要来自于发展中国家对高价值农产品，如水果、蔬菜、水产品的需求①。为此，该村大力调整种植业供给结构，在尊重农民意愿的前提下，先后建成湘莲基地、钢架大棚葡萄采摘基地和西甜瓜基地、健康水产核心园区。其中湘莲基地为满足消费者需求，投资400万元建设湘莲观光带、休闲楼阁并兴办餐饮业；葡萄栽培示范基地投资600万元，建成后可使村级集体经济每年创收200万元，带动80户村民从事特色种植；西甜瓜基地占地150亩，总投资180万元，可带动附近50户农民从事西甜瓜种植；健康水产核心园区投资800万元，辐射带动附近农户从事特色养殖。这些举措瞄准了市场所需，优化了农业供给结构，满足了农民就业需求，强健了农村经济筋骨，增添了乡村振兴的后劲。

（二）面向游客消费需求，走绿色生态旅游品牌化路径

峒山村将发展绿色生态旅游作为城乡融合发展的重头戏。而发展绿色生态旅游，一方面，要避免游客增多对农村自然生态环境的破坏；另一方面，要满足游客消费农村的无公害绿色产品、体验乡村休闲旅游怡然自得的需要。峒山村善用资源、全面规划、合理布局，努力打造自己的专属品牌。采取下列举措竭力满足旅游者的消费需求：一是在葡萄园投放肉质细嫩的优质土鸡，生产无公害土鸡蛋；二是建设“峒山楚鱼香共享生态农庄”，打造专属的有机鱼品牌；三是复建招隐寺并兴建佛教文化博物馆，做强文化旅游品牌。有力促进了绿色生态旅游的发展。

---

① 唐安来，翁贞林，吴登飞，等. 乡村振兴战略与农业供给侧结构性改革：基于江西的分析［J］. 农林经济管理学报，2017，16（6）：803-808.

他们以消费需求为导向，做大做强绿色有机农产品品牌和生态文化旅游品牌，凸显了产业竞争优势，形成了农业和休闲游结合的新业态，提高了农业生产收益、促进了生态保护与休闲旅游的“双丰收”。

峒山村的经验昭示出，将绿色生态旅游品牌化，形成绿色生态的生产方式，既有利于城乡相互促进，缩小城乡差别，又有利于更好地实现乡村振兴。

（三）面向城乡融合发展需求，发展田园综合体等新产业新模式

城乡融合发展中，田园综合体是顺应供给侧改革，实现产业供需相宜的乡村新型产业、新型综合发展模式。过去峒山村农业生产，面临着城乡居民收入水平提升，消费结构转型升级，农业供给与居民消费需求不相适应的问题。要解决这些问题，就要改革传统农业发展模式，为乡村振兴创造相应的新产业、新模式、新需求、新动力。

峒山村瞄准市场需求和现代消费理念，打造了采摘园、共享农庄等休闲产业体系，减少低端、不适应需求的无效供给，增加高端、匹配消费需求有效供给，集中表现为独具特色的采摘和农耕精神体验。一是以采摘体验为抓手，使游客获得生机盎然的田园精神体验。每年 6 月，生态葡萄园处处清香，珍珠般的葡萄正由绿变红，吸引大批武汉、黄石、黄冈等地的游客前来采摘，带动安置当地农民就业 500 余人，2015 年人均收入达 1.45 万元。目前，峒山村建有生态农业示范基地 12 个。村集体经济收入已由 2009 年的不足 5 万元增至现在的 300 余万元。二是以农耕体验为抓手，使游客感受传统农耕文明的精髓奥妙。该村新建共享农庄，个性化改造村内闲置土地，使其成为满足游客需求的田园生活的用地，再通过互联网对外出租，游客只需付 600 元租金，就可享有共享农庄 60 平方米土地一年的使用权。在地头播种萝卜、大蒜等蔬果，一年四季都有收获，使游客充分体验回归自然的农垦乐趣；若没精力耕种，地块可由农民代理，收获的蔬果可以共享转卖。共享农庄吸引了许多城里人。2017 年的十一长假，约 500 余人次在峒山村尝到拥有农庄的乐趣。

峒山村将田园综合体作为新型休闲产业大力发展，既满足了都市人群归隐田园、远离浮华的高端精神消费需求，又满足了村民增收就业需求，实现村民、游客需求“双赢”。田园综合体，对城里人形成强烈吸引力，加速城乡融合，使农业供需相宜，可实现农村经济、社会、产业、生活、生态等多维度平衡发展，成为乡村振兴的重要支撑。

四、面向生产需求，构建社会化服务体系

峒山村高度重视依据生产需求构建产业社会化服务体系。产业社会化服务体系是指与产业相关的社会经济组织，是为满足生产需要，为生产的经营主体提供的各种服务而形成的网络体系。农业现代化的推进，一方面须加强农业与农业院校、科研院所等服务主体的合作；另一方面，须充分发挥农业科技服务业提供专业化生产要素的能力。

峒山村一是与华中农业大学合建了教学科研基地，积极引进科研院所、大专院校等单位的科研成果，努力打造现代农业生态创新示范基地；二是大力做好优质、高产、高效的种子和种苗繁育与推广。他们的实践创新了农业社会化服务体系，把日益专业化的人力资本和知识资本引进村来，打通了一产和三产加速融合的关键环节，促进了村里农业现代化的发展。

五、面向发展需求，优化结构融合发展

优化产业结构应在国民经济三大产业中降低农业占比，适度增加非农业产业占比。鄂州2010年以来实施产业结构调整，突出发展附加值高的服务业。

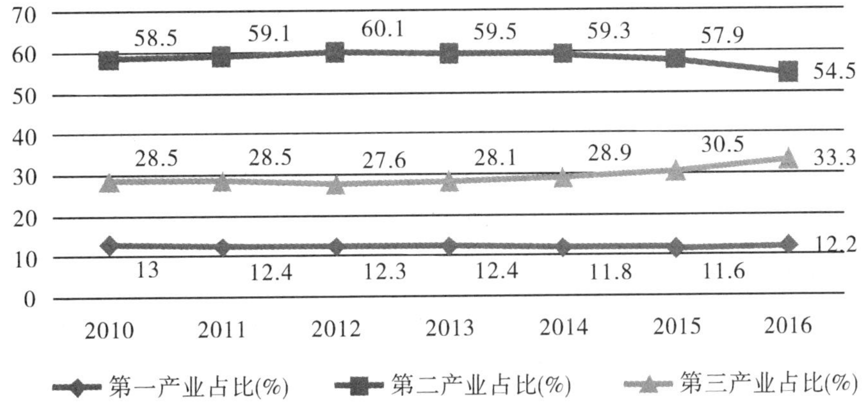

图2-5　分年度的鄂州第一、二、三产业结构变化趋势图

资料来源：湖北省统计局　鄂州市统计年鉴（2017）

如图2-5所示，一产稳中有降，从2010年的13%，下降到2016年的12.2%，七年降低了0.8个百分点；二产占比有降低，从2010年的58.5%

下降至 2016 年 54.5%，七年降低 4 个百分点；三产占比稳中有升，从 2010 年的 28.5%上升至 2016 年 33.3%，七年增加 4.8 个百分点，提升服务业占比优化了产业结构。

改造提升传统产业，增进其技术含量和附加值的有效途径之一，是高效嫁接传统产业和现代产业。传统产业是现代产业发展前提，现代产业是传统产业的延伸。峒山村在农业改造提升中，对接“农业+旅游业”的发展思路，以观光种养业的发展、生态休闲旅游的发展，有效实现了农业“去产能”的目的。

一是发展观光种养业。村里建设和完善若干个无公害、绿色、有机高效益种植业板块，高标准打造长港现代农业示范区；逐步形成长港设施农业观光线；结合新社区的规划，建设不同特色的休闲农业示范点。观光农业对峒山村产生了良好示范带动效应，已安置当地农民就近就业 500 多人，人均收入水平达到 1.45 万元。村集体经济收入从 2009 年的低于 5 万元，逐渐提高到 2016 年 280 余万元。由此，实现了一产转型升级，优化了传统产业供给结构，农旅结合“去产能”，有效带动当地经济发展。

二是发展休闲旅游。峒山村依托乡村民俗和特色文化，通过整合沿线各类资源，布局若干个文化景点，作为休闲农业的产品。他们建设和完善设施蔬菜园、观光采摘园、休闲垂钓园、花卉观光园、特色水产园、民俗文化园、珍珠饰品园、水乡书画园等，举办了包括书法、绘画、陶艺、设计、雕塑、居家装饰等多种艺术形式的旅游项目，这些特色文化活动，使游客流连忘返。他们的休闲旅游以文化艺术创意为主轴，推动一、二、三产业的融合发展。

三是发展特色乡村游。峒山旅游依托当地旅游资源特色，制作一日游、两日游等不同特点的游线及游程安排，满足不同游客需求；积极创新体制机制，着力打造“山水田园观光+生态观光+休闲养生度假”为核心特色的综合性休闲旅游度假胜地，实现特色乡村游与第三产业融合。峒山村值得借鉴的成功之处在于，一、二、三产业牵手，金融、服务等要素深入产业融合中，形成城市居民下乡、乡村能人回乡、多元产业兴乡的共建共促乡村振兴格局。

第三节　宜居宜业宜游的乡村环境

峒山村认真分析自己的自然条件、资源条件、地理位置、产业结构、基础设施建设等方面的现状与特点，因地制宜、针对性地提出“宜业”“宜游”的建设路径和举措，努力优化宜业宜游的乡村环境。

一、宜居环境

“宜业”即适宜各种产业发展。峒山村结合自身特色，选择集中发展的主导产业，合理确立产业优势，形成“一村一业，一村一品”的特色经济格局，将特色产业与特色旅游进行有机结合，“宜业”发展策略要求形成“一产带动三产”的产业格局，培育产业发展新动能，为当地村民就业、创业拓宽渠道，提高当地居民的经济收入水平。

峒山村所在的鄂州市产业发展带动居民人均可支配收入逐年增长。分城乡来看，农村常住居民人均可支配收入的年均增长率高于城镇 3.87 个百分点，农村年均增长率为 14.44%，城镇年均增长率为 10.58%，如图 2-6 所示。

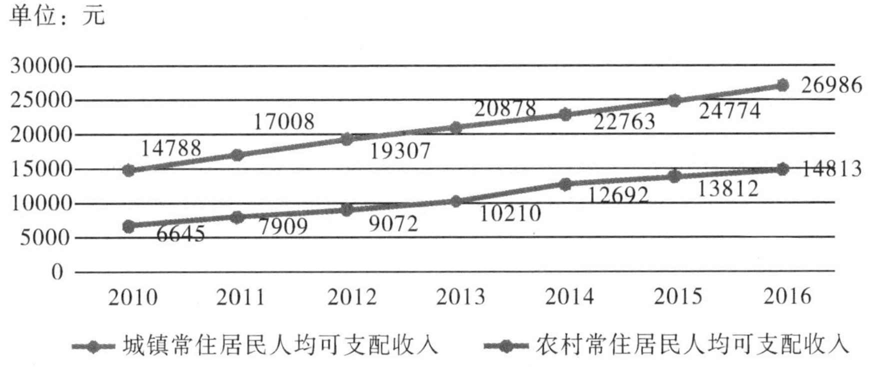

图 2-6　分城乡、分年度的鄂州常住居民人均可支配收入增长趋势

资料来源：湖北省统计局　鄂州市统计年鉴（2017）

同时，鄂州市也高度重视大力发展包括峒山村在内的乡村旅游业，旅游接待游客持续增长。分年度来看，鄂州市2010年至2016年间，全市接待国内外游客数量持续增长。

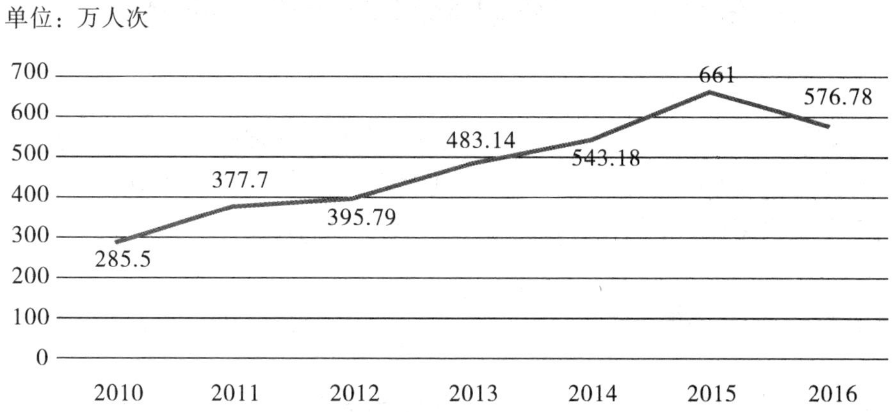

图2-7　分年度的鄂州市接待游客增长趋势（2010—2016）

资料来源：湖北省统计局　鄂州市统计年鉴（2017）

如图2-7所示，从2010年的285.5万人次，上涨至2015年的661万人次，年均增幅达18.65%。鄂州旅游接待以国内游客为主，国内游客占国内外游客总人数之比逐年增大，历年占比分别为：2010年占比99.83%，2011年占比99.86%，2012年占比99.89%，2013年占比99.90%，2014年占比99.96%，2016年占比99.99%。

峒山村自然条件优越，长港地理位置得天独厚，地处湖区平原，水资源与耕地资源丰富，水土资源组合平衡，气候四季分明，具有集中发展现代化种植业、养殖业、林果业和旅游业的下列特色。

（一）水资源充沛且分布均衡，经济发展条件好

长港地处鄂州市中部，此处是武昌鱼著名产地梁子湖出水要冲——九十里长港，全镇地面平均海拔高度为18米，境内的自然条件差异小，淡水资源充裕且分布比较均匀，经济发展条件优越。

（二）山湖河兼具，耕地资源丰富，宜于种养殖业发展

长港镇境内分布着4座小山——峒山、小峒山、乍巴山、石头山，海拔高度依次为71.1米、31.9米、30.3米、28.1米。东部的峒山湖属于梁子湖的子湖，生态环境优良。“长港”“夏沟”两条河流穿境而过，全境常年有水。长港是季节性流水河，全长46.8公里，夏沟为其支流，全长4.5公里，两条河流均经过长港镇中部，发展生态循环农业的空间巨大。

峒山村土地的利用价值在经济活动中已被充分挖掘，从而带来区位优势。一是耕地面积较大。村辖六个自然塆，总面积15000亩，其中有耕地11000亩，耕地面积相对较大。二是土地资源开发利用较充分。理论上用土地垦殖率表示一个地区土地资源开发利用程度，土地垦殖率等于该地区耕地面积占土地总面积的比例，则峒山耕地占村总面积的73.33%，土地垦殖率高，发展各类种养殖业的基础优越。

（三）气候四季分明，光照降雨充分，宜于林果业发展

鄂州属亚热带季风气候过渡区，平均气温17摄氏度，光照充足，年日照时数为2038~2083小时，雨量充沛，年均降水量1200~1500毫米，发展特色水果产业，生产大批量“绿色”“有机”食品，拓展农业功能的条件好。

（四）山水秀美动人，交通四通八达，宜于旅游业发展

鄂州峒山村的百里长港波光闪烁，犹如系在它脖颈上的项链。长港泛舟，夜泊客船，西临武昌鱼故乡梁子湖，北连鄂州经济开发区，可谓四通八达、地灵形胜，自古就享有鄂州西南第一山之美誉。走进峒山，如同徜徉在风景优美的山水画之中，紫烟缭绕，盛景奇观令人目不暇接，有招隐寺、陈氏宗祠、紫竹堂相依相偎；高松峻拔、翠竹轻盈；长港波光粼粼、峒山奇石嶙峋、山水相衔，浑然一体，峒山村以其人文品位、自然景观以及神秘的色彩彰显出峰峦俊秀的特性，成为鄂州市长港岸边的明珠，鄂州风景名胜之一。

二、宜业环境

峒山村按照“一村一品”的基本要求，充分考虑了本地环境、资源等方面的条件，选择了现代化的种植业和养殖业、农副产品加工业和旅游业为主导产业。这样的选择符合市场需求，附加值高，特色突出。在主导产业的发展路径上，峒山村的思路非常明确。

（一）打造现代化农业发展模式

峒山村委会注册成立了峒山农业发展公司，公司和村党总支、村委会是一套班子，三个牌子，公司办理了营业执照，注册资金1000万元，按企业化管理、公司化经营的模式运作，目前全村11000亩耕地都由农业发展公司管理，筑牢了现代农业发展模式的坚实基础。

（二）发展独具特色的林果产业

峒山村的果树、苗木、花卉种植颇具优势。村里投资3500万元，先后从浙江花卉苗木基地、鑫兴达苗木基地、大自然精细花卉苗木基地等处引进一批花卉苗木的优势项目，发展村里的花卉苗木基地、花卉苗木专业市场、林业生态休闲基地，成效显著。峒山村的水果产业以葡萄、草莓等种植特色最为突出。2013年建成葡萄园基地，至2016年，发展成200亩生态葡萄园，种植美人指、醉金香、夏黑等11个品种，平均亩产2000公斤，每公斤能卖到20元以上。以基地为依托，大力发展休闲农业，葡萄园集观光、采摘、垂钓、科普于一体，吸引来大批城市游客参与体验，带动安置当地农民就业500余人，促进了村里的农民创业增收，乡村果树、苗木、花卉、经济林等资源结合乡村自然景观，打造了峒山村“花艳、林繁、果硕”的新农村景象。

（三）创建三产联动高效农业模式

高效农业利用现代科技，以市场为导向，围绕土地产出，使传统种养殖业和制造业和服务业融合发展，实现经济、社会、生态三维度的最佳效益。发展高效农业关键要通过生态农业和系统工程法提升传统农业，统筹利用自然规律、经济规律，赢得综合效益。为此，峒山村兴办了农业、发电与旅游业联动的光伏发电暨高效农业示范园，由日新公司和元隆生态农业园共同投资，该项目由两部分组成：

第一部分为高效农业示范园，兼具传统农业与旅游、教育的功能，主要配合都市农业发展，建设可用于花卉、蔬菜、瓜果等育苗、培育的温控钢架大棚，可实现年产值1500万元。

第二部分光伏发电系统建设，利用园区空间发展光伏发电，主要是依托园区内的温控钢架大棚骨架，配套建设光伏发电变电输电系统，装机容量3.15千兆瓦，年发电量369万千瓦时，可实现年产值200万元，有效利用空间、能源和土地，实现三产联动，实现了经济效益、社会效益、生态效益全面提高。

（四）积极发展循环生态养殖业

生态养殖利用无污染水域，使用天然饲料，充分利用自然界的物质循环，不施肥、不施药，生产绿色健康食品，既实现了确保食品的品质好，最充分地满足消费者需求；又最大限度地利用自然资源，减少浪费降低了成本。它既是一种非常环保高效的养殖方式，也是帮助农民快速增收的极佳选择。峒山的生态养殖业发展模式主要有两种：

一是农田生态养殖。他们大力发展农田稻虾共生的循环种养生态模式。稻田闲置时养殖小龙虾，小龙虾为稻田松土壤、清杂草、除害虫、增肥力，从而提升稻田和农产品质量，稻田为小龙虾提供饲料、水分、栖息地，从而提高小龙虾的质量。2016 年试验数据表明，平均亩产稻谷 624.7 公斤、小龙虾 124.5 公斤，亩产值 5546.6 元，亩纯收入 2978.2 元，相比单一种植水稻平均每亩提高 2000 元以上，由此带来了“一份田，两份利，种养殖双丰收”的效益。

二是林下生态养殖。发展“葡萄+草+鸡”的林下生态养殖。在葡萄架下，以黑麦草清除其他杂草，再按科学配比混合播种牧草，投放经选择的优质地方土鸡，实现葡萄架下种牧草，牧草养鸡，鸡吃病烂果控制葡萄病菌，鸡粪供应葡萄肥料的循环养殖模式，据测算葡萄每亩产量 2500 公斤，按每公斤 5 元计算，年收入 12500 元；土鸡每只 100 元，每亩 20 只，一年 2 批，年收入 4000 元，与单一种植葡萄相比，每亩节约除草用工 150 元、肥料 200 元、农药 120 元，加上土鸡收入，全年每亩增收节支 4470 元，达到了“一块空地，葡萄与鸡共生互利双丰收”的生态养殖效益。

（五）探索兴建创意产业

“宜业”策略所要求的产业除了主导产业以外还包括创意产业，要以创业增收为目的，贴合市场需求，发展具特色的休闲农业、创意农业等新产业。峒山村的创意农业主要有田园综合体和创意产业园。

他们积极探索“共享生态农庄”，打造宜业宜游田园综合体。2017 年中央一号文件提出的乡村新型产业发展的亮点措施“田园综合体”，是城乡融合发展中实现新型城镇化和乡村振兴的综合发展模式。田园综合体构建集现代农业、休闲旅游、田园社区为一体的特色小镇，为此，该村立即响应中央建设集循环农业、创意农业、农事体验于一体的田园综合体号召，致力于发展共享农庄新业态，峒山村通过共享农庄的发展，一方面，缩小城乡融合中的城乡之间物质水平差距，吸引城里人特别是大人带着孩子到乡村进行农事体验，创造城市人的乡村消费，盘活农村闲置土地、水塘等资源，带动农村经济发展；另一方面，农户教城里人种菜，实现游客和村民的互动，促进城乡文化融合。共享农庄带有旅游业的功能，增加值大，它能吸引更多的贫困户就业，农户靠种菜的学问，一个月就有 2000 元收入，一亩地的年租金达 6000 元，即使不算上代种酬劳，收入也相当可观。

他们兴建“创意产业园区”，打造宜业宜游文化创意产业。文化创意产业被认为是21世纪全球最有前途的产业之一，2016年全国文化及相关产业增加值为30785亿元，比上年增长13.0%，对促进经济转型升级、平稳健康可持续发展发挥了重要作用。[①] 文化创意产业的规模化载体是文化创意产业园，它由文化创意设计企业、具有文化经营经验的经纪公司、高科技技术支持企业、策划推广和信息咨询中介企业构成的企业集群，构成创意设计、创意经营、技术支持、信息服务和中介咨询、国际化推广的创意产业链条，对提高创新能力和经济效益都具有重要作用。峒山村抢抓创意产业的发展机遇，建设华美艺术创意产业园，弘扬当代艺术，园内集风光体验、书画品鉴、美丽乡村论坛、民歌晚会表演于一体，融合旅游、培训、娱乐、展示、交易等功能。上述创意农业，促进单一农业向农业与服务业、金融业融合发展转变，形成“一产带动三产”的产业新格局；在城乡融合发展中，为城市游客提供游玩放松的空间，为乡村居民就业增收拓宽渠道，实现了城乡居民“双赢”。

三、宜游环境

峒山村通过以下举措大力打造“宜游”的乡村环境。

（一）为自然山水精品游配套适宜环境

峒山村是具有区位好、山水美、胜景奇、青松俊、古迹多等特色的地形地貌和得天独厚的自然山水的乡村，适合发展自然山水精品游。他们于2009年请武汉中南建筑设计院进行峒山新社区的规划设计方案，该方案突出观光旅游、生态农业、古镇文化三位一体的特色，体现了旅游兴村的发展理念。游乐环境由山、水、林、古迹、人文底蕴、宜人气候、融洽氛围等元素构成，适宜的游乐环境须满足乡村居民和游客的双重需求，使双方都能愉悦地观赏、娱乐。为能将峒山村建设成宜游的农村新社区，新规划方案在“三点一线”上做足了文章，即水边建旅游观光码头、路边建社区综合服务中心、山边打造峒山明清风格古镇，新修的康衢大道是一日游旅游线路，从水边、到路边、到山边，一线串珠般的将村里的旅游景点连接成了美轮美奂的旅游风光带。社区内设宽敞的休闲广场和演艺中心，设有大戏台、娱乐

① 2016年全国文化及相关产业增加值为30785亿元，同比增13%［EB/OL］. 中国经济网. ［2017-09-26］. http：//finance. sina. com. cn/roll/2017-09-26/doc-ifymenmt6987609. shtml.

室、健身房和农家书屋，使本地居民和外来游客都可在此享受城乡融合的福祉和欢乐。

峒山村建设“宜游”乡村环境的宝贵经验表明，旅游资源的开发和利用，要尊重自然，依托得天独厚的秀美山水，满足群众亲近自然、领略鬼斧神工美景的心理；要加强乡村可游性，将公共空间的亮点景观凸显出来，通过乡村道路将不同景观连接起来，构成美丽乡村精品游线；要以居民和游客双重需求为导向，完善配套设施建设，进行旅游环境的优化。

（二）为村容风貌精品游再塑古村风貌

有古村宅院建筑的乡村，应在保护古建筑基础上重现古村落特有聚落格局特色，打造以再现“古村风貌”为主题的精品游线。2013 年 7 月下旬，习近平总书记来到峒山村时说，实现城乡一体化，建设美丽乡村，不能大拆大建，特别是古村落要保护好。为此，峒山村采取以下举措再塑“古村风貌”。

一是制定规划，整体开发保护古村风貌。结合峒山村远观形似水中翻覆后侧卧的桐船的外形特征，充分考虑村内古代建筑位置，新社区规划将“船尾”的景点招隐寺、陈氏宗祠、紫竹、进士墓、望江亭、荷花池、砚盘石、宴月楼，“船头”和“船舱”的景点将军柱、清风亭、狮子垴进行整体开发和保护，形成一个和谐的整体。

二是使村内房屋风格统一呈现古村风貌。峒山山边五个村民小组的农户住房，按统一建筑风格重新规划，改建成具有明清风格的小镇；新居民区房屋在色彩上采用统一的灰蓝色筒瓦、咖啡色文化砖、灰白色墙体，呈现代汉风；路边的公共服务站仿汉代蓝瓦白墙。

三是重现古村落特有聚落格局。村内小区建筑高低错落，古村落只修不建，上峒山登高望远，紫竹堂、招隐寺、陈氏宗祠等景点分落四周，峒山新社区与古村落掩映于绿色之间，古风气息扑面而来。

峒山村的宝贵经验启示我们，古村落所具有的魅力是中华民族的重要文化资源，是发展旅游的强劲动力，错落别致的古村落游览，能让八方游客流连忘返，能培养居民的地域归属感和社会责任感，从而不断激发致富新动力，助力乡村振兴。

（三）为民俗风情游体现独特文化情怀

具有历史文化底蕴、时令民俗、民间土特产品、特色手工艺等丰富民俗内涵的乡村适宜发展民俗风情精品游。2017 年鄂州峒山文化发展有限公司举办了首届长港农垦文化节，文化节涵盖了打陀螺，看老电影，猜灯谜，亲子体验，品农家美食，揣糍粑、拓饼杂（豆丝）、糖画、泥人、剪纸，自助土灶，洪山菜薹和腊货等土特产展销，现场泼墨，集邮、民俗、民歌汇等特色民俗旅活动，展现了诸多文化情怀。①

一是展示了红色文化。新时代湖北讲习所可以满足群众感受习近平总书记视察峒山的场景，感受峒山是如何牢记嘱托，在新时代开启新征程，用新思想引领新作为。

二是再现了知青文化。让一代老知青们，再回“故乡”，重温了他们这代人的年少情怀。

三是追忆了乡愁。举办集邮与现场书画展示品鉴会，小小邮票引发群众追忆“小时候，乡愁是一枚小小的邮票，我在这头，母亲在那头”的诗句，汉唐书画大家现场挥毫泼墨带人进入国画殿堂。

四是品味了乡土风情。举办“老家味”土特产品、“老手艺”展销会、土灶餐、民俗手艺体验，使人感受家乡其乐融融、朴实自在的温情。

五是体验了田园文化。集垂钓、野炊的“野人生活”的云景开心农庄是游客饿、累时的好去处，使人欣赏田园悠然惬意，听悦耳鸟鸣，微风拂过，内心也随着田园诗情画意逐渐平静。

上述活动的成功之处在于，民俗风情游以“情怀”为叫好又叫座的卖点，以红色文化激发当代人的思想胸襟，以知青文化追忆芳华无悔的青春，以美好民俗浸染当代人的心灵，使人看到中华民族人性光芒，增进爱国心和责任感，能起到在城乡融合过程中凝聚人心，激发人们团结奋力实现乡村振兴的目的。

（四）为旅游配套服务设施和标识系统

生动宜游需要完善的公共服务设施和旅游标识系统。一方面，游乐体系不仅涵盖精品游线，还应包括接待服务设施，只有完善乡村旅游接待服务设施，才能提升游客旅游品质。另一方面，旅游标识系统是否清晰完整，直接影响旅游品质。峒山村从景点公共服务设施、乡村整体景观公共服务设施、旅游标识系统等方面入手，提升旅游品质。

一是提升景点接待服务质量和公共设施。峒山村的旅游接待中心有对消

① 李琰．鄂州市长港农垦文化节乡味足，唤起百姓浓浓“乡愁”［EB/OL］．鄂州文明网．［2018-01-04］．http：//hbez. wenming. cn/gjbs/201801/t20180105_ 4969517. html.

费者的优质服务承诺；有面向党员、妇女、青少年的各类示范岗；有齐全的配套硬件，新社区内党员活动室、文体活动室、茶座、休息亭、候车室满足了居民和游客休闲、互动、出行等多种需要。

二是提升与乡村整体景观相关的公共设施。这类公共设施包括道路、路灯、绿化、文体设施、供排水系统、公共厕所等，2017 年，峒山村通村主干公路全面硬化，路灯提升，沿路沿河建绿化带并加强庭院绿化，修建了篮球场、羽毛球场等文体设施，完善供排水设施、新建旅游公厕。为进一步完善公共设施，2017 年 7 月，鄂州市委政法委书记熊明新明确提出下一步努力的重点：推进建设污水处理、环保厕所；规划建设主干道、微循环道、上山步道的三通道；规划建设生态停车场、游客服务中心、门楼、牌楼等基础设施项目。

三是开展标识系统建设。2017 年，峒山村开始以工程招标方式围绕美丽乡村开展标识招标。峒山村的积极探索表明，配套设施和服务水平是提高游客满意度的关键，不断提升配套设施和服务水平，能提升乡村旅游品牌知名度，带动区域发展，当然，在生态旅游的发展过程中，除建造必需旅游配套设施外，要避免过度建设，尽量保留村庄原有生态。

小　结

峒山村优越的区位交通条件体现在地理位置得天独厚，内部交通较为完善，外部交通较为便捷，可达性高，通行便利，区位开放优势突出等方面。

他们依据农民增收、科技变革、市场、生产、产业结构优化等多方面的需求，脚踏实地调整村里的产业结构，发展产业基础，大力发展新产业和生态循环农业，实现了产业基础供需相宜。他们因地制宜地建设生态宜游乡村环境，通过文化保护和移风易俗，实现传承乡愁的文明乡风，为走好城乡融合乡村振兴之路不断创造更优越的基础条件。

第三章　积极探索城乡融合发展的体制机制

城乡发展不平衡不协调，是我国经济社会发展存在的突出矛盾，是全面建成小康社会、加快推进社会主义现代化必须解决的重大问题。当前，我国经济实力和综合国力显著增强，具备了支撑城乡发展一体化物质技术条件，到了工业反哺农业、城市支持农村的发展阶段。以十九大报告提出“城乡融合发展”为标志，我国推进城乡平衡、协调发展全面进入新阶段。鄂州市峒山村以“城乡一体化试点”建设为契机，在探索破解制约城乡发展体制机制障碍，推进城乡融合发展方面做了大胆有益探索。

第一节　制约城乡融合发展的体制机制障碍

按照中国著名的社会学家蔡禾的论述，城乡分治指的是国家根据不同的制度和政策对处于两个几乎完全不同经济社会系统下的城市和乡村实施管理，最终造成差距显著的城乡二元格局。在长期的计划经济体制下，“城乡分治、一国两策”亦成为中国城乡关系的基本格局，影响颇深。

一、城乡分治

刘易斯—托达罗认为，发展中国家的农村往往具有劳动力富足但技术落后、生产力低下、资本短缺的特点；与之相对，其城市存在劳动力短缺、但使用现代生产技术和资本相对丰腴的特点。上述城乡不同的特点也构成了发展中国家的二元经济结构，在劳动力可以自由流动的情况下，必然会导致农村劳动力向城市流动，且流动总量会随着城乡差异程度和进程预期收入的提高而增大。一般来说，在两种情况下将结束这种流动：一是伴随着越来越多的劳动力进入城市，农村劳动力的边际效益也随之提高，最终城乡差异消除；二是通过提高劳动技术水平和农业资本积累来提高农村劳动力的边际效益，同时提高就业率，最终消除城乡差异。

中国即是一个存在刘易斯—托达罗描述的二元结构且农村剩余劳动力数量庞大的发展中国家，虽然新中国成立初期，特别是"一五"期间开始的大规模工业建设为农村劳动力转移提供了机会，城乡间可自由流动，但国家采取的重工优先战略又一方面使得工业化发展对农村人口的实际吸纳能力极为有限；另一方面，在走上工业化的发展道路过程中，为发展重工业对农业剩余的超强占有也使得农业缺乏必要的资本积累，生产力长期停滞在极低水平。与此同时，极低的农业生产力水平不仅限制了农业为城市人口的增长持续提供农产品的供给能力，且进一步加大了农民流入城市的预期。中央政府在面对越来越多农村人口流向城市所带来的压力面前，不得不于1953年4月颁布《关于阻止农村盲目流入城市的指示》，届时限制农村人口流动的政策拉开序幕，随后1958年1月9日《中华人民共和国户口登记条例》的颁布则正式将城乡有别的户口登记制度和限制迁移制度以法规的形式确定下来。随后，为了更加有效地控制农村人口流向城市，国家相继出台了包括政治、经济、社会等一系列导致城乡二元分治的体制。①

（1）身份上，在农村实行农业户籍登记制度，农业户籍身份本身也决定了农民只能从事农业生产，并且只能居住在农村社区生活；在城市实行的是城市户籍登记制度，城市户籍身份则给予了城市居民从事非农职业和在城市生活的权利。且这两种身份都具有世袭性，农民要想摆脱农民身份只有通过被招工、参军、提干、上大学。

（2）经济上，农村实行集体经济所有制，城市则以国有经济为主体；农村的土地归集体所有，城市则归国家所有；农村办农业，城市办工业；农村以农村信用合作社为金融体系，城市则以国有大银行作为金融体系；农村建立了专门服务于农村经济活动和农民生活供给的农村供销合作社，城市建立了国有商业系统与城市供销合作社相结合的商业体系。

（3）生活上，农村基本上是具有集体性质的"自给自足"独立体系，

① 韩丽英. 我国城乡关系协调发展问题与对策研究［D］. 新乡：新乡医学院，2016.

城市则是一个全民性的国家供给体系。具体来看，通过集体生产和家庭自留地，农村居民可以自给自足地获得粮食等基本生活资料，而城市居民则是在国家粮食系统的保障下得到基本生活资料；在住房方面，农村居民主要通过自建房满足居住需求，城市居民则是通过政府和单位提供的公住房满足居住需求；在养老保障方面，农村主要依靠家庭来实现农村居民的养老保障，城市则以单位为基础实现养老保障；医疗保障方面，农村以“赤脚医生”为特色建立了其独特的乡村医疗体系，城市则以正规化的医院体系为居民提供着基本免费的医疗保障；此外农村居民在集体经济和农民分摊的基础上，建立了“五保户”等社会救助体系，城市则是在国家或国有单位基础上提供社会救助。

(4) 在公共产品供给上，农村是农民集体办义务教育，城市的义务教育则是由政府出资；农村社区中包括道路建设、维护、治安管理等在内的各种公共产品都是由集体经济或农村集资供给，即便是像国有主干道、大型水利工程这种由国家为建设主体的国有项目，也需要农民提供义务工作，而城市的公共产品供给则完全由国家提供。

由此可见，农村和城市中的居民由于隶属不同的系统而有着不同的身份和权利，农村居民只有通过参军、提干和上大学等有限的途径才可能从农村进入城市。在国家这一制度性安排下，上述刘易斯所描述的城乡二元经济结构差异逐渐转化为全面的城乡二元社会，城乡分治格局也应由而生。

二、城乡不平等

在城乡二元分治的社会背景状态下，中国的城乡关系在后续很长的历史时间中出现了如同利普顿所描述的“城市偏向”现象，即由于政府政策对城市的过分保护而产生的非公平的城乡关系。[①] 这种“城市偏向”使得城市化发展不仅没能较好地带动农村共同发展，反而还使得农村在城市发展的过程中，不断为其提供资本的“原始积累”。虽然随着市场经济的建立，城乡分治的格局在城乡流动的过程中也逐渐被打破，但长期以来二元差异形成的城乡人口在进入市场时所具有的不同机会和条件却依旧发挥着持续性的作用，在市场“过滤”下，城乡关系亦呈现出更为复杂的面貌，不容回避的是虽然有些方面差异在逐渐缩小，但有些方面差异却在扩大。具体来看城乡

① 胡必亮，马昂主. 城市联系理论与中国的城乡关系［J］. 经济地理，1993 (4).

不平等主要表现在如下几个方面。

（一）生产要素交换不平等

产品或生产要素的不平等是城乡不平等表现的首要方面，城市化发展所需的原始“资本积累”也主要由此得来。在计划经济体制下，国家采取的是优先发展工业，特别是优先发展重工业战略，而为确保工业发展中所需要的大量原材料、维持工业人口的生活资料以及大量资本，国家通过采取“剪刀差”[①] 策略，将农业生产创造的剩余价值几乎全部集中到国家手中。有关统计数据表明，改革开放前的 20 多年里，国家通过工农业产品的不等价交换从农业获得的剩余共计 5824 亿元，而国家在此期间用于支农的资金支出约有 1736 亿元，即在改革开放前，国家从农村净提取剩余约为 4000 亿元。[②]

改革开放之后，国家逐渐取消了统购统销政策，在农产品市场开放的同时，通过实行农产品保护价格逐渐缩小由工农业产品交换“剪刀差”造成的不平等。然而，农村为城市化发展提供“原始积累”的状况并未就此停止，土地关系逐渐凸显为城市与农村间不平等交换关系的主要方面。在中国，城市土地归属于国家，农村土地归属于农民集体所有，国家通过对农民土地征收的形式实现其城市化发展中对土地的需求。计划经济体制下，国家征地除了需要给农民一定的经济补偿，更重要的是要赋予失地农民城市户籍身份，城镇户籍身份的获得可以令农民获得在城市就业和与之相对的一整套由国家提供的职业保障和社会福利的权利。可以说被征地后，农民实际上是从一个原来只能依靠不稳定的集体经济支撑、收入水平较低、社会保障不全面、文化资源匮乏的生活空间进入到一个由国家财政支撑、收入水平相对较高、社保相对齐全、拥有较丰富文化资源的生活空间。

随着市场经济体制的形成，土地也逐渐进入市场流动。政府对农村土地的征用形式也从向农民提供城市户籍、城市就业安置和城市居民保障等转变为货币补偿。理论上看，在市场交易的体制下，土地的征用价格也应随土地市场价格的波动而变化，但在中国，由于土地一级市场一直由政府所垄断，农村土地究竟是被征用为城市用地还是工业用地也完全由政府决定，农民自身并不能根据市场的需求和价格来决定是否卖土地，也不能决定土地到底卖

① “剪刀差”指的是国家用较低的价格将农产品收购上去，但以相对较高的价格销售工业产品。

② 胡必亮，马昂主. 城市联系理论与中国的城乡关系［J］. 经济地理，1993（4）.

给谁。在此背景下，土地的征收价格就由政府单边垄断。根据现行的土地法规，土地价格仅由土地上的农作物价值、农民安置补偿和土地附属物价值构成，土地本身价值和由于区位带来的级差地租并不在估量土地价格的考虑范围内，因此农民土地的征收价格往往普遍偏低。然而另一方面，国家对国有土地使用权的转让却从计划经济时的无偿行政分配转变为有偿的市场交易，政府从征地和出让土地使用权的价格差中获得了巨大的收益。

（二）收入不平等

不平等的城乡交换关系和城乡二元经济结构进一步导致了城乡居民收入的差异和不平等。1978 年始，在国家基本实行自由的农产品贸易，开放市场的同时实行农产品保护价格，以及伴随着乡镇企业的发展，农民的经济收入水平有了较大提高，温饱问题得以基本解决。

但城乡二元结构对农村经济发展的深层制度性约束与影响并未改变。首先，地少人多和低下的生产力水平使得农民虽然获得了土地承包权，但能从农业中获得的实际收益依旧极低；其次，农民虽然允许和鼓励来到城市，但却多只能进入城市的低端劳动力市场，所从事的也多属于技术含量较低、体力繁重、收入低下的工作类型；第三，农村的乡镇企业虽在一段时间内得到了发展，但依旧无法从国有大银行获得足够的贷款，此外人才不足、技术滞后、规模效益低下等因素也使得乡镇企业在国家产业升级和产业结构调整过程中缺乏后劲，发展缓慢，甚至停滞被市场淘汰。

（三）社会事业发展不平等

在城乡二元经济背景下，教育、医疗、社会保障等社会事业的发展同样呈现出较大的差异。改革开放之前，虽然客观上存在一定的城乡社会事业差别，但在计划经济的公有制体制下，政府依靠其资源动员能力，依靠集体或企业为城乡提供了基本的社会服务，农村和城市也均各自形成了相对稳定的社会事业，如农村在乡村经济基础上建立了义务教育和合作医疗体系，城市在地方财政和单位制基础上建立了义务教育和公费医疗体系。

改革开放后，随着教育、医疗卫生等所有制构成与资金来源逐渐发生改变，那些集体经济不发达的乡村和政府财政收入不足的城市，社会事业的经济基础也受到了严重的削弱。特别是农村，义务教育、医疗卫生和社会保障制度均伴随着集体经济的衰落而遭受到严重的冲击，社会事业的城乡不平等由此呈现出扩大化趋势。①

第二节 峒山村探索城乡融合发展体制机制的实践

思行合拍，产业融合，破立结合，峒山村用实践探索城乡统筹新路，无声破解城乡不平衡的顽症，重新塑造城乡新构架。

一、理念创新：探寻城乡协调发展新境界

思路决定出路，观念也是生产力。城乡融合发展，是城乡经济社会的一场大变革，是一项全新的工作，没有现成的经验可以借鉴，做好这项工作需要我们解放思想、开拓创新。因此，推进城乡融合发展，就要用思想大解放来谋划大发展。因此，在行动和工作方法上，峒山村一直强调“五个必须”：必须坚持把产业发展摆在重中之重的位置；必须坚持科学发展观，把产业纳入发展全局统筹部署；必须坚持以工促农、以城带乡，统筹城乡经济社会协调发展；必须坚持以人为本，始终把解决村民群众最关心、最直接、最现实的利益问题摆在首位；必须坚持求真务实，推进农村工作体制机制创新。

（一）树立大战略意识

“统筹城乡”是十六届三中全会《决定》提出的“五个统筹”之首，是破解“三农”难题，推动村域经济科学发展的大战略。多年来，峒山村从思想上统一了统筹城乡发展重要性，强调统筹城乡发展是推动村域经济发展的大战略，增强了推进统筹城乡发展的自觉性。在认识上，峒山村强调统筹城乡发展是发展村域经济的“三个根本”。

（1）统筹城乡是新时期村域经济科学发展的根本方法。所谓统筹城乡发展，就是在当今我国进入工业化中期以后的城镇化快速发展时代，必须尊重城乡经济发展规律，变传统城乡分治思维为一体思维，把城乡资源、建设、产业、居民等当作一个村域整体，遵循村域产业合理分工和居民基本权

---

① 张玲. 基于马克思主义的城乡关系理论的中国城乡关系问题研究［D］. 西安：西安建筑科技大学，2014.

益平等协调原则，通过体制改革和政策调整，建立城乡一体的制度体系，排除和化解各种城乡矛盾冲突，统一规划城乡资源、建设和产业的发展，实现城乡地位平等、开放互通、互补互促、共同进步的合理和谐发展格局。这是新时期村域经济科学发展的根本要求和方法。

（2）统筹城乡是发展村域经济的基本路径。按村域经济发展理论，村域周边的城乡本应是在合理分工的基础上随着经济发展而逐步形成的各具特色和以紧密联系为基础的地域经济综合体。但由于城乡分割体制，这种状况至今没有根本性改变，使村域经济的可持续发展遇到了严重制约，客观上要求统筹城乡发展。

（3）统筹城乡协调发展是加快发展村域经济的根本制度保障。村域经济作为国民经济系统最基础的组成单元，只有这个基础打好打牢了，整个国民经济的又好又快目标才有可能实现。而保障这个基础的根本方法和制度就是城乡统筹。

（二）树立城乡平等理念

城乡融合发展是城市和农村有机结合，城乡人口、技术、资本、资源等要素相互融合，以城带乡、以乡促城、互为资源、互为市场、互为服务，城乡之间经济、社会、文化、生态等领域均衡、持续、协调发展的过程，是一项重大而深刻的社会变革，是一种全新的发展观。城乡融合发展，不只是把城镇和乡村统筹考虑，而是要融为一体发展。不只是缩小城乡差别，而是要逐步消除城乡差别。不只是城乡要素双向流动，而是要现代文明共享。不仅是在地理空间范畴上要体现一体化，更重要的是在制度、机制范畴中体现出一体化。因此，峒山村从思想深处消除城乡“等级意识”，从户籍制度上铲除城乡“等级烙印”，从行政体制上扭转“重城轻乡”倾向，从民主政治层面解决“歧视农民”现象。无论是出生或居住在城镇还是乡村，义务教育、公共卫生和基本医疗、基本社会保障、基本计划生育服务和生殖健康服务等基本公共服务都应当是均等化的。无论是在数量、质量方面，还是可及性方面都应大体相当。只有从思想上认识到权利平等这一基础，才能对带歧视性的权益关系进行调整。

（三）形成城乡互动、有序推进格局

城乡互动，是一个系统的工程。要始终突出城镇带动乡村发展的龙头地位，缩小城乡发展的差距。城乡融合发展，既要强调以城带乡，也要强调以乡促城，更加突出乡村的主动性，不断促进农村资源优势向发展强势转化。

城乡融合发展，要切实加大支持和发展“三农”的力度，更要增强城乡合作意识，勇于突破行政村域束缚，走跨乡镇、跨村联合发展之路，促进资源共用、产业共兴、设施共建、成果共享。只有这样才能真正比较好地体现城乡融合发展建设的效益。城乡融合发展是目标和方向，是一个长期的渐进过程。为此，峒山村推进城乡融合发展建设，牢固树立长远统筹、长效统筹的意识，以当前为基础，以长远为目标，把长远目标与当前工作有机结合起来，统筹谋划，循序推进。

二、规划引领：绘就城乡展翼齐飞路线图

谋全局者方能谋一域，峒山村提出了用“全村一盘棋”来加快城乡统筹发展的步伐。促进城乡均衡发展，必须注重规划优先。峒山村严格按照“规划一张图、城乡全覆盖”的方案有序推进。在潜心探索之际，他们又弯身向国内一流规划专家讨教，请顶级学术团队“支招”，立足高起点规划、高标准建设、高水平管理，全力打造人居佳境，峒山村“出炉”了“统筹城乡发展规划”，同时制订了“统筹城乡综合改革工作方案”，大手笔重塑城乡新构架。通过“全域理念”导航，峒山村建设掀开了新的画卷，以城乡统筹规划为总纲、村域产业规划为核心、控制性详规为基础、各专业规划为支撑的城乡统筹发展规划体系基本定型。

三、部门履责：形成城乡统筹发展合力

统筹城乡发展是一个复杂的系统工程，需要各有关部门协力推进。对此，鄂州市要求各级机关部门都要积极发挥各自职能作用，利用各种资源，积极为峒山村实施统筹城乡发展、加快城乡融合发展建设步伐献计献力，进一步理清思路，创新举措，统筹协调，强势推进，形成强大的工作合力，重点在规划编制、基础设施建设、城乡环境整治等方面给予指导、服务、检查，切实提高建设水平；积极帮助争资金、引项目，加强资金支持力度，扩大公共财政覆盖的力度和范围。可以说，峒山村能有今天统筹城乡发展的成就，是与鄂州市市直各部门积极参与、通力配合分不开的。

四、产业互融：夯实城乡统筹发展经济基础

经济基础决定上层建筑。因此，推进城乡融合发展，第一要务就是发展生产。但三次产业“各自为政”、农业产业“孤军奋战”，曾是一些地方的通病。对此，峒山村在产业融合中“弹钢琴”，提出“精一壮二活三”，极力打造产业“特混舰队”，形成了三次产业集体起舞、共同发力的格局。

（一）坚持项目强村不动摇

突出农村可再生资源的加工开发利用的主导地位，锲而不舍狠抓招商引资，农村工业化进程明显加快，村域经济走上快速发展的轨道。与此同时，村里注重用现代工业理念统筹城乡经济，通过工业化带动产业化和城镇化，让产业化和城镇化促进工业化，呈现出三者良性互动、比翼齐飞的喜人局面。同时，紧盯现代工农业，峒山村按照“激发特色乡村旅游活力”的目标，推动生产性服务业和现代休闲旅游业“两个轮子”一齐转。形成了以可持续工业的发展来支撑农业发展，以农副产品精深加工、乡村旅游来推动农业向加工业延伸，拉长农产品的产业链，提高农产品附加值，扩大产业关联度，实现产业互动，工农互哺。

（二）引入工业化理念谋划现代农业

一是搭建三个平台，保障农业发展。建立信息平台，实现农民无障碍地获得充分的农业信息；建立教育平台，实现农民方便地学到农业科技；建立保障平台，大力争取各级政府对农业的投入。二是培育特殊的市场主体，吸引实力雄厚的大公司和大企业来参与村域农业的建设和发展。三是发展专业农民，加强农民的分工与合作。四是创新管理模式。实行一个产业制定一个发展规划（或工作方案），组织一个专门班子，培植一个龙头企业，打造一个特色品牌，用办工业的办法办好农业产业化。

（三）协调联动，大力发展第三产业

一般来说，高度发达村级经济的产业比重排序表现为“三二一”，即第三产业在村级经济总量中占主导地位，农产品加工业次之，农业所占分量最小。为此，峒山村确定了稳步发展“一二三”、尽快形成“二一三”、最终形成“三二一”的村级产业发展格局的村级经济发展目标。为此，立足鄂州“山水峒山村”主题，开发了农业生态游、村级工业游、农家乐等旅游产品，随着乡村休闲旅游的较快发展，峒山村的第三产业已开始呈现出较好

发展势头，对解决就业、提高经济成长的质量发挥了积极作用。

五、资源整合：提高城乡统筹发展成效

资源就是生产力。因此，推进城乡融合发展，就要打好承载基础，充分发挥资源的效用。

（一）坚持城乡空间资源一体化规划

城乡发展规划是包含经济、社会、文化，并和生态融合、良性循环的复合系统，这是城乡融合发展的前提和路线图。一是在经济社会资源配置上一体化，实现经济社会发展的整体协调，也要在空间资源配置上一体化，实现村域、城乡空间的整体协调。二是在保留乡村特点的基础上，把工业与农业、城镇与乡村、城镇居民与农村居民作为一个整体统筹谋划，实现城乡规划无缝对接，通过城乡空间布局的一体化规划来推进土地经营规模化、新型农村经营主体集聚化、农民居住社区化。三是通过城乡产业布局一体化来打破城乡分离的模式，推进涉农工业和农产品加工业从城镇向农村转移，使农产品生产、流通和加工形成有机联系，让农民分享农产品加工增值的收益。对此，鄂州市委市政府在编制规划中有高度认识，舍得投资投智；有科学态度，多留发展空间，少留历史遗憾，一图管到底。通过一体化的规划，峒山村基本建立了分工明确、梯度有序、开放互通的经济社会结构和城乡空间结构，形成城乡经济社会共同发展的一体化发展模式，创造平等统一的新型城乡关系，营造城乡经济社会协调发展的氛围和城乡生态相互适应的环境。

（二）加强城乡公共资源一体化创建

打破城乡分割的公共资源投入体制，推进城乡公共资源配置一体化，在基础设施、社会公共品供给等方面实现公共资源投入的城乡融合发展。一是统筹推进城乡基础设施建设，加大农村和农业基础设施建设的投入，城乡同步推进交通、供水、电力、通信、燃气、教育、卫生、文化、生态环境等各项基础设施建设，改善农业农村生产条件和农民生活条件，努力实现城乡共建、城乡联网、城乡全覆盖。二是加快村域供水、天然气应用、水环境治理，加快基础设施建设。三是创造条件吸引农民集中居住，发展新型农村社区，加以配套设施，让农民就地城镇化。

（三）统筹城乡生产要素一体化配置

打破城乡分割的市场机制，探索有效改变农村各种资源外流的格局，鼓

励城镇资金、人才等生产要素进入农村，改变资源从农村向城镇单向流动的格局，加快建立发展要素从城镇向农村流动的机制与渠道，逐步形成城乡资源互补互动，统筹安排利用的新格局。

六、服务均等：城乡共享改革发展成果

城乡融合发展的目标是公平发展与可持续发展。推进城乡融合发展的核心就是全面形成城乡居民享有基本同质化生活条件、均等化公共服务、平等化经济社会权利的局面，保障农民发展权，尊重农民选择权。因此，峒山村推进城乡融合发展，以城乡基本公共服务均等化为导向，不断优化支出结构，推进城乡公共服务制度对接，实现服务均等，促进公平发展、社会和谐。

（一）维护教育公平，大力推进教育均衡发展

以村级幼教为重点，保障农村学龄前儿童学有所教，实行报名注册、收费、升学、表彰与城区居民子女一样对待，明显提高了农村教育现代化水平。同时，完善助学体系，扩大保障义务教育达标率，落实贫困家庭子女接受高中阶段教育免费制度，扩大免费职业教育受益范围，鼓励村民积极参与农村中等职业教育。

（二）规范大众医疗，努力探索卫生体制改革

以村民公平、便捷、廉价地获得优质卫生服务为目的，积极探索城乡公共卫生服务一体化的管理体制。第一，合理分工，鄂州市强化了医疗卫生部门对峒山村公共卫生服务的服务和监管，进一步凸显了村级卫生室的事业性、公益型服务。第二，加强乡镇卫生院对村卫生室的管理，实行一体化的管理，真正形成城乡卫生一盘棋的格局。第三，加大力度完善村卫生公共设施，逐年增加财政投入，提高公共卫生服务能力，让人民群众少得病、看得起病。第四，建立科学的奖惩机制，增强村级公共卫生服务的责任心，充分调动积极性，强化村级公共卫生服务机构的服务功能。

（三）完善全民社保，着力实现社保待遇同质

多方筹措资金，充实社保基金。完善社会保障体系，提高社会保障水平。不断完善新型农村合作医疗制度，不断完善新型农村社会养老保险制度，健全农村社会救助体系，同时，统筹建立工伤、生育保险制度，完善农村低保、五保供养待遇，实现社会保障整体推进、各层次对接运行，逐步缩

小城乡居民社保待遇上的差距，构筑城乡社保一体化的供给体系，让全村居民均能老有所养、病有所医和贫有所济，最终达到城乡融合发展的社会保障目标。

七、制度创新：形成城乡统筹发展的体制机制

生产关系对生产力有重大的反作用。因此，推进城乡融合发展，政策引导是关键，必须依靠结构性改革，通过政策创新、体制改革、制度安排和机制建设，破解城乡二元结构，保证城乡融合发展不断取得实质性进展。

（一）推进户籍制度改革，实行身份同等

积极探索城乡融合发展的户籍制度，逐步实行消除依附于城乡分割户籍制度之上的对农民社会福利的制度性歧视，比如城乡分割的劳动就业、社会保障、计划生育、退伍安置、公务员录用等行政管理制度，让户籍制度真正成为反映公民身份、提供人口数据的一种社会管理制度，让农民真正拥有自由迁徙权、社会保障权和公共服务权。

（二）推进劳动制度改革，实现就业同酬

努力打破农业户口、外地户口的制度枷锁，废除对农民进城务工的不合理限制政策，建立鄂州市城乡统一的就业登记管理制度，建立统一规范的人力市场，完善对劳动力市场的管理，将农民进城就业纳入整个社会的就业体系，基本实现城乡劳动者在就业机会面前人人平等。健全面向全体劳动者的职业教育培训制度，加强农村富余劳动力转移就业培训；完善面向村民群众的就业服务和援助制度，及时帮助村民解决就业困难。探索城乡统一的社会保险参保制度。

（三）推进土地制度改革，实行土地同价

在推进城乡融合发展发展中，必然涉及城镇与农村两方面的土地使用制度问题，必须深化土地制度改革。峒山村在继续稳定农民土地承包关系，积极探索建立健全有利于进一步推动宅基地市场化和承包地转让的政策；推广农村集体建设土地入市，逐步探索与城镇国有土地“同地、同价、同权”的模式；改革农村土地征用制度，在峒山村积极探索变强制性的政府征用土地行为为交易性的市场公平购买行为的新路子，强化农民的谈判主体地位，让农民真正分享城乡融合发展中的土地增值收益。

（四）推进金融体制改革，实行信用同值

农村经济社会发展离不开金融支持。需要创新农村金融体制，引导更多的信贷资金和社会资金投向农村，构建农村普惠金融。峒山村支持农业发展，以解决农民生产发展资金为主，开展农民信用等级评定，大力发展小额信贷，增强信用社服务功能，支持合作金融、政策金融发展。加大对返乡农民工的金融服务力度。开发农民工创业贷款，利用小额担保贷款等方式帮助农民工解决创业过程中的资金紧张问题。

第三节　适应乡村振兴要求深化城乡体制机制改革的思考

鉴于城乡的互动关系，积极地实施统筹城乡战略可以有效促进现代农业发展，大力发展现代农业，提高农业现代化水平同样有利于城乡一体化水平的提高。因此在实际工作中采取措施时也可以从两个方面入手：一方面采取各种统筹城乡，提高城乡一体化水平的措施来为农业现代化发展创造优良环境；另一方面积极支持现代农业的发展，提高农业现代化水平，不仅为城乡一体化提供丰富的物质支持，还能通过缩小城乡差距直接提高一体化水平。对待这两方面的措施必须坚持“两手抓，两手都要硬”，两个方向同时推动，才能真正做到互动发展。

一、在互补中相互促进，共同发展

一是补欠，即将由城乡分割的二元经济社会结构造成的农村保障与城市保障的巨大差距缩小或填平，补上历史对“三农”的亏欠，实现城乡社会保障一体化。在城乡二元结构下，我国长期实行城市偏向的社会保障制度。“新中国成立不久，国家就着手建立了面向城市企业劳动者的社会保险制度，形成了一套涵盖养老、医疗、失业、生育等方面的保障体系。在农村，则通过土地改革和集体化，实行家庭与集体相结合而以家庭为主的保障制度。而作为现代社会保障核心内容的社会保险未在农村设立，在社会保障制度的设计方面明显表现出对城镇居民的倾斜。改革开放以来，随着经济的转轨，中国城市社会保障制度从计划经济时代的以离退休制度、公费与劳保医疗制度、免费住房制度、粮油价格补贴制度、就业保障制度、高福利制度等为特征的社会保障制度，逐步向以社会保险为核心的新型社会保障制度过渡，而农村中脱胎于农业合作制度的人民公社体制下的自然就业制度、合作医疗制度、农村社会救济制度、孤寡老人养老院供养制度、五保户供养制度等则处于逐渐弱化或解体的过程中”①。要建设现代农业，实现农业现代化与城乡融合，必须先还清对“三农”欠下的这笔社保障，建立起城乡一体的社会保障制度。也只有建立起城乡统一的社会保障制度，才能形成农村劳动力转移的长效机制，巩固农村劳动力转移的成果。同时弱化农民对土地保障的依赖性，有利于土地顺利流转。此外，城乡社会保障一体化对于留住优质的农村劳动力有一定帮助，有效防止农业劳动力老龄化带来的一系列问题。

二是补缺，即着手解决推进农业现代化面临的基础设施落后、风险防范机制缺失、农产品加工业发展不足、龙头企业少、农业合作组织力量薄弱等主要问题。

首先要加强农村基础设施建设。“城乡差距的一个重要方面，就在于农村的基础设施明显落后，村庄是农民生产生活的集聚地。要抓住美丽乡村建设等契机，结合市域、县域城乡规划搞好村庄布局，引导农民向中心村相对集中建房，并与小城镇建设紧密结合起来。把政府的投入重点放在路、电、水、环境等公共设施和居住配套设施上。每年集中对一批村庄进行整治，连续实施十几年，从整体上改变农村落后面貌”②。作为农村社会生产、生活活动的“共同生产条件”，基础设施是农业经济发展的基础，是加快农业现代化、城镇化建设的根本，是增加农民收入、缓解农村就业压力、提高农民生活质量的关键。但由于它具有潜在的高风险、农业自我积累能力弱、二元财政供给体制等原因，长期以来，农村基础设施投入不仅总量不足，而且结构不尽合理，导致农村基础设施供给能力严重滞后于农业现代化、农村可持续发展的需求，也不能满足城乡融合的要求。在许多发达国家，农业顺利实现现代化，基本上看不到城乡差别，一个很重要的原因就是城乡享受等同的社会公共服务。因此要更好更快地推进农业现代化，尤其是促进农业现代化

① 曾国安，胡晶晶. 论中国城市偏向的社会保障制度与城乡居民收入差距［J］. 湖北经济学院学报，2008（1）.

② 万钢. 不断完善制度　城乡融合发展促进社会和谐［EB/OL］. 新华网. ［2007-03-13］.http：//news. xinhuanet. com/video/2007-03/11/content_ 5828396. htm.

与城乡融合达到良性循环、互助促进的目标，加强对农村基础设施的投资、完善农村基础设施供给与管理制度等都是不可或缺的举措。

其次要建立和完善农业生产风险防范和保险机制。从现状看，各地农业保险现状不太理想，发展缓慢。农业生产风险防范必需的水利设施、排灌设施状况也有待改进。农业，尤其是目前主要采用的传统农业生产方式对自然条件的依存度极高，农产品的产量易受雨水、干旱、病虫等影响。建立和完善农业生产风险防范和保险机制，有利于降低农民因自然灾害带来减产造成的经济损失，有效增强农民和农业的抗风险能力，也是现代农业的题中之意。

第三，重视农产品加工业的发展，尤其要重视龙头企业的带动作用。农产品加工业在促进农业现代化过程中的重要作用，龙头企业的带动作用主要体现在引导生产、加工转化、开拓市场、销售服务等方面，同时，龙头企业作为农产品加工业当中的领头者，其抗风险的能力更强，管理相对规范，技术也更为先进，因此政府应加强对龙头企业的扶持，或者选取有实力的企业，给予相应政策、资金等方面的优惠，将其培养成龙头企业。

第四，扶持农业合作组织，建立社会化的农业服务体系。总的来说，近年来，农业合作组织数量增长较快、涉及的领域较为全面，发展已经初具规模。从效果上看，农村专业合作组织虽然还处在发展的初始阶段，但在解决农产品“卖难”，连接市场，盘活流通，提高农民组织化程度，促进农村经济的发展与增加农民收入等方面发挥了不可忽视的作用。但从质量上看，农业合作组织广泛存在着服务水平低、组织化程度低、专业化水平低、管理不完善等问题，在进一步的发展中还面临着资金短缺等限制。对此，要着力从工商登记、财政扶持、税收优惠、用地用电和运输优惠等方面，为农民专业合作社发展营造良好政策环境；应该在保证政策落实上下功夫，同时密切关注合作组织的发展，及时发现问题并采取适当措施妥善解决。

二、在互融中相互促进，共同发展

一是融制度，即继续深化农村综合改革。农村综合改革涉及农村政治、经济、文化、社会等诸多领域，关系到新农村建设的进程，关系到农业现代化的进程，也关系到城乡融合的进程，是农村政治、经济、文化、社会与城市实现融合对接的制度基础。近年来，农村综合改革稳步推进，但其艰巨性和复杂性决定了改革不可能一蹴而就，农村公益性服务新机制的巩固和完善、村级债务的化解等一些制约生产力发展的体制性因素还需要进一步改革。对此，在农村体制改革中，我们要用改革的精神、创新的思维、发展的思路抓住新机遇，适应新情况，解决新问题，化解新矛盾，促进新发展。重点从十个方面推进农村综合改革工作：一是继续推进乡镇机构改革，促进乡镇政府转变职能；二是推进事业站所改革，加快建立新型农村公益服务体系；三是推进集体林权制度改革，建立现代林业产权制度；四是推进国有农牧渔良种场改革，促进农业新品种发展；五是积极化解乡村债务，防止农民负担反弹；六是推进农村义务教育管理体制改革，完善农村义务教育经费保障机制；七是推进县乡财政管理体制改革，增强基层财政保障能力；八是推进城中村产权制度改革，建立新型的农村产权制度；九是推进农村公共产品使用管理体制改革，创新使用管理机制；十是推进农村金融体制改革，支持农村经济发展。

二是融规划，即实现城乡发展规划一体化。规划是有序行动的前提，城乡发展规划则是城乡互融的必要条件。城乡融合是一个综合的社会、经济等空间整体协调发展过程。城乡融合的战略规划也极为复杂，涉及诸多领域与部门，是一个由战略研究到实践的系统工程。在全面展开推进城乡融合之前，必须在规划上做好城乡融合工作安排，在《城乡规划法》的指导下制定符合各地城乡发展实际需要的城乡规划，为城乡融合的全面快速推进设计一条可行之路。[①]

三、在互通中相互促进，共同发展

一通物流，即建立一体化的现代物流体系。现代物流泛指原材料、产成品从起点到终点及相关信息有效流动的全过程，是极具发展潜力的新兴服务业。大力发展现代物流业对于提高经济运行质量和效益，优化资源配置，改善投资环境，实施可持续发展战略，促进城乡融合与农业现代化良性互动，增强综合竞争能力都具有十分重要的现实意义。在城中村、城郊村、园中村等特殊类型村，建立城乡联通的物流的发展享有先天的资源与区位优势，但从总体上来说，绝大部分乡村与城乡的联通物流还处于现代物流的起步阶段。对此，应围绕重点城镇建设物流圈，同时有重点地打造物流枢纽和物流基地，逐步建立起现代化的物流网络，从而为农业现代化与城乡融合提供现

① 许昊川. 政策支持与制度创新下的城乡统筹规划［J］. 南方农业，2015（3）.

代化的物流支撑。①

二通信息，即实现信息一体化。现代社会中，信息早已成为一种重要的资源。现代信息技术是现代农业的标志和关键，其在农业上的广泛应用可以在生产和市场需求之间构筑一条信息通道，给农民提供足够的市场信息，能够有利推动农业的产业化、信息化、现代化，以及城乡市场的一体化。

三通生产要素，即促进生产要素的自由流动。生产要素的自由流动是资源优化配置的关键。在自由流通的情况下，资源将流向能产生最大化利润的地区或者行业，从而使有限的生产要素在一定时间内创造出最大利润。城乡间生产要素的自由流动，将孕育出“原料农村化、技术城市化、设备进口化、产品全国化”的新型乡村工业，带动农村工业化进程，使农业产业结构日趋合理。尽管目前城乡生产要素流动之势已经显现，但整个形势却不容乐观。主要问题在于：几乎所有生产要素都想进入大城市而不愿进入农村，形成城乡生产要素流动的单向流动，造成城市的资金和技术越来越多，而农村的资金和技术越来越缺。要发展现代农业必须有充足的资金、技术、人才等资源支持，必须解决生产要素单向流动的问题，实现城乡生产要素的双向流动互通。可以从以下方面入手：增加农村基础设施和公共事业投入，改善农村投资环境；改变现行的领导干部考核标准；为投资农村的企业提供贷款、税收、用地优惠；对流入农村的人才提供社会保障；建立健全资本市场、技术市场、人才市场，等等。

四、在互助中相互促进，共同发展

坚持“以工促农、以城带乡”，加强工农互助、城乡互助。农业部一项课题研究很早就提出，“以工促农、以城带乡”将贯穿于我国社会主义初级阶段全过程，大体上要经历三个阶段。2005 年至 2010 年：主要任务是扶持产业发展，做大做强经济总量，优化经济结构，有规划地发展不同类型的小、中、大城市，大力推进新型工业化，促进农村劳动力转移就业，逐步缩小经济结构偏差。2010 年至 2020 年：主要任务是在继续加大产业扶持基础上，促进农民收入增长，平抑城乡居民收入差距，加快推进各项改革，建立有利于消除城乡二元结构的体制和机制，促进城乡各种要素资源进一步优化

① 陶君成，潘林，初叶萍. 大数据时代城乡物流网络重构研究［J］. 中国流通经济，2016（11）.

互动，基本实现城乡关系和工农关系平等、协调、均衡发展。2020 年以后：主要任务是加大对农民的收入支持，全面建立农民社会保障制度，加快构建农村和谐社会，尽快形成农民富裕、农村繁荣、农业发展的局面，努力实现城乡融合。在实行工农互助、城乡互助的过程中，应有计划分步骤地实施，要以工促农，但不能以牺牲工业发展为条件，要以城带乡，但不能以牺牲城市的发展为代价，不能走以往以牺牲“三农”利益来发展城市和工业的老路，必须建立起“以工促农、以城带乡”的城乡融合长效机制。[①]

小　结

过去、现在及未来一段时期内，体制机制不健全，一直是我国城乡融合发展的瓶颈制约。既包括城乡分治的制度框架，也包括由此带来的一系列城乡不平等现象。作为全国、省、市三级试点示范村，峒山村围绕破解城乡融合发展体制机制做了超前探索，对于其他地方探索建立“互补、互融、互通、互助”的新型城乡关系，助力实施乡村振兴战略具有重要示范启示意义。

① 农业部. 以工促农以城带乡将经历三个阶段［J］. 农村财务会计，2006（6）.

第四章　建立城乡融合发展的农村产业体系

在过去较长时期内，我们一直将农业作为工业化、城市化的附属品，忽视了农业现代化的独立性，轻视了农业的基础地位，因此常常在事实上将农业的发展放在工业等的后面，导致资金、政策、人才、保险机制等的缺乏长期困扰我省农业的快速发展。对于城乡融合，我们对其重要性认识得相对充分，当前的关键是加深对农业现代化重要性的认识，进而厘清农业现代化与城乡融合之间相辅相成、互为条件、相互促进的关系，并在理论上与现实政策及工作中给予二者准确定位，从而为二者在互动中共同发展创造良好环境。

第一节　农村产业发展是城乡融合发展的经济基石

总的来说，现代农业是城乡融合的物质基础，也是城乡融合的重中之重。

一、现代农业在城乡融合发展中的地位及作用

（一）现代农业在城乡融合发展中的地位和作用

（1）现代农业与农业剩余。农业剩余不仅是城市产生的基础，也是城市进一步发展的必需品。农业能够提供产品剩余、劳动剩余和资本剩余，无论是哪一项剩余都是工业化与城市化不可或缺的宝贵资源。城乡融合有着丰富的内涵，其中包括城市工业的进一步发展、城市化水平的提高与农村工业

化。城市工业的进一步发展离不开农业剩余，而且要求更多的农业剩余；城市化水平的提高涉及农村城市化，必然出现农业人口的减少或者至少是相对数量的减少，这就需要提高单个农业人口能够提供的农业剩余，即提高农业劳动生产率，以满足增加的城市人口及快速发展的城市工业对食品及原材料的需求；农村城市化必然伴随着农村工业化，农村工业化离不开农业资本剩余，也离不开劳动剩余。因此，不论从哪个方面来看，城乡融合都要求农业能够生产出更丰富的剩余，而现代农业恰恰能够满足城乡融合对新时期农业提出的要求。现代农业用先进的生产方式武装农业，不仅可以解放出大量的农村劳动力，提供更丰富的劳动剩余，而且能最大限度地提高农业劳动生产率、不断增加单位土地所能生产出的产品数量并提高产品质量，提供更多高质量的产品剩余，同时由于现代农业还能提高农产品的商品化率，增加农产品的附加值，因而能够创造并积累更雄厚的资本剩余。①

（2）现代农业与城乡市场融合。城乡市场一体化是城乡融合的重要内容之一，发展现代农业可以有效促进国内市场扩大和城乡市场融合。现代农业对市场扩张和城乡市场融合的作用主要体现在两个方面，一个是引导现有农业生产资料市场开辟新方向，一个是通过增加农民收入、增强农民的购买能力来扩大农村生活资料消费市场。相对于传统农业，现代农业要求有更先进、种类更丰富的物质装备和其他生产资料，对农业生产资料市场提出了新要求。为适应现代农业发展的新要求，农业生产资料市场必然要做出相应的调整，一方面开发和生产出具有更高技术含量，适合集约农业、精准农业、设施农业、生态农业、有机农业等现代农业发展方向的实用产品，一方面要提高现有产品的质量与生产能力。现代农业还通过减少农村劳动力，增加农民经营农业的收入来增强农民的购买能力。现阶段我国农民的边际消费倾向较城市居民的要高，增加农民收入既对扩大内需有重要意义，又能吸引各种产品流向农村消费品市场，从而促进城乡市场有机融合。

（3）现代农业与土地整合。土地是农业最重要的生产要素，也是城市发展的必要条件。发展现代农业，农村剩余劳动力有序地向城市转移并逐步被吸纳为城镇居民，可以增加农业从业人员人均可支配的耕地数量，有利于在有条件的地区开展农业适度规模经营，提高土地的利用效率，从而提高农业生产率；还能满足农村城市化和现有城市扩张对土地的需求。

---

① 白宜勤. 推进农业现代化建设加快城乡一体化发展［J］. 农村工作通讯，2013（18）.

(4) 现代农业与农业功能拓展。城乡融合不是停留在表层的形式上的一体化，它要求乡村与城市协调发展，从而开创一个一体化的新局面，其本质仍然是发展。现代农业从多方面继承并拓展了农业的功能，符合城乡融合的发展本质，为实现城乡生活、文化等方面的有机融合奠定了良好基础。现代农业不仅一如既往延续并完善着满足人们“胃”的需求的传统功能，更强化了农业的生态功能，拓展了生活和服务功能，满足人们“肺”和“心”的需求。现代农业拓展农业功能就其本质而言是农村主动将城市中的一些现代元素融入农村的表现，是城乡融合的一种途径。同时，也正是由于现代农业功能的不断扩展，许多城市居民越来越倾向于在宁静优美朴实的农村度假，这一倾向不仅能够满足城市居民的消费需要，促进农村服务业的发展，增加农民收入，还将先进的思想观念与生活方式传播到农村，加快城乡融合速度，从而有利于实现城乡融合。

(5) 现代农业与文化传承。城乡融合发展的目标是实现城乡一体化，但城乡一体化并不是城乡“一样化”，也不是城乡“一片化”，更不是城乡“一市化”，而是城乡既能够保持各自特色优秀文化，又能共享发展成果。乡村的特色主要体现为优美的自然风光和淳朴的风土人情。农业一直保有重要的文化传承作用，中国特色的现代农业也是如此，虽然采用了现代的生产生活方式，但仍肩负着传承农村淳朴的传统文化，保持城乡文化多样性的重担。

总而言之，发展现代农业是城乡融合的重中之重，这是由农业的基础地位、我国农业现状及工农关系对比决定的。城乡融合要求乡村与城市协调发展，工业与农业共同进步。但在新中国成立初期形成并在后来的发展中逐步巩固的城乡二元社会经济结构严重限制和阻碍了农村和农业的发展，农业的发展水平远远落后于工业，绝大部分地区的农业还处于传统农业阶段，农村的整体状况也落后城市许多。对我国而言，传统农业向现代农业转变的难度非常大，这种难度不仅来自于与其他国家一样的需要大幅度增加对农业的资本、技术、人才等现代生产要素投入和农业经营方式的变革，还来自于经济全球化和科技迅猛发展时代的激烈市场竞争和技术竞争，更来自于我国人多地少的基本国情和工业化中期阶段持续加大的资源与环境压力和计划经济体制以及城乡二元经济社会结构造成的各种有碍现代农业发展的因素。而恰好现阶段我国农业向现代农业的转变速度、现代农业的发展速度决定了实现城乡融合的时间长短，没有农业的现代化的城乡融合绝对不是真正意义上的城乡融合，因此，现代农业是城乡融合的重中之重，是顺利实现城乡融合发展必须突破的关卡。[①]

（二）城乡融合对发展现代农业的重要作用

实现城乡融合可以为现代农业发展提供制度、科技、基础设施等方面的支撑，有利于农村生产要素的自由流动，有利于农业产业升级与农业技术进步，有利于农村市场经济体系的最终确立与不断完善。

（1）城乡融合发展有利于农村生产要素的自由流动。生产要素的自由流动是要素获得最大化收益的首要前提。农村经济的活跃离不开生产要素的自由流动。我国目前农村经济发展较城市经济缓慢的主要原因之一就是农村的各项生产要素受到的限制比城市的要多得多。仅以城乡融合对农村剩余劳动力转移的促进作用为例。劳动力是农村的主要生产要素之一，劳动力的自由流动是农村生产要素自由流动的主要内容。劳动力从农业部门转移到工业部门是经济社会发展的必然趋势，没有农业劳动力的减少与自由流动，就不可能有现代农业的快速发展，也不可能实现城乡融合。

城乡融合为农村生产要素的自由流动创造了有利条件。例如，城乡融合把改革城乡二元户籍制度作为重要突破口，为农村生产要素的自由流动创造了有利条件。过去的户籍制度是二元经济社会结构的产物，是一种行政性的壁垒，它的存在使得中国社会结构呈现为城乡对立、城乡差距的基本格局，人为地为各种生产要素制造了有形的和无形的限制，阻碍着农民跨区域的流动。改革户籍制度，从制度层面上消除城乡分割的壁垒，必将使城乡关系出现深刻的变化。又如，城乡一体的社会保障制度是现代劳动力市场的一个重要内容，也有助于农村生产要素的自由流动。

（2）城乡融合发展有利于农业结构调整。建立现代农业结构是现代农业发展的基本要求。对于我国来说，在农业尚未完全摆脱计划经济的束缚而农产品供给又形成买方市场的情况下，农业结构战略性调整成为提高农产品竞争力、推动传统农业向现代农业转变的紧迫任务。我国传统农业结构具有小而全、农业附加值低、资源配置效率低等缺陷，难以适应市场竞争，因此必须向现代农业结构转变。城乡融合经济社会发展，坚持以工促农、以城带乡，有利于打破以实现区域自求平衡为目的的小而全的农业结构，推动农业的区域分工，建立专业型的农业结构；有利于培养农村龙头企业，增加农产品的附加值，建成有高附加值的农业结构；有利于区域间生产要素的合理流

① 马德富. 农业与城乡关系演变的历史考察及其现实意义［J］. 农业经济研究，2010（6）.

动与优化配置，提高农业资源配置效率，最终实现传统农业结构向现代农业结构的转变。

（3）城乡融合发展有利于农业科技创新与推广。现代农业的发展很大程度上要依靠科学技术的进步，未来的农业竞争将主要是科技的竞争，完善的农业科技创新与推广体系对建设现代农业至关重要，是建设现代农业的技术保障。城乡融合发展，尤其是重视农村经济和各项社会事业的发展，为培养和留住农业科技人才创造了良好的宏观环境，为农业科技人才积极开展农业科技创新提供了动力，为企业将农业科研成果转化为产品提供了激励，进而为广大农民积极将最新技术应用到农业生产准备了前提。

（4）城乡融合发展有利于农村市场体系的确立和完善。完善的农村市场体系是建设现代农业的重要保障，农村市场体系确立的首要前提是农民市场主体地位的确立。我国农民由于诸多原因，始终是不完善的市场主体，缺乏市场竞争力，长期处于市场弱势主体地位。农民市场经济主体地位的不完善性主要表现为：不完全的投资者、不完全的经营者、不完全的消费者、不完全的劳动者。他们还没有以土地进行投资的主体权力，没有完全的土地经营权，受收入的限制巨大的潜在消费能力一直被抑制，同时作为劳动者在劳动力市场上受到多种不公平的待遇。城乡融合经济社会发展，实施以工促农、以城带乡，消除城乡分割的制度性障碍，有利于完善和提升农民在生产、交换等领域的主体地位，有利于农民在建设社会主义新农村与和谐社会的过程中充分发挥他们的能力，推动现代农业与城乡融合的顺利实现。

同时，完善的农村市场经济体系要求有完善的现代流通体系，方便农产品的流通与销售。但从总体上看，目前我国农村流通方式落后，农村现代流通体系基础薄弱，从根本上不适应发展现代农业的需要。主要表现为：一是城乡市场规模差距呈继续扩大势头。占全国65%的农村人口，市场消费品零售总额占全社会消费品零售总额不足25%；二是农村市场主体规模小、实力弱，大市场与小生产的矛盾突出；三是流通方式与经营业态仍然较为落后。实行连锁经营的交易额占农村总交易额的比重不足10%，农村日用消费品90%以上通过对手交易销售，夫妻店、食杂店仍然是农村生活消费品流通的主要形式；四是农村市场基础设施严重不足。但目前农村流通设施建设未纳入农村基础设施建设安排，多年来国家投入不足、建设滞后问题严重，农村人均商业面积仅约为城市的1/10。[①] 城乡融合建设坚持以工促农、以城带乡，为城市现代流通体系顺利、快速地延伸到农村创造了有利条件，有利于逐步缩小城乡流通体系的差距，壮大农村市场主体的规模和实力，改变农村的传统流通方式与经营业态，改善农村市场基础设施状况，从而从根本上改变农村流通方式的落后面貌，建立起适应现代农业发展的现代流通体系。

（5）城乡融合发展有利于实现广义农业的现代化。随着市场化、工业化进程的加快，农业包含了从生产到加工以至流通各个环节，农业不单是第一产业，而是三次产业的聚合。全面地看待现代农业，还应从广义农业的角度，将农产品加工业、农业服务业等内容考虑进来，进行综合分析。农产品加工业能够大大提高农产品的附加值，对于提高农业竞争力、增加农民收入、农民就地转移等具有重大意义，是现代农业的组成部分之一。城乡融合对农产品加工业与农业服务业的发展有着深远影响。统筹城市与农村工业与服务业的发展，不仅能调动农民的生产和创业积极性，还在客观上为农村工业与服务业的发展提供了必要的资金、技术、先进管理方式与经营理念的支持，同时促进农业领域的分工进一步细化，一部分人力物力财力能够专门用来从事农产品加工业与农业服务业，既提高农产品的附加值与农业生产效率、增加农民收入，又能就地转移农村剩余劳动力、提升农业产业结构，从而起到农村城市化与现代农业发展加速器的作用。

综上，发展现代农业是城乡融合的物质基础与重中之重，城乡融合，全面协调城乡发展则为现代农业提供全方位的保障，二者紧密联系、相互制约、相互促进。没有现代农业作为基础，就不可能实现城乡融合；不城乡融合经济社会发展，仅就农业谈农业，不可能从根本上解决“三农”问题，也就不可能实现农业现代化。因而，我们绝不能将现代农业与城乡融合割裂开来，无论在理论上还是在实践中都必须将二者有机统一起来，谋求二者的协调发展。

二、国外现代农业与城乡融合互动实践及启示

从世界范围来看，城乡融合水平较高的国家和地区多是农业高度发达的

① 程国强. 加快建设农村市场体系［EB/OL］. 人大经济论坛. http：//www. pinggu. org.

国家和地区。发达国家和地区基本都已实现农业现代化与城乡一体化，从它们发展现代农业与城乡融合的过程中我们可以看到，这些国家和地区无一例外地重视现代农业与城乡融合的互动，即便刚开始忽略了乡村与农业的发展，也在发展过程中发现这种失误阻碍了城市化、工业化的进一步发展，及时调整政策，重视城乡协调发展，最终既实现农业现代化，又实现城乡一体化。

（一）发达国家现代农业及城乡融合互动实践

（1）美国。农业带动型城乡融合。美国是世界农业现代化程度最为发达的国家之一，也是城乡一体化程度最高的国家之一。美国的现代农业与城乡融合进程都经历了较长的历史发展时期，从发展阶段来看，其现代农业发展的阶段与城乡关系的阶段变化较为一致。工业革命发生后，农村人口迅速向工矿业基地集中，人少地广的美国率先开始了农业机械化进程，进入农业的半机械化阶段；一战结束到1950年以前，美国的农业从半机械化状态演进为农业机械化状态，城市人口也快速上升到80%以上；1950年以后，美国农业逐步实现农业现代化，城乡关系也进入城乡一体阶段，农业迅速发展，自19世纪20年代以来第一次超过了城市。20世纪70年代以后，许多企业从城市流向农村，许多城市人口也向郊区及乡村流动，乡村与城市的生活方式逐步融合，经济上的差别也变得越来越不重要。美国农业的快速发展为城乡融合在粮食需求、提供原料、扩大国内市场等方面创造了条件。可以说，对美国而言，没有现代农业的发展，就没有城乡一体化。

（2）法国。城市推动型现代农业。法国是欧洲农业最发达的国家，其城乡一体化水平也很高。法国的城市化进程很快，早在100多年前，其城市化水平已达到40%，战后达到80%。法国以大城市为中心的城市化道路导致了一些问题，如农村劳动力普遍出现老化，城乡差距拉大等。这些问题不仅对农业的进一步发展产生了负面影响，也在一定程度上对法国其他产业的发展与城市的进一步发展造成阻碍。为此，法国政府采取了一些重要措施：在转移农村剩余劳动力方面，年龄在55岁以上的农民，国家负责养起来，一次性发放“离农终身补贴”；鼓励农村年轻人离土离乡，到国营企业做工；其他青壮年劳力，政府出钱办班，先培训，再务农。在推进农地规模经营方面，政府规定农场主的合法继承人只有一个，防止土地进一步分散；推出税收优惠政策，鼓励父子农场、兄弟农场以土地入股，开展联合经营。同时，鼓励工业分散，发展落后地区。政府明令禁止在巴黎、鲁昂、马赛三大地区新建和扩建工厂，与此配合，政府修建了众多深入到农村和落后地区的公路和铁路以合理分布工业，许多位于农村地区的小城镇逐步恢复了生气。此外，法国政府还拨出巨款对衰老的农村地区进行整顿、改造，并大力兴建乡村公用设施。通过这些措施，法国农业有了突破性发展，到 20 世纪 70 年代中期一举实现了农业现代化，同时城乡差距大大缩小。现在，法国的农村建设得非常优美，交通联系十分方便，市政公用设施也很完善，许多家庭迁入大城市郊区及其周围的小城镇或农村地区。

（3）日本。齐头并进型。日本受其自然、社会条件影响，现代农业发展与西方主要发达国家有所不同。日本的现代农业与城乡融合主要表现为齐头并进，没多太多厚此薄彼的成分。日本的小农经济在农村中占绝对优势，日本的现代农业，是建立在小农经济基础上的现代农业。日本十分重视基础教育与职业教育，高素质的劳动者无论对现代农业还是城乡融合都起到了举足轻重的作用；及时将农民纳入全国统一的社会保障网络，没有出现长期在公共服务方面歧视农村的现象，这既减少了劳动力的流动障碍，保证了农村剩余劳动力的转移和城市化对劳动力的需求，也从社会保障制度上防止了过大的城乡差距，到 20 世纪 70 年代中期，日本的农民户均收入已经高于职工户收入。在城市化过程中，及时将最新的科技应用到农业生产中，用先进的机械装备武装农业，也是日本现代农业与城乡融合保持良性互动的一个重要原因。

（二）发展中国家现代农业及城乡融合互动实践

许多发展中国家在获得独立以后，为了实现赶超目标，将工业化作为发展战略的重点，大量资金投放在城市，同时采取各种措施从农村抽取资金、人才以支撑工业和城市的发展，忽略了农业和农村的发展，使得乡村日益贫困落后，城乡差距不断扩大。20 世纪 60 年代后期以来，农业农村的贫穷落后对工业与城市发展的负面影响逐步凸现出来，许多国家开始认识到片面工业化战略的局限性，开始重视农业发展与乡村的综合开发，重视城乡经济的协调发展，并逐步展开了对现代农业和城乡融合的探索与实践。与发达国家不同，发展中国家和地区大都处于城市化初级阶段，大量的农村剩余劳动力有待转移，同时也面临着如何在保持生态环境的前提下用有限的资源统筹城市、工业与农村、农业的发展等问题。这些问题给发展中国家探索现代农业与城乡协调发展带来不小的阻力。

印度是一个典型的发展中农业大国。在 20 世纪 60 年代中期以前，印度是世界第二大粮食进口国，小农经济和传统农业生产方式是其农业的主要特点。20 世纪 60 年代中期开始，以土地改革为发端，印度开始实行新的农业发展战略——“绿色革命”。“绿色革命”实际上是一项庞大的、以科技为导向的农业综合发展工程，其核心思想是通过推广高产优良品种、扩大灌溉面积以及发展农业机械等一系列措施，促进现代农业、集约化发展，实现作物、特别是粮食生产的稳产高产。经过几十年的发展，印度农业取得了一定成就：高产良种得到大范围的推广，粮食单产有了较大的提高；化肥施用量大幅度提高；农业机械化取得了一定进展。近几年，印度又发动了以提高农业的总体效益为中心的“第二次绿色革命”。虽然印度的工农业发展仍然不平衡，城乡贫富差距悬殊的问题还未得到根本的缓解，但其农业的发展确确实实为印度工业的发展创造了更优越的条件，近些年，印度经济的快速增长受到世界瞩目。

作为新兴工业化国家的韩国在探索现代农业与城乡融合互动方面取得了不错的成效。20 世纪 70 年代以前，韩国工农之间、城乡之间发展出现严重失衡，贫富差距加大，城乡收入差距也不断扩大，1962 年，韩国农户年平均收入是城市居民家庭收入的 71%，1970 年下降为 61%。韩国现代农业与城乡融合的发展主要得益于开始于 1970 年的新村运动。通过基础建设阶段、扩散阶段、充实和提高阶段、国民自发运动阶段、自我发展阶段等五个主要阶段后，韩国基本实现了农业现代化；农民收入有了较大提高，到 1993 年，农村居民的收入就已达到城市居民的 95.5%；农村基础设施、农民生活条件都得到极大改善，城乡融合水平显著提高。目前，韩国城乡无论在物质文明上还是精神文明上差别都不大。

（三）国外现代农业与城乡融合互动发展的启示

各国为实现现代农业与城乡融合的互动发展采取了很多手段和措施，但其中最为重要也最为普遍的做法主要有以下几种。

（1）支持农村基础设施建设。重点是农村道路、农村能源和通信设施建设。各国大力发展农业之初首先解决的都是基础设施问题，韩国 20 世纪 60 年代的农村开发一直集中在农业灌溉、排水等农业生产设施方面，新村运动也将基础设施建设作为第一阶段的主要任务。美国政府对农村基础设施建设投入了大量资金，农村道路等主要基础设施都是由政府出资或主要由政府出资修建。为了振兴农村基础设施建设发展，日本在农林水产省专门设立了农村振兴局，负责农业和农村基础设施的整备，主要费用由国家承担。

（2）发展农村社会事业。重点是发展农村教育、医疗卫生和文化事业。教育是传播知识，创造高素质劳动力的主要途径。日本政府特别重视农村职业技术教育，政府和私营企业同时参与，形成了分层次、有重点的农村职业技术教育体系。良好的农业职业技术教育促进了新机械、新技术在农村的普及，对于土地规模经营和土地生产率的提高发挥了积极作用。法国建立了数量众多且类型各异的农业科研机构，拥有庞大的农业科技人员队伍。其主要任务是为法国发展现代农业提供基础研究和应用研究，内容涉及从国土调查到各种高科技在农业中的应用。美日等国还对农村医疗卫生等进行大量补贴，建立起城乡一体的社会保障及医疗卫生体系。

（3）推进农村工业化。农村工业化是城乡融合的重要内容之一。总的来说，发达国家的农村工业化都是在其城市工业化达到很高程度、城市现代化已经实现的情况下才开始的，是发达国家繁荣农村经济，缩小城乡差别的主要手段。美国的农村工业的发展与政府的推动分不开，政府决策者认识到了农村工业化的重要性，在某种程度上将农村发展和农村工业化等量齐观，把工厂分布在农村，是经济活动、就业和人口分散开来，作为推动农村发展的主要措施，同时通过立法促进农村工业化的发展，如 1972 年的《农村开发法》等。日本早在 50 年代中期就提出推进农村工业化，制定了一系列农村地区工业开发计划，鼓励企业家在农村地区投资创办非农企业，确定 315 个地区作为农村新工业城市的据点，对于设立在农村地区的工业，政府给予提供贷款、减免税收等优惠政策。在推进农村工业化的方法上，发展中国家与发达国家大同小异，但发展中国家的农村工业化大都是发展中国家经济发展战略或模式调整和转变的结果，与起步相对较早的发达国家相比，效果不如发达国家明显。可见，不能盲目推进农村工业化，必须在城市工业达到一定程度以后才能开始。

（4）实行农业补贴政策。美国的农业补贴政策的对象是农业生产者，其根本目的是要使农业生产者能够摆脱因农业的弱质性和风险性对其利益所造成的威胁，保证农业生产者能够获得社会平均利润，从而保护农业生产者的积极性，提高农业竞争力，其补贴的种类五花八门。日本对农业的补贴支持保护范围很广，对农产品进行价格补贴的程度之高在世界上都是屈指可数的。在日本，70%以上的农产品价格受到政府的价格政策支持，农民购置大型农业机械给予的补助可达购置款的 50%。除开直接补贴外，政府对涉农项目资金上也给予了大量支持，如提供低息贷款、减免税收等。在补贴的具体方法上，受 WTO 规则的约束，近年来多数国家都将以往的价格补贴转向了直接补贴。

（5）重视农业合作组织。农业合作组织在提高农民的自主能力，为农业提供物资、资金、技术、信息从而增强农业的竞争力等方面发挥着独特的作用。大多数农业发达的国家都有着类似的组织。美国的农业合作社的活动范围与项目几乎包括从生产到流通的各个领域各个环节，已经成为土地与市场联系的纽带，同时也成为一种能够避免市场风险、保护农民利益的有效的合作经济组织，大大促进了美国农业经济的发展。日本农协是日本农民自主、自助、自治的经济组织，在日本政府的积极扶助下，农协在日本农村举足轻重，其政治影响力巨大，经济辐射力遍及农村的方方面面各个角落。农协为农民服务，并与农民结成经济利益共同体，基本上做到了农民需要什么服务，就提供什么服务，为日本农业走向专业化、社会化、规模化提供了有力的保障。

（6）清除劳动力流动障碍。劳动力的自由流动在各国现代农业发展与城乡一体化的进程中都占据举足轻重的地位。各国在劳动力转移过程中通常都存在很多制度障碍。一方面，各国通过修改法律法规等消除限制人口与劳动力迁移的政策障碍，例如，德国通过制定《职业自由法》和《迁徙自由法》为劳动力自由流动和自由择业提供了法律保证，美国各州宪法都有关于人权不受侵犯、不设置流动障碍的内容。同时，建立全民的社会保障体系拉动了农村劳动力转移，通过社会安全网有效缓解了城市失业和贫困等社会问题。日本在明治维新后开始建立社会保障体系，1960 年之后伴随着经济的快速增长，日本开始提出“全民皆保险”口号，并通过《国民健康保险法》《国民年金法》等法律，迅速实现了这一目标。在法国，农业工人和农业经营者能享受到同城市居民同样的社会保障，贫困农民还能享受到农业社会互助体制所提供的补贴。健全的社会保障体系既保证了劳动力的自由流动，又缓和了社会变动对农民的冲击，为发展现代农业与实现城乡融合提供了有力支持。

三、国内现代农业与城乡融合互动实践及启示

在我国，经济较为发达的地方城乡融合的程度较高，同时现代农业的水平也相对较高。

（一）国内发达地区发展农村产业促进城乡融合发展的实践

（1）北京。2003 年初北京市委市政府提出推进城乡一体化战略目标：“围绕率先基本实现现代化这个总目标，以进一步解放和发展生产力为核心，以破除城乡分割的二元体制为突破口，充分发挥城市对农村的辐射带动作用和农村对城市的推动促进作用，重新整合城乡资源，实现城乡良性互

动，构建城乡协调的空间、经济、社会、人口、生态等一体化的格局。”北京农业发展以都市现代农业为目标，都市农业是北京实现城乡一体化战略目标的组成部分。为配合上述战略目标的实现，北京市将新农村建设与城乡融合统一起来，采取了如下政策措施：进一步落实农村土地政策，落实家庭承包经营责任制，完善土地征用制度，制定促进农村建设用地使用权流转的政策；深化农村产权制度改革；完善农业政策支撑体系；建立城乡统一的行政管理体制；完善财政支农政策。

（2）浙江。为贯彻落实城乡融合经济社会发展战略，加快现代农业发展，浙江省采取了一系列的政策措施。主要有：①城乡融合规划建设，包括统一城乡规划，搞好村庄布局规划和建设规划；以中心村为重点，建设农村新社区；整合部门力量，整体推进基础设施建设；大力推进生态省建设，全面改善城乡生态环境。②城乡融合社会事业发展，包括建立失地农民基本生活保障制度；建立包括农民工在内的职工基本养老保险制度；建立农村新型合作医疗制度和公共卫生服务体系；建立城乡孤寡老人集中供养和贫困农户子女免费入学制度。③统筹农村区域发展，具体是加快下山移民进程，促进易地致富；加强区域协作，促进资本和劳动力双向流动；加大财政转移支付和结对帮扶的力度，增强欠发达地区的自我发展能力。农产品的商品率达到73.5%，农业机械总动力、农业劳均生产农产品数量等主要现代农业指标都有显著增长。

（二）成渝发展农村产业促进城乡融合发展的措施

重庆和成都在2007年6月被确定为全国城乡融合综合改革配套试验区。自此，一场城乡融合差别、平衡城乡利益、重建社会结构的变革开始了破冰之旅。其中，始终把农村产业发展摆在基础地位。

成都市从2003年起就开始城乡融合的准备工作，在这一过程中，成都部分地区实行土地向规模经营集中，在保证土地总面积不变、耕地性质不变、粮食产量不变的前提下，突破土地管理和使用问题，把土地流动起来。这些改革举措被专家称之为“将带来新中国成立以来第三次土地革命”。2007年3月，成都市委、市政府批准设立成都市现代农业发展投资公司，旨在探索“以拨改投”融资机制，以政府的启动资金撬动金融及社会各方面的资金投向现代农业。同年6月29日，该公司与建行四川省分行、农行四川省分行营业部等6家金融机构签订融资合作协议，总额高达119亿元，这笔资金将全部用于支持成都农村的现代农业项目发展。同时，成都市发布《促进进城务工农村劳动者向城镇居民转变的意见》，着手从户籍、社保方面扫除农村剩余劳动力流动障碍。可见，作为国家城乡融合综合配套改革试验区的成都十分重视“三农”问题的解决与现代农业的发展。

在重庆，城乡融合发展是继百万移民之后的又一世界级难题。与北京上海等积极推进城乡融合的发达地区相比，重庆面临着更严重的城乡二元经济结构问题。这些问题都是摆在重庆人民面前的难题，也是要城乡融合必须解决的问题。重庆在获批城乡融合综合改革配套试验区之后，世界银行表示将提供5亿美元贷款用于完善重庆农村公共服务体系，主要包含五个内容：小城镇公共基础设施建设；农村劳动力转移；社会主义新农村建设；城乡公共卫生、社区医疗体系的建设和完善；农村金融体制改革。同时，重庆市农业部门也将工作重点放在解决农村劳动力转移输出和农民工问题、土地规模经营和农村改革问题、现代农业产业体系构建与农业产业化经营问题等方面。以上措施都将减少重庆在城乡融合路上的阻碍。

（三）国内现代农业与城乡融合互动发展的启示

总体而言，国内城乡融合与现代农业互动的经验不如国外成熟，但其是在我国国情的基础上逐步探索出来的，从理论上讲更适合湖北省学习与借鉴。北京作为我国首都，其发展有着得天独厚的优势，雄厚的经济基础是其现代农业与城乡融合得以顺利发展并处于全国领先地位的基础，湖北在促进大中城市及其城郊间协调发展时可以参照借鉴北京等地的经验，加强城郊基础设施建设，发展都市现代农业，以求得同步推进现代农业与城乡融合。浙江作为沿海发达省份，在其现代农业与城乡融合的互动中，民营经济为之提供了雄厚的经济和技术支撑，这一点是湖北无法比拟的，但湖北可以以此为借鉴重视民营经济的发展，为民营经济发展提供宽松的宏观环境，以期借民营经济发展推动现代农业与城乡融合互动发展。

相比之下，成渝城乡融合综合配套改革试验区的一些措施更值得我们借鉴，这一试验区存在的现实问题更具有普遍性，因而其经验也更有普适性。不过，成都与重庆的试点工作才刚展开，还未取得特别明显的成效，湖北应在关注其发展并及时总结其经验教训的同时积极探索适合自己发展的道路。

第二节　峒山村建立城乡融合产业体系的实践

推进农村一二三产业融合发展，是在资源环境硬约束背景下加快转变农业发展方式，拓展农业功能，提高农业发展质量和效益，拓宽农民收入渠道，全面建成农村小康社会的战略选择，是助推乡村振兴的根本动力，是促进城乡融合发展的经济纽带。在过去几年，峒山村围绕打造鄂州市农村一二三产业融合发展示范村进行了大胆、超前探索实践，筑牢乡村振兴产业基石具有重要启示意义。

一、打造城乡融合发展产业体系的总体思路

遵循城乡融合、农村一二三产业融合发展规律，按照国家、省、市及长港镇对峒山村的发展定位，并立足峒山村村情实际，峒山村逐渐形成了打造城乡融合发展产业体系的基本思路。

（一）总体思路

按照“创新、协调、绿色、开放、共享”发展理念，以《国务院办公厅关于推进农村一二三产业融合发展的指导意见》为指导，依托发展无公害农业、旅游观光农业两大平台，重点实施“五大工程”，全力打造农业部现代生态农业示范创新示范基地、省级美丽乡村示范村、长港小流域生态循环农业示范村等，加快构建农业与二、三产业交叉融合的现代产业体系，构建以“山水田园观光·生态观光·休闲养生度假”为核心特色的融合发展布局，努力把峒山建成“宜居、宜业、宜游”的美丽乡村。

专栏 4-1　“五大工程”

1. 遵循产业发展规律，优化融合发展空间布局。
2. 壮大现代农业，筑牢融合发展根基。
3. 培育新型业态，拓宽融合发展空间。
4. 推动百花齐放，培育融合发展主体。
5. 创新体制机制，增强融合发动力。

（二）发展重点

按照鄂州生态农业发展战略，着力调整农业产业结构，在为村民提供就业岗位和增收的同时，重点发展观光种养业、休闲农家乐、特色乡村路等特色农业基地，夯实农业发展后劲。打造以“山水田园观光·生态观光·休闲养生度假”为核心特色的综合性休闲旅游度假胜地。

（1）观光种植业。建设和完善若干个有机、绿色、无公害、高效益种

植业板块，高标准打造长港现代农业示范区，逐步形成长港设施农业观光线，建设不同特色的休闲农业示范点。

（2）休闲农家乐。主要抓好百里长港乡村休闲农业的建设。布局若干个文化景点，作为休闲农业的产品。建设和完善设施蔬菜园、观光采摘园、休闲垂钓园、花卉观光园、特色水产园、民俗文化园、珍珠饰品园、水乡书画园，整合沿线各类资源，定期举办不同特色文化活动、吸引游客流连忘返。

（3）特色乡村游。结合峒山风景区各景点资源，制定一日游、两日游等不同特点的旅游线路及游程安排，满足不同游客的需求。重点打造生态观光农业和旅游休闲农业。有集饮食、住宿、旅游、娱乐、休闲于一体的农家乐项目；有以书法、绘画、陶艺、设计、雕塑、居家装饰等多种艺术形式的创意、制作、展览、交流、培训、旅游项目；有千亩苗木基地等。

（三）发展目标

（1）融合发展根基更加牢固。建成一批规模化、标准化、专业化、集约化的高标准农田建设项目、美丽乡村、生态循环农业、虾稻（虾莲）共生生态种养等现代农业产业基地，形成一批产业链长、功能互补、相互配套、联系紧密的农业产业，现代农业发展水平大幅提升。

（2）融合发展水平显著提升。培育一批城乡融合、农村一二三产业融合发展的新型生产经营主体，整合型、延伸型、交叉型、渗透型和复合型农村产业融合发展模式覆盖范围明显扩大，休闲农业、涉农电商、智慧农业、会员制农业、社区支持农业、农产品直销店、农业众筹等新型业态普及率显著提高，新型业态增加值占农村产业增加值的比重明显提高。

（3）融合发展能力大幅提高。打造创新能力强、行业领先的龙头企业，培育管理规范、带动力强、服务优质的农民示范合作社，培养出技术先进、管理科学、效益良好的家庭农场和种养大户，引入精通农业、运作规范、引领力强的工商资本，形成新型经营主体带动农户积极参与农村一二三产业融合发展的新局面。

（4）融合发展效益显著增强。筑牢峒山村“农业强、农村美、农民富”的产业基石，把农业发展成为富民强县的绿色产业，把峒山村建设成为村民安居乐业、城镇居民游客流连忘返的农业休闲旅游区，把农民增收结构从过去重点依赖外出务工收入调整为重点依赖农村一二三产业融合发展的新型业态上来，农民收入来源进一步拓宽，从而引导农民就地就近就业和就近城镇化。

（四）发展路径

按照“一二三四”发展路径，积极探索峒山村农村一二三产融合发展路径和模式。

（1）建立一套利益机制。以农民增收致富为核心和落脚点，建立峒山村一二三产融合发展的利益协调机制，保障农民和经营组织能够公平分享一二三产业融合中的“红利”。建立互惠共赢、风险共担的紧密型利益联结机制，确保农民增收致富，推进贫困农村精准脱贫。

（2）打造两大融合平台。指农业部现代生态农业创新示范基地和湖北省省级美丽乡村示范村。充分利用两大项目建设机遇，实施传统农业全产业链创新衍生及与旅游业的深度融合，突破传统思维，实现一二三产业一体化发展，先行先试，大胆在项目区域内探索农村一二三产业融合发展模式和利益协调机制，打造峒山村一二三产业融合发展的平台和载体。

（3）培育三类融合主体。指专业化的农户（专业大户和家庭农场）、农民专业合作社、农业龙头企业。鼓励农民合作社发展农产品加工及销售、家庭农场开展农产品直销、农庄发展乡村旅游。支持龙头企业和领军企业通过直接投资、参股经营、签订长期供销合同等方式建设标准化、规模化原料生产基地以及营销设施，带动农户和农民合作社发展适度规模经营。

（4）推进四种融合模式。推进“农旅融合”，以乡村农庄、家庭农场等为主体，优化乡村生态环境，完善农村基础设施，重点发展休闲农业和乡村旅游；推进“农工融合”，加快发展农产品加工业，延伸产业链，研发高附加值农副产品，以农产品加工业带基地联农户；推进“农商融合”，完善农村信息网络基础设施，以“农村淘宝”为重点，加快发展农产品电子商务，大力发展农产品商贸物流业；推进“全产融合”，打造集生产、加工、展销、科研教育、观光旅游、电子商务等于一体的全产业链发展“产业综合体”。

二、壮大现代农业，筑牢融合发展根基

按照“绿色生态、循环环保、集约节约”的总体要求，壮大现代农业，筑牢融合发展根基。

（一）高标准推进，夯实现代农业发展基石

（1）国家农业综合开发高标准农田建设项目。该项目总投资1140万

元，其中：中央财政拨付资金760万元，省级财政资金304万元，农民自筹资金76万元。项目主要建设内容：新建泵站8座，新建良种晒场5300平方米，栽植樟树3250株，干道硬化6.17公里，支路14.56公里。建设面积7600亩，项目建设成后：新增灌溉面积0.06万亩，改善灌溉面积0.7万亩，改善除涝面积0.6万亩，增加农田林网防护面积0.03万亩，年新增粮食54.61万公斤，棉花17.1万公斤，油料7.2万公斤，新增种植业总产值255.26万元。

（2）省级美丽乡村示范建设项目。该项目总投资1600万元，在近年内实施，主要规划了以下几项内容：污水处理、道路刷黑、生态停车场、游客接待中心、门楼、牌楼、6座生态环保厕所、景观绿化、上山步道、微循环步道美化亮化工程、共享生态农庄等。该项目完成后将会进一步提升峒山社区宜居、宜业、宜游档次。

（3）长港小流域生态循环农业示范项目。项目计划投资1400万元，目前，项目正在建设实施中。项目区域总面积6.28万亩，其中耕地4.2万亩，水产养殖面积1.2万亩，区域内养殖折合猪当量2.62万头。其中核心示范基地总面积11000亩，包括水稻6000亩、小麦及棉花各3000亩、花卉苗木基地1270亩、葡萄生态种植基地200亩、黑水虻-青蛙养殖基地100亩、水产生态立体养殖基地430亩。畜禽养殖存栏量折合为1.52万头猪当量。建设目标是通过将畜禽养殖污染治理与废弃物资源化利用相结合、农田清洁生产与生态循环立体种养殖相结合，并配套实施物联网监控、有机肥替代、在线监测等工程与设施建设，推广应用节水、节肥、节药等农业清洁生产技术措施，培育畜禽粪污、秸秆尾菜资源化利用新业态，打造农田生态循环水网，促进农田氮磷循环利用与净化，形成可复制、可推广的南方水网地区“源头消减+综合种养+生态拦截”的水体清洁型生态循环农业模式。

（二）高起点谋划，打造“资源节约型和环境友好型”产业

以鄂州蓝焰生态能源综合示范项目建设为龙头，带动全村“资源节约型和环境友好型”产业建设。该项目是长港镇2011年5月引进的一家新能源项目，由湖北蓝焰生态能源有限公司投资建设，总投资2亿元，分两期建设，需安装生物质热解联产联供设备自动生产线2条，主要以农业废弃物为原料，通过能源化高值利用，生产新型能源燃料。项目建成后可年处理农林废弃物10万吨，年产燃气800万立方米，发电量550万千瓦时，年产木炭5000吨、成型燃料5万吨，焦油900吨、木醋液4500吨、年产值约1.2亿元，实现利税1000余万元，安排就业岗位110个，能有效减少农作物秸秆

焚烧，减少大气污染，保护生态环境。目前，该项目一期工程共征地 23.4 亩，现已全部建成，相关设备已调试成功并正式投入运营，所产秸秆气入户主要集中在峒山村新二队、新建队和峒山社区，已有 400 余户居民在正常用气。供气主管道已逐步延伸至长港镇集镇，用气户数将增加至 1200 户，已完成有关设备改造，设备运行状况良好。二期秸秆气发电工程，已完成项目征地 73.15 亩，修建项目工地周边围墙 1070 米，工程主体设施建设将迅速跟进，钢结构厂房主体框架已基本完工。截至目前，蓝焰生态能源综合示范项目已经投入资金 1.2 亿元。

（三）高水平配套，提高现代农业发展水平

为了支撑城乡融合发展产业体系的健康发展，峒山村建设重点推进了硬件建设、软件建设、新型产业建设等三大类项目建设。

硬件建设稳步推进：完成了 140 户居民点的建设，完成了社区综合服务中心和旅客接待中心、文化广场的建设，同时还完成了峒山小学，原峒山村委会办公楼、峒山粮站、福利院、卫生室的穿衣戴帽工程。基础设施建设完成了社区内及社区项目内的道路全长 10 公里、地下管网 700 米、700 米的景观带建设，已安装垃圾箱、果皮箱 30 个，升降地埋式垃圾箱 1 个，太阳能节能灯 100 盏。

软件建设不断完善：峒山农业发展公司的注册资金由原来的 50 万元增资到 500 万元，为峒山新社区建设了一个良好的服务载体；关于社区的土地流转政策、惠民政策经过村民大会的审议并通过；旅游接待处、物业管理公司已成立；治安、保卫工作全部到位，社区内已安装 15 个监控设备；各部门相关制度全部上墙。

配套项目建设：峒山新社区着力发展产业建设，目前已签约的有 11 个实体项目和 1 个环境艺术设计工作室，总投资 8 亿元。项目的落户促成了峒山土地流转，使分散的、规模小的土地向企业、种田能手流转，生产方式的变化带来了峒山村村民生活方式的变化，村民变居民，农民变农工，一个收入渠道变成多个收入渠道（打工、土地租金、土地入股分红）。

三、培育新型业态，拓宽融合发展空间

瞄准市场消费需求，抢抓国家大力发展乡村休闲旅游业和推进“互联网+”现代农业机遇，拓展农业多种功能，全面发展乡村休闲旅游产业，积极发展农村电商产业，培育发展创意农业等新业态，打造峒山村经济发展新

引擎。具体做法是，峒山村充分发挥土地面积大、紧邻大中城市的优势，着力将峒山旅游新社区打造成规划好、起点高、特色明、效果好、影响大的文化古村落，努力把峒山建成“宜居、宜业、宜游”的旅游新社区。为此，峒山村重点推动了配套产业建设：推动规划的华中农业大学1500亩教学科研基地、浙江千亩花卉苗木基地、300亩鄂州元隆生态农业园、峒山艺术创意产业园、峒山旅游区生态农家乐、大自然精细花卉苗木基地、鑫兴达园林绿化工程有限公司苗木基地、峒山博物馆、民间艺术美术产业园、百里长港农副产品展销中心、水产核心园区、千亩湘莲基地。同时，推动配套基础设施建设：水边建码头，即在临港的峒山村火炬队旁边建一个旅游观光码头，这个码头今后将成为百里长港示范带中转站；路边建服务中心，规划总面积是197亩，计划容纳256户，投资总额3500万；山边打造峒山古镇，就是将峒山村山上400多农户的住房重新布置规划，建成具有明清风格的古镇。结合“商、养、学、闲、情、奇”旅游新六要素，大力发展休闲度假、旅游观光、农耕体验、乡村手工艺等，有规划地开发休闲农庄、乡村酒店、特色民宿等乡村休闲度假产品，打造湖北省乡村休闲旅游集聚地。

专栏4-2　“商、养、学、闲、情、奇”旅游新六要素

“商”指商务旅游，包括商务旅游、会议会展、奖励旅游等旅游新需求、新要素。

“养”指养生旅游，包括养生、养老、养心、体育健身等健康旅游新需求、新要素。

“学”指研学旅游，包括修学旅游、科考、培训、拓展训练、摄影、采风、各种夏令营冬令营等活动。

“闲”指休闲度假，包括乡村休闲、都市休闲、度假等各类休闲旅游新产品和新要素，是未来旅游发展的方向和主体。

“情”指情感旅游，包括婚庆、婚恋、纪念日旅游、宗教朝觐等各类精神和情感的旅游新业态、新要素。

“奇”指探奇，包括探索、探险、探秘、游乐、新奇体验等探索性的旅游新产品、新要素。

四、推动百花齐放，培育融合发展主体

加快培育多元化新型农业经营主体，鼓励和支持家庭农场、农庄、专业合作社、龙头企业、社会资本等开展多种形式的农村一二三产融合发展。

（一）强力培育村级经济组织

2009年，峒山村成立了“鄂州市峒山农业发展有限公司”，主要生产和

经营的品牌有：葡萄、西甜瓜、有机蔬菜、休闲农业、水稻等。公司自2010年8月投产以来，以丰富的土地资源为依托，以农业科学技术研究、开发、应用为主导，集农业旅游景点开发、农产品种植、销售等于一体，是百里长港示范带的示范企业。经过几年来的经营发展，成为注册资金500万元，总资产3500万元，固定资产1921.8万元，流动资产800万元，占地规模4000多亩的龙头企业。目前公司在册管理人员6人，长期在岗员工80人，其中农民工62人。公司配套设施齐全，建有专门的质检机构，"三废"排放达标，产品在历次国家抽检中均达到合格标准，并获"无公害农产品"认证。自公司创立之日起，就始终秉持着"诚信为本，信守合同"的原则，按期、按量、按标准提供合格产品，打造"峒山质量、峒山品牌、峒山形象"。公司通过"公司+集体+农户"的经营模式，创新农作制度，按照"依法、自愿、合理、有序"的原则，积极引导农民进行土地经营权流转，农民以口粮田入股，与公司签订合作协议，参与公司经营，公司与农户共担风险、按股分红，辐射带动农户达1420户，辐射区内农户人均收入达到14520元，不少农户由此脱贫致富。同时积极组建专业合作社，充分发挥合作社人流、物流、信息流等优势，提供生产资料、农业机械、技术指导，搞好产前、产中、产后的有偿社会化服务，促进农业产业化发展；长期稳定的经营权为租赁企业不断加大科技、资金、人才投入做保障，使其做大做强，进一步放大峒山的品牌影响力，为建立健全城乡融合发展体制机制和政策体系，加快推进农业农村现代化发挥强大的示范引领作用。着眼未来，公司将按照鄂州生态农业发展战略，着力调整农业产业结构，在为村民提供就业岗位和增收的同时，重点发展观光种养业、休闲农家乐、特色乡村路等特色农业基地，夯实农业发展后劲。

（二）大力发展乡村生态休闲农庄

紧扣旅游消费向休闲消费转型趋势，充分整合峒山村美丽乡村建设、古村落景区创建等各类资源，培育壮大一批生态休闲农庄，将发展休闲农业经济作为推动峒山村农家乐转型提升的重要载体，大力发展乡村休闲旅游产业。按照农家乐形象"三统一"和服务"三规范"要求和农家乐星级评定标准，制定出台《峒山村农家乐经营基本要求》，对农家乐民宿经营场地、客房设施、卫浴设施、餐饮设施、从业人员、消防等安全管理、住宿管理、污水处理等方面提出明确要求，进一步统一和完善农家乐民宿相关行业标准和运行规则，着力打造峒山村农家乐民宿整体品牌形象。

专栏 4-3　农家乐形象“三统一”和服务“三规范”

> 形象“三统一”，是指农家乐的形象标识物、服务人员服饰和餐饮用具要统一，有助于塑造统一、规范的峒山村农家乐品牌形象，增强农家乐经营户维护品牌信誉的自觉性，同时有利于消费者监督作用的发挥。
>
> 服务“三规范”，是指农家乐的服务接待、环境保护、安全管理要规范，要求农家乐经营户从消费者的切身利益和消费体验出发，以人为本，全方位提高农家乐的服务水平。

（三）全面培育合作社和家庭农场

深入开展合作社和家庭农场创建培育、评比提升等活动，支持农民合作社和家庭农场健康规范发展：一是鼓励农民合作社发展农产品加工、销售，拓展合作领域和服务内容；二是鼓励家庭农场开展农产品直销，支持农民合作社与大型连锁超市、城镇社区对接，实现“超市直采、产地直供”；三是引导大中专毕业生、新型职业农民、务工经商返乡人员领办农民合作社、兴办家庭农场、开展乡村旅游等经营活动；四是建立健全农民合作社辅导员制度，开展理事长、经营管理人员、财会人员等培训，建立农民合作社带头人人才库。支持符合条件的农民合作社、家庭农场优先承担政府涉农项目，落实财政项目资金直接投向农民合作社、形成资产转交合作社成员持有和管护政策。开展农民合作社创新试点，引导发展农民合作社联合社。引导土地流向农民合作社和家庭农场。

（四）加快培育新型职业农民

抢抓农业部实施新型职业农民培育工程机遇，加快培育一批有文化、懂技术、会经营的新型农民，推动峒山村一二三产业融合发展。依托华中农业大学科研教学示范基地，大力推行农民田间学校、送教下乡模式。同时，通过全过程培育、后续跟踪服务等方式，为培育对象创造良好成长环境和创业发展条件。鼓励和吸引各类教育资源向职业农民培育投资，真正把人才引到农业教育、生产的第一线上，给峒山村营造一种良好的科技、文化环境，确保职业农民的知识、技能得到及时更新。

（五）鼓励社会资本积极投入

鼓励工商企业（资本）在农业纵向融合中进入农产品深加工、现代储运与物流、品牌打造和统一营销等领域，将企业经营和家庭经营、合作经营有机结合，与农民建立利益共同体和共赢制。推动集体、企业、社会资本、农户、个人联合，逐步形成村办旅游公司型、“公司+农户”型、“公司+旅行社+农户”型等多种发展模式，提高峒山村乡村旅游的组织化和市场化程度。引导社会资本投向农业农村，发展适合企业化经营的现代种养业。在社会资本的参与下，辖区内已经有华农科研教学示范基地、蓝焰生态能源公司、鑫兴达苗木基地、元隆生态农业园、华美艺术创意产业园、民间工艺美术展示中心、梁湖农副产品展销中心、湘莲基地、水产核心园区等14个生态农业基地。

（六）大力培育新型管理主体

顺应城乡融合、产业融合发展需求，峒山村积极探索新型融合发展管理模式和打造融合发展的管理载体：第一，“三管合一”的融合发展管理模式，即在新社区建成一个集村党总支、村委会、农业发展有限公司为一体的一套班子、三块牌子的管理机构；第二，“8+1”的融合发展服务载体，即以村委会、党总支、农业发展有限公司为主体，建成集便民超市、警务室、旅游接待中心、劳动就业培训中心、文化活动室等于一体的新型社区服务体系。

五、提高参与融合发展从业人员素质

（一）提高从业人员素质和行业发展水平

结合农民素质培训工程，引导经营业主转变发展理念，加强民宿风情、烹饪技术、接待服务、经营管理等各方面的培训，并通过组织外出考察，邀请民宿、乡村休闲产业界专家、精英、经营业主，举办研讨会和经验交流会等方式，学习借鉴先进经验做法，提高峒山村乡村休闲旅游从业人员素质、服务质量和规范化运行水平。鼓励农家乐、农庄和民宿重点村或重点发展区域建立组织，制定民宿标准化规程和管理办法，实行服务质量星级评定，促进提升峒山村民宿经营水平。

（二）传承农耕文明和民俗文化

注重保持“农味土气”和“原真古朴”，保留和传承具有峒山村特色的原汁原味的农耕文化和民俗文化，营造原生态生活情趣，保护好古村落古建筑，挖掘特色村镇的历史文化价值，使农村一二三产业融合发展更具特色和韵味。

（三）鼓励群众参与

大力宣传城乡融合发展、农村一二三产业融合发展的重要意义、工作重点和典型经验，营造浓厚的发展氛围，充分调动群众的积极性，切实参与到一二三业融合和城乡融合发展中去，同时配合支持各类产业融合主体开展工作。

第三节　适应乡村振兴要求的农村产业融合发展思考

十八大以来，习近平总书记提出了一系列“三农”发展新思想、新理念、新论断，为新时代解决“三农”问题提供了重要遵循。在中共中央政治局第二十二次集体学习时，以及十九大报告中，他多次提到“促进农村一二三产业融合发展”，这是未来一个时期我国农业改革和发展的基本路径，是筑牢乡村振兴产业基石不得不走的路。

一、产业融合发展是乡村振兴基石

在我们党的“三农”理论体系中，农业改革和发展所处阶段及其特征，一直是基本而又重要的组成内容，也是我们党把全国“三农”工作不断推向新的高度、取得举世瞩目成就的法宝之一。1990 年 3 月 3 日，邓小平明确指出：“中国社会主义农业的改革和发展，从长远的观点看，要有两个飞跃。第一个飞跃，是废除人民公社，实行家庭联产承包为主的责任制。这是一个很大的前进，要长期坚持不变。第二个飞跃，是适应科学种田和生产社会化的需要，发展适度规模经营，发展集体经济。这是又一个很大的前进，当然这是很长的过程。”邓小平当时提出的“两个飞跃”思想，既高度总结了我国农业改革发展已经经历的重要历史阶段，也为今后解决我国“三农”问题必将经历的发展阶段指明了方向。

这一思想至今仍然具有重大现实和理论指导意义，但当前我国农业改革和发展所面临的新形势、新要求和新挑战与 20 世纪 90 年代有着极大的差别，新阶段必须要有新的发展。我们在继承该思想的同时，也要与时俱进地创新发展这一思想：对当前及今后一个时期，我国农业改革和发展的阶段性特征做出新的、更加全面的科学分析和判断。对此，笔者认为：当前我国农业改革和发展总体上已经进入“第三次飞跃”的发展阶段，即适应中国特色逆城镇化和城乡融合发展、农村业态和经营主体日趋多元化趋势，推进农村一二三产业融合发展。

（1）提出“第三次飞跃”，是继承、发展邓小平“两个飞跃”思想，创新、丰富我们党“三农”发展理论的时代要求。首先，邓小平的“两个飞跃”思想已经提出近30年，其间，我国农业发展所面临的宏观环境、市场条件和物质基础等均发生了深刻的变化，客观上需要对当前所处发展阶段及其特征进行研究，以巩固“两个飞跃”历史阶段所取得伟大成就，进而实现新的跨越。其次，是丰富我们党“三农”理论的客观需要。在历代中央领导集体的正确领导下，我们党已经建立起了具有中国特色的“三农”理论体系，在近百年的革命和建设中，这些思想引领着我国农业改革和发展实践不断迈向新境界、取得新成就。其力量之源，就在于我国的“三农”理论体系，是历代中央领导集体既一脉相承，又与时俱进不断创新发展的思想结晶。因此，结合新的实践，继承和发展邓小平“两个飞跃”思想，既是一脉相承推进我们党“三农”理论体系建设的需要，也是新一代中央领导集体创新发展我们党“三农”理论的历史责任。

（2）提出“第三次飞跃”，是深入推进中国农业改革和发展的现实需要，农村一二三产业融合发展为“第三次飞跃”指明了目标任务和实现的路径。首先，前“两个飞跃”已基本完成，客观上需要实现新的飞跃。邓小平“两个飞跃”思想，是根据生产关系必须适应生产力发展规律，着眼我国农村基本经营制度改革完善的历史进程而做出的科学判断。其中，“第一个飞跃”已经在20世纪70年代末和80年代初基本实现，之后一直处于长期坚持、不断完善和巩固所取得成就的过程中。“第二个飞跃”已经基本成型：从适度规模经营发展情况看，目前全国土地流转率已经达到30%，上海等发达地区土地流转率已经超过50%，中国特色的农业适度规模经营已基本完成量的积累，需要在新的飞跃阶段实现质的提升；从农村集体经济发展看，在“分”有余而“统”不足的情况下，“第二个飞跃”阶段要实现农村集体经济大发展显得有些乏力，只能依靠新的飞跃来接续和助推，才能实现更高水平的发展。其次，农村一二三产业融合发展已成为我国未来农业改革和发展的基本方向，这为“第三次飞跃”指明了目标任务和实现的路径。当前，我国经济实力和综合国力显著增强，已经具备支撑城乡融合发展的物质技术条件，到了工业反哺农业、城市支持农村的发展阶段，以多功能种养殖业、新型农业服务体系、乡村旅游、农产品加工业快速发展为标志，适应城乡、农工商融合发展的农村新业态、新型经营主体也如雨后春笋般涌现出来，农村一二三产业融合发展在深入推进农业改革和发展中的巨大作用已经开始显现：作为一种新的农业生产组织方式，农村一二三产业融合发展以价值链、附加值为追求目标，有助于培育新型农业经营主体和多功能农业业态，有助于挖潜统分结合家庭联产承包责任制的制度动能优势，有助于将土地流转、适度规模经营量的积累转化为质的飞跃，有助于重构农村集体经济实体，从而建立新的“统、分”结合的现代农业产业体系、现代农业生产体系和现代农业经营体系。另外，土地制度是农村生产关系的核心内容，“三权分置”的农村土地制度改革，为农村“三产融合”发展提供了强有力的制度保障。多元化的农业经营主体和经营业态，是农村一二三产业融合发展的基本前提和显著特征。而土地资源的优化配置和高效利用，则是新主体和新业态培育、成长的基本物质条件。顺应发展新要求，习近平总书记强调指出，要在坚持农村土地集体所有的前提下，促使承包权和经营权分离，形成所有权、承包权、经营权“三权分置”、经营权流转的格局。党的十八届五中全会因此提出，要稳定农村土地承包关系，完善土地所有权、承包权、经营权分置办法，依法推进土地经营权有序流转，构建培育新型农业经营主体的政策体系。“三权分置”为多元化农业经营主体和经营业态的培育、成长，进而为推进农村一二三产业融合发展提供了坚实的制度保障。

（3）提出“第三次飞跃”，高度契合以习近平同志为核心的党中央对当前及今后一个时期我国农业改革和发展趋势的基本判断。站在工农、城乡关系视角思考中国农业改革和发展，是习近平总书记在各个时期始终坚持的思想，是其“三农”思想的鲜明特征，农村一二三产业融合发展是他在这一独特视角下，长期“三农”实践探索和思考的必然结果。1983 年 7 月，他担任正定县委书记，带领全县人民大胆改革，创造性地提出了走“半城郊型经济”（是指既有“城郊型经济”依托城市、商品生产比较发达、城乡关系比较密切、工农结合比较紧密的特点，又有“农村经济”的某些特点，是两类经济结合的中间型经济）的思想，标志着其农村一二三产业融合发展思想的萌芽。2004 年，时任浙江省委书记的习近平同志，亲自部署编制了《浙江省统筹城乡发展 推进城乡一体化纲要》，明确提出：顺应城乡经济不断融合和三次产业联动发展的趋势，统筹规划和整体推进城乡产业的发展。这标志着其农村一二三产业融合发展思想的初现雏形。2015 年中央一号文件首次明确提出“推进农村一二三产业融合发展”；同年 4 月 30 日，习近平总书记在中共中央政治局第 22 次集体学习时进一步强调指出：要加快建立现代农业产业体系，延伸农业产业链、价值链，促进一二三产业交叉融合。这标志着其农村一二三产业融合发展思想的正式确立。2015 年 12 月 30 日，国务院办公厅印发《国务院办公厅关于推进农村一二三产业融合发展的指导意见》，全面拉开了我国农村一二三产业融合发展的序幕，标志着以习近平同志为核心的党中央，开始把这一重大“三农”战略思想落实到当前及今后一个时期深入推进我国农业改革和发展的行动中。由此可以看出，全面推进农村一二三产业融合发展，符合新一届中央领导集体对我国农业改革和发展的长期实践探索和未来趋势判断，也已经成为新一届中央领导集体推进农业改革和发展的基本政策取向。

综上所述，明确提出“当前我国农业改革和发展总体上已经进入‘第三次飞跃’的发展阶段”，并确立农村一二三产业融合发展在其中的主体性地位，是适应城乡融合发展、农村业态和经营主体多元化趋势，进一步统一思想、凝聚共识、形成发展合力，更好地推进新阶段我国农业改革和发展的现实、迫切需要。

二、乡村产业振兴的着力点

实现乡村产业振兴，需要土地做资源支撑、需要找准发展路径、需要新型农业经营主体的参与，因此，要重点围绕这三个方面找准着力点。

（一）落实土地“三权分置”政策，夯实乡村产业振兴制度基石

土地是乡村产业之根，离开了土地，就不可能有乡村产业。新中国成立以来的每一次农村土地制度变革，都显著地影响着乡村产业的发展。例如，始于 1978 年的以家庭联产承包责任制为核心的土地制度改革，极大地激发了广大农民的生产积极性，推动乡村产业进入前所未有的快速发展阶段。进入新世纪，以《农村土地承包经营权流转管理办法（2005 年）》的出台为标志，中国农村土地改革全面进入到以“农村土地承包经营权流转”为标志的新阶段，对促进土地适度规模经营和乡村产业发展发挥了不可替代的作用。

之后，随着土地流转率不断提高，我国农村土地制度改革进入到“三权分置”的纵深发展阶段。到 2015 年底，全国农村土地流转率达到 33.3%，比 2007 年底提高了 28.1 个百分点，浙江等东部沿海发达省份超过 50%。顺应这种趋势，中央于 2016 年 10 月出台了《关于完善农村土地所有权承包权经营权分置办法的意见》。十九大报告“实施乡村振兴战略”进一步强调指出，巩固和完善农村基本经营制度，深化农村土地制度改革，完善

承包地“三权分置”制度。这意味着，农村土地“三权分置”制度成为乡村产业振兴的根本制度基石。

落实“三权分置”制度，推进乡村产业振兴，要重点抓好以下五个方面的工作：第一，通过确权颁证，进一步明晰所有权、稳定土地承包权、搞活经营权；第二，进一步建立健全各级土地流转服务中心，规范农村土地流转行为，提高流转合同签订率；第三，加快建立健全土地三权利益保障和纠纷调节机制，保护利益攸关各方的正当权益；第四，进一步明晰土地经营权主体享受各类惠农政策的法律主体地位，并保障其相关权益；第五，探索农村金融和农业保险制度创新，彰显土地经营权的贷款抵押、保险保障等功能。

（二）推进农村“三产融合”发展，拓宽乡村产业振兴发展路径

推进农村一二三产业融合发展，是拓宽农民增收渠道、构建现代农业产业体系的重要举措，是加快转变农业发展方式、探索中国特色农业现代化道路的必然要求，是新时代实现乡村产业振兴的科学路径。2015 年中央一号文件首次明确提出“推进农村一二三产业融合发展”；同年 4 月 30 日，习近平总书记在中共中央政治局第 22 次集体学习时进一步强调指出“要加快建立现代农业产业体系，延伸农业产业链、价值链，促进一二三产业交叉融合”；2015 年 12 月 30 日，国务院办公厅印发《国务院办公厅关于推进农村一二三产业融合发展的指导意见》，全面拉开了我国农村一二三产业融合发展的序幕；在十九大报告“实施乡村振兴战略”中，进一步强调提出“促进农村一二三产业融合发展，支持和鼓励农民就业创业，拓宽增收渠道。”

推进农村一二三产业融合发展，要按照农业供给侧结构性改革要求，加快发展农村新业态，并推进各业态间的融合发展。推进“农旅融合”，以乡村农庄、家庭农场等为主体，重点发展休闲农业和乡村旅游；推进“农工融合”，加快发展农产加工业，延伸产业链，提升附加值；推进“农商融合”，完善农村信息网络基础设施，加快发展农产品电子商务；推进“全产融合”，打造集生产、加工、展销、科研教育、观光旅游、电子商务等于一体的全产业链；推进“产城融合”，引导农村二、三产业向乡集镇及产业园区集中，实现产业发展和人口集聚相互促进、融合发展。

推进农村一二三产业融合发展，要以农民增收致富为核心和落脚点，建立农村一二三产业融合发展的利益协调机制。鼓励产业化龙头企业与农民合作社、专业大户、家庭农场、普通农户建立统一种苗、统一种（养）、统一技术标准、统一生产服务、统一加工、统一包装和统一对外销售的全产业链

融合发展模式。支持龙头企业通过直接投资、参股经营、签订长期供销合同等方式，带动农户和农民合作社共同发展适度规模经营。引导龙头企业吸收农民（合作社）参股，让农民成为企业股东，使企业、合作社与农户形成“资金共筹、利益均沾、积累共有、风险共担”的经济利益共同体。

（三）全力实施“三乡工程”，培育乡村产业振兴的新型主体

在长期的城市化进程中，农村有一定能力和知识文化水平的年轻劳动者纷纷外出打工和经商，农村整体面临劳动者老龄化、女性化和知识水平偏低等问题，尤其缺乏适应农村一二三产业融合发展趋势的合格劳动者，乡村产业振兴首先要解决“谁来种田”的问题。对此，应大力实施市民下乡、能人回乡、企业兴乡的“三乡工程”，以此来培育乡村产业振兴的新型经营主体。

首先，通过实施“三乡工程”，吸引懂农业、爱农村、爱农民的城市居民下乡。发动一批政治素质好、有事业心、有责任感、有“三农”情怀的工商企业家、新知识阶层、在外成功人士投身投资农业农村建设，使之成为推动乡村产业振兴的重要力量。

其次，通过实施“三乡工程”，推动农村空闲农房和闲置低效利用土地的综合开发利用。在广大农村，土地闲置或低效使用的现象依然较明显；另据有关调查数据显示，全国农村至少有 7000 万套闲置房屋，一些地区乡村农房空置率超过 35%。挖潜利用“沉睡”的土地和农房资源，无疑可以成为实施“三乡工程”的双赢之举，既可以解决农村耕地和房屋不充分、不合理、不高效利用现象，也为城市居民追求更高生活品质、创新创业提供发展机遇。

另外，通过实施“三乡工程”，汇集发展要素，推动乡村业态的多元化发展。引导城市居民发挥其智力、资金、技术、信息等优势，流转农村闲置或低效利用土地、租用空闲农房，发展生态农业型、农事体验型等高效种养殖业，发展文明公益型、养生休闲型和文化创意型等乡村休闲旅游业态以及农产品加工业等，形成城乡要素快速流动、生产经营主体更加多元化、农业业态和功能更加多样化、农村资源得以高效配置和充分利用的乡村产业发展格局。

小　结

农村一二三产业融合发展，是城乡融合发展的经济基石，也是实现城乡融合发展的基本要求和必然结果。关于这一点，无论是国外发达国家，还是国内发达地区和率先探索统筹城乡发展地区的实践，都充分证明了这一点。因此，只有建立起符合城乡融合发展要求的农村产业体系，乡村振兴才有持久动力。如何建立符合城乡融合发展要求，又能持续推动乡村振兴的农村产业体系？鄂州市峒山村做了有益探索：首先转变发展理念、发展思路、发展模式；其次，重新确立发展重点，重塑产业结构；另外，培育新型业态及新型农村产业经营主体；最后，提高从业人员素质。在实施乡村振兴的新阶段，峒山村的实践进一步证明了走融合发展的乡村产业兴旺道路的正确性，也为其他地方推动产业兴旺提供了可资借鉴的成果经营，即夯实“三权分置”的农村土地制度基石，拓宽融合发展路径，激发新型主体发展活力等。

第五章　建立城乡融合发展的基础设施体系

基础设施是建设社会主义新农村、实现城乡融合发展至关重要的物质基础。城乡融合的实践已表明，抓好道路交通、社区、教育、卫生、医疗、体育文化娱乐等基础设施建设既是促进城乡融合的关键，又是城乡融合发展的一般规律。峒山村的干群高度重视基础设施建设的重要性，近年来狠抓交通、生产、生活等方面的基础设施建设，推进城乡融合发展和乡村振兴，建立起了较为完善的基础设施体系，为全国乡村振兴中农村基础设施建设提供了有益经验。

第一节　基础设施是促进城乡融合发展先决条件

经济学中关于乡村建设的目的和城乡融合的路径探讨分为两大流派：一是主张城乡相互协调，二是主张城市主导农村。马克思关于城乡关系的论述和大卫·李嘉图的古典经济学都分别从社会变迁和经济发展演变规律的抽象视角提倡城乡关系相互协调，相互促进。他们认为，乡村建设应提高劳动生产率，以使城乡均实现生产力高度发达，最终实现城乡融合。马克思经济学从生产力决定生产关系的发展规律出发，将城乡关系划分为三阶段：第一阶段，社会发展初期，生产力低下，社会高度同质，城乡混沌一体；第二阶段，生产力有一定发展，社会从高度同质走向分工，逐渐形成城乡分离、对立，城乡对立初期是乡村主导城市，封建领主行使对城市的管理权，随着生产力进一步发展，资本主义生产方式使城乡对立格局发生反转，城市主导乡村；第三阶段，城乡生产力均高度发达的阶段，资本主义生产方式和社会分工格局发生变革，消灭城乡对立，实现城乡融合。恩格斯（1847）在《共产主义原理》中提出城市和乡村建设应消除城乡的人口分布不均衡和城乡福利差异，促进城乡融合。李嘉图（1871）在《政治经济学及赋税原理》中阐述了城乡发展应相互协调、相互促进，他认为城乡收入差距的成因在于土地的稀缺性导致农业生产活动收益递减。他指出缩小城乡收入差距，促进城乡融合的途径是加大农业科技投入，以技术创新提升劳动生产率，从而提高农业利润，增加农民收入促城乡融合。

第二次世界大战结束后，针对战后乡村凋敝和城市生产力亟待恢复的特殊形势如何促进城乡融合？发展经济学的城乡二元结构理论和区域经济学的“中心—外围”理论提出了如下观点：城乡关系应城市主导乡村，优先发展城市，恢复发展城市生产力。路易斯（1954）等发展经济学家认为，面对发展中国家的发展战略应采取城市优先发展，城市主导乡村，乡村被动满足城市发展需求。克鲁格曼（1991）等区域经济学家提出“中心—外围”发展战略认为，市场经济中，城市处于经济发展中心地带，农业和农村则处于发展的外围地带；城市吸引着商品、资本、劳动力和技术的流入，农村建设从属于并服从于城市建设，这些理论认为，发展中国家面对二元经济结构，乡村建设应是被动满足城市发展需求，城乡融合应该以城带乡。

依据城市主导农村的理论，多国在现代化实践中，均经历过城乡二元结构下，城市化快速发展，农村基础设施薄弱，导致大量农村人口流入城市，城乡人口分布不合理，使城市人口过密引发城市病，乡村人口过疏导致乡村衰落。各国均意识到基础设施短板会制约农村现代化进程，唯有发展农村基础设施才能促进乡村振兴，实现城乡融合。

理论和实践均表明，基础设施建设能从多个维度促进城乡融合，能引领郊区发展，实现城、郊、村的融合，突破城乡二元对立格局；能使人口在城乡间合理分布和双向流动，化解城市人口过密，乡村人口过疏的困境；能提升乡村人口素质增强乡村内生发展动力，消除城市主导农村发展的弊病；能缩小城乡人口收入水平和生活质量的差距，缩小城乡福利差异。

一、基础设施建设引领人口郊区化促进城乡融合

国内学者常用“城乡接合部”来指代郊区。从人口角度来看城乡融合程度，可用人口郊区化相关指标来衡量，当一国郊区人口占比超过同年市区人口占比和农村人口占比时，意味着该国城乡人口融合已达到了较高水平。

发达国家实践表明，基础设施建设能通过助推人口郊区化而促进城乡融合发展。以美国高速公路建设为例，1956 年至 1980 年的州际高速公路建设，影响了 1950 年至 2000 年的美国城乡人口分布。随着城市化的发展，美国人口逐渐向城市集聚，城市交通系统逐渐不堪重负。为缓解城市交通拥堵，政府出台政策并出资援助公路建设，各州和地方政府积极拨款并积极参与改善乡村公路建设。高速公路建设，使郊区逐渐取代中心城市占有人口优势，并有效促进了美国人口郊区化和城乡融合。美国 1940 年的郊区人口仅占全国总人口的 19.5%，得益于大规模的公路建设，1970 年美国郊区人口占全国人口总数的比例上升至 37.2%，而同年份市区人口、农村人口各占 31.4%，从人口占比的角度看，1970 年美国城乡人口融合程度已达到较高水平。1980 年，美国 30%的人居住在城市中心、44.8%的人居住在郊区，25.2%的人口居住在乡村，至 20 世纪 90 年代，郊区人口占大都市区总人口的比重更是增至 60%。① 人口郊区化扩大了对郊区基础设施的需求，为此，美国政府在城市郊区规划了多功能的综合性社区，即“新村”，综合提供零售功能、办公功能和娱乐功能，让郊区成为公共基础设施服务集中提供的地区。高速公路建设、郊区社区建设使美国城市、郊区、乡村界限模糊，形成城乡融合发展态势。

二、基础设施建设便利人口双向流动促城乡融合

快速城市化中的“城市病”和乡村凋敝的一个重要原因是农村基础设施有限，人口单向流动，过度向城市集聚，超出城市基础设施所能承受的范围。为促进人口双向流动，应统筹考虑乡村、城市居民生产生活需求，兴建乡村基础设施。以法国为例，二战之后，法国城市化水平也进入了高速发展时期，城市人口占比从 1950 年的 55.4%上升到 1975 年的 72.9%，25 年间约增加 20%，1975 年法国基本完成了快速城市化，但其间出现各类问题，包括农业就业人口急剧减少、农村人口老龄化显现、法国环境保护的需求日益迫切、民众乡村旅游的需求日益增加。② 城乡居民从战后初期单纯需要提

---

① 张国骥. 美国城市化的发展实践及基本经验［J］. 湖南商学院学报，2004（1）：2-5.

② 汤爽爽. 法国快速城市化进程中的乡村政策与启示［J］. 农业经济问题，2012（6）：104-109.

升乡村生产基础设施，拓展为改善乡村生活条件和接待城市居民休闲，为此，法国提出优化乡村基础设施，1970 年出台了《乡村整治规划》提出优化农、林、手工业、工业、住房、旅游等的基础设施，在山区和自然保护区兴建基础设施时，追求乡村生活和城里人休闲之间的平衡，山区基础设施建设过程中加强水土保持，保护森林资源、限制非生产性占地、改善山区生活环境和保护山城；区域自然公园基础设施建设中，保护自然空间。通过上述举措，法国人口流动也从单向由乡到城的迁移变为长期城乡双向流动，由此促进了法国城乡融合发展。

三、基础设施建设提升乡村人口素质促进城乡融合

人口素质也称人口质量，包括人口总体的健康素质、教育素质，反映着人口总体认识和改造世界的能力。衡量人口健康素质的指标之一是婴儿死亡率，婴儿死亡率高低与人口的医疗保健水平有关。从城乡二元结构的角度来看，可用农村婴儿死亡率与城市婴儿死亡率之比来衡量婴儿死亡率的城乡差异。根据 2013 年至 2017 年国家统计局婴儿死亡率数据，近五年来我国婴儿死亡率的城乡差异呈波动下降趋势，乡城婴儿死亡率差距最大值为 2014 年的 2.23 倍，最小为 2017 年的 1.93 倍，平均值在 2.1 倍左右，差距不小。① 另一个反映人口健康水平的指标是人口平均预期寿命，有数据显示我国 20 多年来城乡人口预期寿命差距显著，始终维持在 5 岁左右。② 这些数据均反映了城乡人口基础医疗卫生条件的差距。人口素质另一方面是人口教育素质，用农村文盲率与城市文盲率之比（文盲率按文盲人口占 15 岁及以上人口的比重计算），衡量人口素质的城乡差异，根据国家统计局第六次人口普查资料，城市文盲率为 1.9%，农村为 7.26%，农村文盲人口占比是城市的 3.82 倍。③ 这些数据也折射出城乡人口在教育基础设施方面的差距。城乡二元结构导致我国城乡人口的健康、教育素质存在明显差异的问题早在 20 世纪二三十年代，就已经引起民国时期爱国志士的关注，许多当时投身乡村建

① 国家统计局．婴儿死亡率［EB/OL］. http：//data. stats. gov. cn/easyquery. htm?cn=C01&zb=A0O0I&sj=2017.

② 李建新．城乡社会“断裂”与“人口逆淘汰”再思［J］. 人口学刊，2010，(1)：4.

③ 国家统计局．中国 2010 年人口普查资料各地区分性别的 15 岁及以上文盲人口［EB/OL］. 国家统计局官网．http：//www. stats. gov. cn/tjsj/pcsj/rkpc/6rp/indexch. htm.

设的有识之士认为，农村生产和生活基础设施不完备、特别是教育和医疗卫生设施远远落后于城市，导致占当时全国人口 80%的乡村人口和劳动力不能转化成为国家工业化和现代化所需的人力资本，相反成了我国经济社会发展的掣肘。[①] 为补齐乡村必需的基础设施短板，民国乡村建设“三杰”之一的卢作孚，当时在四川北碚开展了卓有成效的基础设施建设。一是兴办教育基础设施，根据适龄儿童人口数量规划安排学校数量，教学基础设施简单实用，设施的地理位置突出便利性，小学位置方便孩子就近上学；二是加强医疗、卫生、健身基础设施，他派人拆掉当地庙宇并改建为图书馆、博物馆、医院等，兴建了一批文化、医疗、体育运动场所。这些举措曾极大提高当时当地居民的人口素质，促进了当地乡村发展，1945 年北碚的儿童入学率达到 80%，受到联合国教科文组织肯定。[②] 后来民国时期的乡村建设虽受到日本侵华战争的影响而被迫中断，但卢作孚等人的乡村基础设施建设说明，基础设施建设是乡村人口素质提升的必备条件，只有做好农村教育、卫生、医疗、体育等基础设施建设，保障农村人口素质持续提高，才能使乡村真正具备“造血”功能，才能真正实现人口素质方面的城乡融合，从而使农村现代化跟上国家现代化的步伐。

四、基础设施建设缩小城乡人口福利差距促城乡融合

城乡二元结构下，城乡居民福利差距不断扩大，体现在收入差距和生活水平差距持续扩大两个方面。为促进城乡融合，日本、韩国均采取过兴建基础设施提高农民收入的举措且收到了良好效果。20 世纪 50 年代，日本政府针对本国农村凋敝的问题，提出“一村一品”的“造村运动”，根据因地制宜建设产业基地的原则，提升各村的基础设施建设与能效。日本引导各地根据自身地理、自然条件建立独具特色的香菇产业基地、水产品产业基地、牛肉产业基地，加大政府对农村基础设施建设项目的财政投入。这些加强农村产业基地基础设施建设的举措，使日本城乡居民收入差距由 1950 年的 1.4 倍以上缩小到 20 世纪 70 年代中期后的 0.86 至 0.97 倍的范围内。[③] 韩国农

① 张军．乡村价值定位与乡村振兴［J］．中国农村经济，2018（2）：5.

② 周永林，凌耀伦．卢作孚追思录［M］．重庆：重庆出版社，2001：479.

③ 曾国安，胡晶晶．城乡居民收入差距的国际比较［J］．山东社会科学，2008（10）：49.

村公共基础设施建设，包括三个阶段，早期阶段（1971 年至 1973 年），兴建农民生活所需的厕所、厨房、围墙、公路等基础设施；完善阶段（1974 年至 1980 年），重点在进一步提升农民生活质量的基础设施，例如修建村民会馆等；自我发展阶段（1981 年以后），激发农民主动性、发展民间组织，使农民和民间组织取代政府成为农村公共基础设施建立和完善的主体。至 1988 年，韩国农村居民普遍认为自己的生活水平接近城市居民生活水平①。只有兴建产业基础设施、完善提升生活基础设施，保障农民经济收入和幸福感、获得感不断提升，才能真正化解二元结构下城乡福利差异，实现以人为本的城乡融合，使农村现代化造福于民。

理论上，城乡相互促进，协调发展才能最终实现国家现代化，美国、法国、日本、韩国以及我国民国时期乡村建设的经验说明，道路交通、社区、教育、卫生、医疗、体育文化娱乐等基础设施建设能从多个方面促进城乡融合，推动乡村振兴。

第二节　峒山村完善城乡融合发展基础设施的实践

城乡融合发展，需要依托城乡之间交通运输业和旅游业的融合来实现。为了深化交通运输业与旅游业的融合，2017 年 2 月，交通运输部和国家旅游局联合召开新闻发布会，相关负责人在会上解读了《关于促进交通运输与旅游融合发展的若干意见》的内容要点与发展措施，强调人民交通建设要符合人民出行需求，面对大众旅游的快速发展，交通运输应符合民众的高品质、多元化、个性化出行需求。为此，要完善旅游交通基础设施，推进旅游交通产品创新，提升旅游与交通融合发展的协调性和有效性；要解决一些闭塞乡村旅游的进入性、便捷性问题，使绿水青山变金山银山。② 国家政策已指明了乡村交通、旅游融合发展将成为乡村振兴的重要途径。交通、旅游融合发展能以城乡间的乡村旅游出行为纽带，逐渐形成城乡相互促进，协同

① 赵强社．城乡基本公共服务均等化制度创新研究［D］．咸阳：西北农林科技大学，2012：111.

② 交通运输部与国家旅游局相关司室负责人解读《若干意见》着力构建“快进慢游”旅游交通网络［EB/OL］．搜狐网．［2017－05－12］．http：//www. sohu. com/a/140066781_ 395870.

发展的良性循环，能有力助推乡村振兴。峒山村以观光旅游、生态农业、古镇文化为其新社区规划的三位一体特质，有不同于一般村庄交通需求的特点，新社区规划推进过程中，旅游产业不断升级，从观光旅游发展出农家乐、共享农庄等农事体验旅游，势必对交通运输提出更高的要求，即要尽快地形成“快进慢游”的旅游交通网。

峒山村交通、旅游融合发展实践体现了城乡融合发展的新趋势：民众高品质、多元化、个性化的出行需求，一部分表现为对进出乡村便捷性的要求，即对快行交通系统的需求；另一部分表现为对在乡村田园风光中感受宜人、舒服、惬意的慢性路网体系的需求。交通、旅游融合发展的关键环节是构建好“快进慢游”旅游交通网络。为此，峒山村采取了多项举措完善城乡融合发展基础设施，真正做到了让城市游客能来能留，想来想留，切实提高了对游客的吸引力。

一、打造融入城市的对外快行交通系统

峒山村在城乡融合进程中注重强化农村道路与外界区域的连通，形成了铁路网、高速公路网、快速干线网、村塆公路网、机场等组成的对外快行综合交通体系。

（一）铁路交通融入城市圈，纵贯南北

他们采用六大举措实现客流、物流便捷地在村庄内外流转，打通融入城市的铁路快行交通，连入了鄂州城市的“公、铁、水”运输圈并进入国内铁路南北纵贯线，接入中南、东南客运走廊，借助城际铁路融入武汉城市圈、拉动乡村商业发展、开辟高新产业交流通道，增强了客流辐射全国的能力，满足了短程客流较快流转的需要。

1. 连入鄂州城市运输圈

峒山村通过鄂州北站接入鄂州本地运输圈，并接入纵贯南北省份的物流运输渠道。鄂州北站可与三江港无缝对接，黄冈长江大桥和大广高速（大庆—广州高速公路）贯穿三江港区，峒山村距离鄂州北站，驾车约 24.3 公里距离，车程近 30 分钟，由此该村融入了鄂州城市“公、铁、水”联运的强大运输圈。

2. 进入国内南北纵贯线

峒山村通过鄂州北站，连通北起黑龙江大庆，南至广东广州，途经吉林、北京、湖北、江西等大片疆土的南北纵贯线。村子距离鄂州西站，驾车

约 17.4 公里距离，车程仅 22 分钟，能够实现村内原料、粮食、生活物资等经由鄂州西站在南北多省的高效率流转。

3. 搭建中南、东南客运走廊

鄂州站是国家旅游特等站，也是全国第一个“站中站”，建立在武黄城际铁路和武九铁路的垂直交叉点上，武黄城际铁路沿线所经地区是武鄂黄“城镇密集带”，是湖北省重要的经济走廊。武黄城际铁路打通武汉、黄石沿线，是国家规划的五纵五横高铁网络之一；武九铁路西连京广铁路，东接京九铁路，现已开通武汉至黄石、庐山（九江）、南昌、福州、厦门方向的动车。峒山村通过鄂州站接入中南、东南客运走廊。从而使来自黄石、庐山（九江）、南昌、福州、厦门的中远程游客便捷进入村庄的中南、东南交通走廊。

4. 融入武汉城市圈拉动商业

峒山村通过鄂州东站、华容南站、花湖站三大城际铁路融入武汉城市圈，提升乡村振兴潜能。鄂州峒山村距离坐落于武石城际铁路上的鄂州东站，驾车约 30.2 公里距离，车程 32 分钟；距离位于武黄城际铁路上华容南站，驾车约 19.8 公里距离，车程 24 分钟；距离位于武石城际铁路上的花湖站，驾车约 40.5 公里距离，车程 39 分钟。这三条城际铁路有利于促进和引导峒山村融入武汉、黄石等城市组成的武汉城市圈经济一体化，拉动乡村商业价值提升。

5. 开辟高新产业交流通道

峒山村通过葛店南站，接通葛店经济技术开发区，开辟高新产业未来发展通道。葛店南站的地理位置得天独厚，它位于公路要道葛店经济技术开发区高新大道与建设大道的交叉路口，连通了武汉城市圈三大城市——武汉、黄石、黄冈；是武石、武冈城际铁路共用站。鄂州峒山村距离葛店南站，驾车约 33.1 公里距离，车程 36 分钟，通过葛店南站可打通峒山村融入高新技术产业核心地带和中部电子商务基地的发展通道。受临近葛店经济技术开发区“近水楼台”效应的带动，峒山村的客流具有面向全国北上广等特大城市以及郑州、南昌、长沙等省会城市的辐射能力。

6. 满足短程客运流转需要

峒山村通过华容东站的交通地位，提高短程客运流转效率。位于鄂州市华容区的华容东站距鄂州峒山村约 36.3 公里，车程 34 分钟。该站是距集镇相对最近的交通枢纽，满足了峒山村与其他集镇的短程客流流转需求。

（二）公路交通构架省内外快行廊道

峒山村建设“四位一体”公路交通枢纽满足村庄发展需要。通过国道、高速路、城市大道、村级道路四重交通枢纽，构架起本村至省内城市以及本村出省的快行交通廊道，融入国家东西南北运输大动脉，满足了乡村旅游客源市场开发、招商引资、物流运输、生态旅游和高科技产业发展等多方面的需要。

1. 国道打通南北、东南至西北经脉

峒山村通过接入两条国道，打通了由南至北，由东南至西北的两大交通经脉。村里至 106 国道距离为 32. 9 公里，驾车约需 38 分钟，使得南北走向交通运输更加便利，打通了北至北京，途经河北、河南、湖北、湖南，南下至广东荔枝湾的纵向运输经脉。峒山村至鄂城区 316 国道距离为 20. 7 公里，驾车约 27 分钟，由此可连接东南至西北的交通经脉，开启了东南至福建福州，途经江西、湖北、陕西、甘肃，最终抵达青海同仁的运输线路。

2. 高速路架起生态旅游区间的联系

峒山村与梧桐湖、梁子湖和红莲湖等生态旅游区密切联系，至鄂咸高速，约 35. 0 公里距离，车程 31 分钟，通过该高速路可以方便更多游客进出村庄。

3. 高速路打通本村省内外快行通道

峒山村通过黄鄂、武黄、汉鄂、沪渝、福银、大广等高速路，连通东西南北交通大动脉。至黄鄂高速，驾车 32 分钟，全程 35. 2 公里，通过这条高速路，使峒山村进入黄冈、鄂州、咸宁三市的外部快速交通走廊更便利，也增加了与安徽、上海、开封等地的交通联系。峒山村至武黄高速公路 G106 路口，驾车 24 分钟，车程 24. 1 公里。该高速公路是武汉城市经济圈的重要干道，它使峒山村打通了本村出省的快行交通线路，东接安徽合肥、江西南昌、九江、景德镇；西连宜昌、武汉；北至北京，南抵达珠海高速公路。武黄高速公路加强了峒山村与东西南北外省间的联系。峒山村至汉鄂高速的车程仅为 9. 9 公里，驾车约需 12 分钟，汉鄂高速能使峒山村向南获得赣州、广州、深圳、汕头、厦门的便捷高效的交通网络，向东获得出入安徽、江浙、上海的新的外部快捷通道。峒山村至沪渝高速鄂州服务区路口，驾车 32 分钟，全程 36. 6 公里，由此可接通起点在上海，途经江苏苏州，浙江湖州，安徽宣城、芜湖，湖北鄂州、武汉等地，终达重庆渝北，横贯 1768 公里的东西交通长廊；峒山村至福银高速鄂州服务区路口，驾车 32 分钟，全程 36. 6 公里，它接通了村内运输承东启西、沟通南北的大动脉，福银高速沟通了东部、中部和西北地区，打通了东南的福州、南平经中部的黄石、鄂州、武汉、孝感，再到西部的西安、咸阳、银川，从福建省福州市延伸至宁夏回族自治区银川市，缓解了中西部远距离闭塞地区游客进入峒山村的交通问题；峒山村至鄂城区大广高速，驾车约 29 分钟，全程 39. 7 公里，可由此将峒山村融入连接东北、华北、华中、华东与华南的交通大动脉，也进入了京港澳高速公路的重要辅助通道，大广高速公路南北贯通，加强了中部的峒山村与东北的大庆、松原等地，与华北的北京、廊坊等地，与中原黄冈、黄石地区和南方韶关、惠州、广州等地之间的经济联系。峒山村距离武汉城区入口（G4 京港澳高速入口南向）104. 7 公里，驾车约 1 小时 14 分钟，由此，峒山村运输进入放射型的国家南北交通大动脉，村庄货运客运向北可达北京，向南可至广州、珠海、香港、澳门四大南方经济明珠，便利村庄面向首都游客开发旅游市场、做强村庄物流、向北向南招商引资，拓宽了峒山村人、财、物的流通渠道。

4. 城市大道提升旅游融合、新产业融合

利用区位优势，搭建桥梁连接生态旅游区与本村的旅游景点。峒山村与鄂州市内主要大道的驾车行程均在 20 公里至 30 公里之间，驾车需 13 分钟至 35 分钟的时间。峒山村至鄂州大道，25 分钟 24. 2 公里；至华容区武鄂高速旁的创业大道，30 分钟 31. 1 公里，由此畅通了村庄对外的公路、铁路连线；至鄂州市华容区葛店南站附近的高新大道，34 分钟 30. 6 公里，由此，便利了村庄通过公路进入经济开发区；至鄂城区武昌大道，22 分钟 17. 0 公里；至鄂城区文星大道，32 分钟 22. 8 公里；至鄂城区兴业大道，25 分钟 24. 0 公里；至鄂州市梁子湖区凤凰大道，13 分钟 10. 4 公里；至梁子湖区东湖大道，20 分钟 16. 5 公里；至梁子湖区珍珠大道，14 分钟 11. 8 公里，这三条公路，进一步提升了峒山村乡村生态旅游与梁子湖生态旅游区客流、物流的流通效率。

峒山村与武汉市内四条大道的驾车行程均在 30 至 50 公里之间，驾车需 40 多分钟，融入武汉市的大道交通走廊十分便捷。至武汉文化大道佳园路，全程 46. 7 公里，驾车需要 41 分钟；至武汉光谷大道，驾车全程 33. 4 公里，需要 42 分钟；至武汉市洪山区高新大道，驾车全程 38. 1 公里，约 45 分钟；至武汉南湖大道全程 47. 6 公里，约需 48 分钟。峒山村与这四条大道的连接，使峒山村经公路至葛店经济开发区、武汉东湖高新区和光谷片区的高新科技产业往来更为紧密，有利于更好地连接武汉市高新科技产业增长极，推动本村高新产业发展。

5. 村级道路完善村庄间互联互通网络

峒山村通过中心村循环路打通了村庄之间运输的内部经脉。峒山村至华容区大湾村、黄矶村、八屋村、熊塆村，驾车时间多为40分钟以内，全程40公里以下；至鄂城区草陂村驾车43分钟，全程38.9公里，交通便利；峒山村驾车至鄂城区中心村循环路，需要46分钟左右，全程45.2公里，通过中心村循环路，能与其他中心村互联互通，本村经其他村庄至景点，再到其他县乡、城市，形成了纵横交织、便捷畅通的内部经脉网络，这种快行道路网络使物流、客流加速流转。

（三）港口打开乡村振兴水上新通道

连通鄂州港、三江港、武汉万吨华中冷链港三大港，满足物流发展需要。三大港的联通，极有利于村庄产业转型升级，促进本村产品辐射面扩展，带动本村未来互联网水上物流的发展。

1. 依靠港湾水运，推动乡村振兴

峒山村临近港口，对外水路条件优越。距离鄂城区鄂州港31.2公里，驾车约需要32分钟。鄂州港，既是长江黄金水道的重要港口，也是鄂州产业布局的支柱，它将带领峒山村走向依靠港湾水运发展，推进振兴乡村的道路。峒山村距离武汉新港三江港区综合码头28.6公里，驾车39分钟，三江港重点发展仓储物流、临港加工、现代服务业三大产业，连通该港口，能使峒山村发展附加值高的加工业、服务业，也有利于乡村对外物流运输能力提升。峒山村距鄂州华容区武汉万吨华中冷链港全程32.0公里，驾车约需31分钟，该项目将成为中国最大的“互联网+”冷链综合物流基地，重点发展专业保税仓库、电子商务、冷链配送、冷冻品储存、中央厨房、绿色食品加工等多种功能的综合物流，投资方商品销售网覆盖近2亿人口，产品辐射湖北、重庆、昆明、贵州等20多个省市的冷藏保鲜副食品市场，因此，峒山村依托该冷链港，可大大提升村庄面向全国市场提供绿色农副食品的冷冻存储、配送加工、电子商务的能力。峒山村至五丈港全程约30.0公里，驾车32分钟，五丈港码头是湖北省“十二五”重点工程，内含2个3000吨级综合码头泊位和1个物流园，能与武汉港口对接，既便利了峒山村通过水路加速融入武汉城市圈，又为村庄开辟了互联网物流发展的另一条水上通道。

2. 外接生态区码头，提升村庄消费力

峒山村至梁子湖生态旅游区十分便利，至梁子湖区磨刀矶旅游码头16.3公里，驾车约需20分钟；至梁子湖区长岭旅游码头16.5公里，驾车约要20分钟，梁子湖是全国名湖明珠。湖内有梁子岛，历史悠久，相传磨刀矶遗址就是三国时期关羽上岛操练水军留下来的，五代唐朝时期岛上制陶业兴盛，清代开始逐渐发展为县城重镇，抗战前梁子岛成为商贾繁盛地，交通枢纽，货物集散地，铺面过百，旅馆数十，人口超过 7000 人，抗日期间是抗日根据地，改革开放以来，工业复兴乡镇企业涌现，2001 年，因其景色奇丽、水质绝佳、气候舒适、交通便捷，该岛被确定为生态旅游区。峒山村与梁子湖旅游码头相连，一来通过梁子岛可至外围京九、京广铁路、沪蓉及京珠高速公路、316 国道、306 国道、107 国道、长江黄金水道，拓宽了峒山村与全国各地域的陆路、水路联系渠道；二来借此良机，融入人口数量多、消费水平高的鄂东城市带，能使峒山村旅游消费力获得更大提升空间。

（四）机场接通对外开放空中新高地

鄂州市至全国各地的航空客运、货运条件日益完善。客运上具有国内外主要城市的国内、国际航班；货运上，鄂州将成为国际物流核心枢纽。[①] 毗邻武汉天河机场、鄂东机场、顺丰国际机场（兴建中），通过这三个机场的发展，将增强峒山村物流、客流流转能力，提高本村对外开放水平。峒山村至武汉天河国际机场鄂州城市候机楼 22.6 公里，驾车约需 31 分钟；至鄂东机场的鄂城新区指挥部 30.3 公里，驾车约 31 分钟；至正新建的顺丰国际机场所在的鄂州燕矶 38.4 公里，驾车约需 42 分钟。峒山村与三个机场间畅通无阻，并借助鄂州成为航空“双枢纽”，抢占国际物流发展先机，航空物流、跨境电商等生产性服务业均有发展潜力，有利于融入内陆对外开放高地。

总体来看，峒山村形成了以鄂北站、鄂州站等高铁为依托，以 106 国道、316 国道为基础，以黄鄂、武黄、汉鄂、沪渝、福银、大广等高速公路为主要支撑，以鄂州大道、光谷大道等城市大道为补充，以中心村循环路等村庄公路为辅助，以三大港口为水路发展重点，以鄂东机场、顺丰国际机场为空中延伸的对外快行交通系统，已打通融入城市的对外快行交通系统，全面融入外界“路、水、空”通道，对外快行交通条件日益改善。

① 戴劲松．鄂州顺丰机场系列配套工程开建［EB/OL］．荆楚网．［2017-09-30］．http：//news.cnhubei.com/xw/hb/ez/201709/t4000310.shtml.

二、建立水乡特色的村内慢性路网体系

峒山村针对不同景观和不同人口群体需求，发展慢性路网体系。构建以步行道、自行车骑行道为主的慢游道路，以慢行道串联旅游景点，它能满足长距离坐车、自驾游、步行、骑车的游客，慢下来、静下来、全方位、全身心投入地欣赏村庄及周边美景和休闲度假的需求，同时也能满足村民日常休闲、游憩、娱乐的需求。水乡特色的村内慢性路网体系的构成要素主要包括：水上交通网络、路上自行车骑游网络、慢性路网景观带、包含水系和湿地景观的慢性路网景观、停车场系统、环卫系统等。

峒山村坚持三项原则建设村里的慢性路网体系。一是因地制宜建设的原则。即根据道路周边旅游资源、服务设施、游客休息、补给、换乘等需要，提升慢性路网体系综合服务功能。二是统筹考虑提高综合利用率的原则。慢性路网体系建设时，将新增的慢行道与已存自行车道、人行道统筹连接，融为一体，完善慢性路网体系与已有公交系统的衔接，提高综合利用率。三是体现水乡特色的原则。为建设水乡特色村内的慢性路网体系，他们打通慢性路网与河道滨水步行走廊的连接，联通更多旅游资源，打造游船码头，同时完成交通换乘枢纽和其他停车点配置。

结合慢性路网体系构成要素、建设原则和长港水乡特色，《湖北省鄂州市鄂城区长港垦区旅游发展总体规划》设计了由蓝脉水上交通和绿网自行车骑游网络所构成的慢游体系。他们将水上交通“蓝脉”和陆上交通“绿脉”集合成慢游网络，打造以生态景观林为特色的慢性路网体系景观带，构建水系、湿地、陆地环境下的慢性路网景观带，配套慢行路网配套的停车场、旅游标识、旅游环卫系统。

（一）建设水上交通网络“蓝脉”

通过疏浚河道，打通长港、大志港和其他水网，打通河间港汊，构建特色水上交通，形成水上游览线路。长港镇在长港与夏沟港交汇处构建大型旅游码头；在长港与大志港交汇处、新沟与一线港交汇处、峒山湖构建旅游码头；在峒山东南部还原一定水面，形成水上游憩区（峒山湖）；并在陆地上选取合适地点建设垂钓园等。这些设施的建设构造起高效合理的长港镇水上慢性交通网络（图 5-1）。

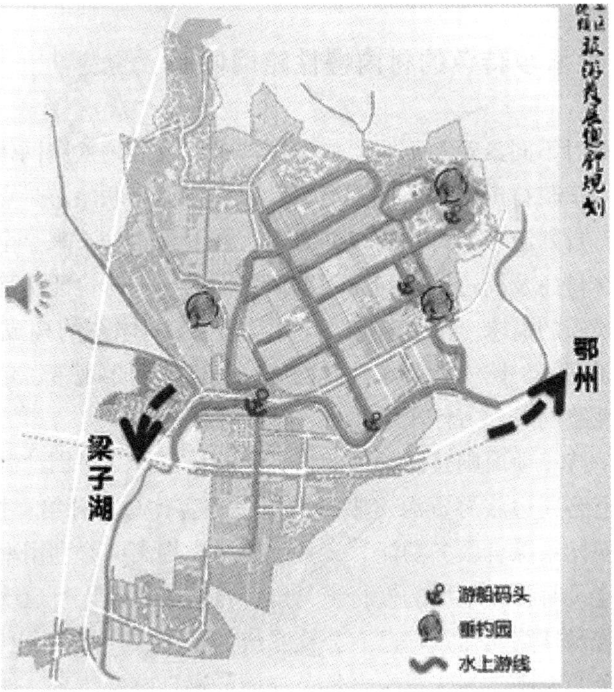

图 5-1　长港镇水上慢性交通网络图

（二）建设路上自行车骑游网络“绿网”

指根据功能分区和项目布局，在长港镇规划构建覆盖全镇的自行车骑游系统，设计自行车骑游环线，串联所有旅游项目和景观节点。在长港游客服务中心设立自行车租赁中心；在峒山、峒山社区、高沟社区设立自行车租赁次中心，建设起长港镇自行车慢性路网体系（图 5-2）。

全镇自行车骑游系统包括自行车骑游管理信息系统、管控中心、租赁站点、自行车棚车架建设、自行车配置、标识系统建设、救援体系建设、骑游小品景观建设、维修工具箱配备、租赁软件开发以及自行车骑游活动组织宣传。长港镇的自行车慢性路网体系具有以下特点。

一是标识系统鲜明完备。旅游标识系统体现出了交通和旅游融合展示的特征，造型简明、色彩鲜明符号明确，突出了对游客和居民的人文关怀，加深了自行车游的游客对小镇骑行路面的形象感知。他们将左侧骑行道和右侧游步道并行，但并不设置阻隔，使骑行游客和徒步游客自然互动，呈现轻松愉悦不僵硬的氛围，旅游标识系统整体风格和村镇放松“慢游”的风格和谐统一（图 5-3）。

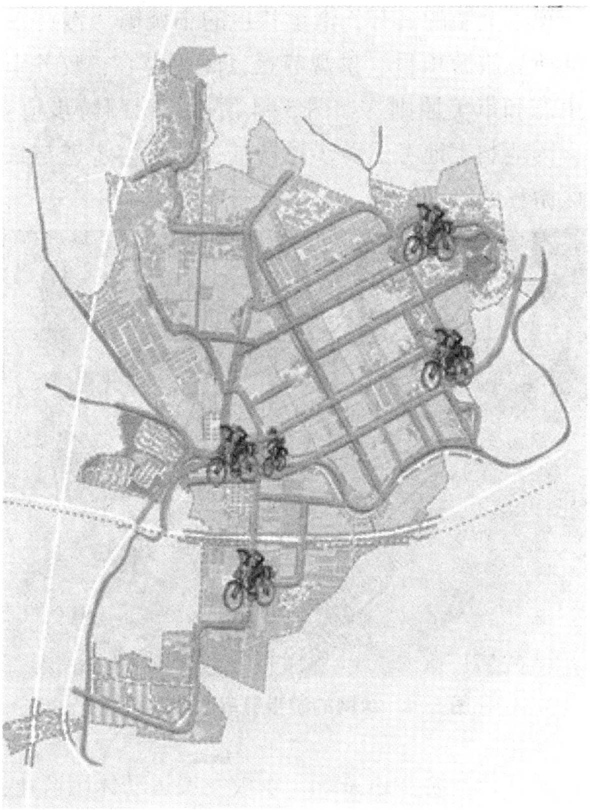

图 5-2　长港镇自行车慢性路网体系

图 5-3　自行车慢性路网体系路面标识系统

二是与景观有机串联。绿网的游步道系统根据功能分区和项目布局，在长港镇规划构建覆盖全镇的具有长港镇特色的小城镇“慢行系统”，设计游步道环线，串联所有旅游项目、景观节点、商业中心、政务中心等关键点。线路设计符合生态和审美原则。如图 5-4 所示，绿网游步道系统，根据地形和视觉感受，因地制宜地考虑游步道布局，并将游步道与景观相互融合，拓展了整个景区游程的路网体系。

图 5-4　绿网的游步道串联景观图

未来，他们还将依托游步道系统，积极发展运动休闲产业，开发徒步等运动休闲旅游项目，开发高尔夫等高端体育休闲项目。

（三）种植慢性路网体系的生态景观林带

峒山村进行的慢性路网生态景观林带建设，沿大治港、四线港两港沿线栽培景观林，种植木芙蓉、紫薇、广玉兰、桂花、樱花、夹竹桃、樟树等景观树，水边种植睡莲、黄菖蒲、美人蕉、菱角、香蒲等植物；沿着二线港、三线港、五线港两侧栽培水生植物，有红叶碧桃、水杉、红叶石楠、垂柳等景观树，沿水岸培植美人蕉等，现在这些景观林木已形成色彩斑斓、郁郁葱葱、繁花盛开的景观长廊。

景观带内栽培了各类景观林木，游客漫步、徜徉其间，能充分享受生机勃勃的草坪和灌木丛给予的满目葱茏、静谧幽雅的视觉盛宴，不仅满足游客实现身心的安顿，慢享美丽乡村风光的需求，也满足了村民日常休闲需要。

（四）营造慢性路网体系景观

峒山村慢性路网体系景观的建设主要包括水系景观营造、农田景观营造、道路景观营造、城镇景观营造四大部分。

一是营造水系景观。他们保存了河道行洪滩地，适当增加了河道弯度，保留住河岸的自然形态；利用河岸功能多样性，构建不同主题河流和滨水景观；结合活水公园，打造河流湿地景观。他们在水系景观的营造中，采用生态修复植物和设施进行提升和规划，既保留河道原有风貌，又使其兼具湿地景观的功能（图 5-5）。

图 5-5　峒山村水系景观图

二是营造农田湿地景观。峒山村结合不同种植作物特性，充分利用田埂、田间树林、苗圃、鱼塘等景观单元，对农作物和经济林进行配置，通过植物的高低搭配和季相组织创造出优美协调的农田景观，在各个季节形成错落有致的农田景观。

峒山村农田湿地景观带的营造，选择了五种典型断面形式进行提升，分别是：农作物与果树、景观花卉毗邻的景观带截断面；果树、农作物和水生花卉毗邻的景观带截断面；农作物和果树毗邻的景观带截断面；农作物和景观花卉、果树毗邻的景观带截断面；复合农作物、景观树和花卉毗邻的景观带截断面（图 5-6）。五种典型断面形式，反映了农作物、果树、景观植物搭配，游客行走在景观带中，能感受到高低、色彩、空间变化、形成步移景异的效果。

图 5-6　峒山村农田湿地景观带的五种典型截断面图

三是营造道路景观。他们对不同等级道路进行绿化和景观营造。构建的滨港景观大道满足了慢游观景需要及功能需求，对滨江大道的道路景观分段营造。

滨港大道镇区段景观营造。兼具郊区和商务街区功能，通过宽阔的步行街游步道，游客漫步其中，观赏古色古香的小镇景观，并能买到自己喜爱的特产（图 5-7）。

滨港大道东段景观营造。东段大道，兼具交通功能和景观功能，在交通要道周围是绿荫繁茂的农田，主要体现田园风光。构建了亲近田园风光的绿化带，让游客充分领略慢生活和田园风光（图 5-8）。

图 5-7　滨江大道游步道景观图

图 5-8　滨江大道东段景观图

田间道路景观营造。其他道路沿港汊和田埂分布，根据项目特色进行景观营造，营造田间地头休闲行走的慢行小径（图 5-9）。

图 5-9　田间道路景观图

四是营造城镇景观。峒山村的慢性路网体系建设中，结合社区功能以及周围环境，对新农村社区进行统一规划布局；对城镇和居民社区进行建筑风貌控制；融入当地文化特色构建广场和一系列景观小品（图 5-10）。

图 5-10　峒山村新农村社区景观图

（五）建设慢性路网停车场系统

根据功能分区和项目大小，构建“一大二小”停车场体系，为全镇游客和居民生产活动服务。停车位设计符合生态和审美原则。长港镇游客服务中心，建有500平方米自行车租赁总站，峒山社区停车场占地面积2000平方米，其中，自行车租赁点300平方米，居民可在自行车租赁点，完成交通换乘，十分方便。2017年峒山村的生态停车场、游客服务中心、门楼、牌楼也处于规划建设阶段（表5-1）。

表5-1　长港和峒山村的停车场概况表

序号	位置	占地面积（平方米）	停车位（个）		类型
			小轿车	大巴车	
1	长港镇游客服务中心	1500×2	200	50	机动车停车场（地下）
		1000	——		自行车租赁总站
2	峒山社区	2000	100	30	机动车停车场
		300	——		自行车租赁点
3	高沟社区	1000	50	15	机动车停车场
		300	——		自行车租赁点

（六）建设慢性路网旅游环卫系统

峒山村结合游客休憩和如厕的需要，因地制宜地将旅游环卫和周围景观统一布局。

1. 实施旅游厕所建设改造

峒山村按照《旅游厕所星级评定规范》，采取如下具体措施实施了镇区和各项目区域公共厕所和旅游厕所的改造和建设：一是所有旅游厕所按达到标准规定4A级以上水准改造、建设；二是全面改造村镇已有的旱厕；三是按照公厕服务半径建设，镇区公共厕所服务半径为400米、其他区域厕所服务半径为500米；四是如期推进村里的生态环保厕所建设，五个生态环保厕所已于2017年10月全面完工（图5-11）。

2. 布设垃圾桶和旅游标识系统

峒山村沿主要步行道路布设垃圾桶，垃圾桶之间距离不大于300米。在主要交通地方增设有关垃圾的指示牌，指示地图。由此，提升了慢性路网体系服务品质，丰富了游客体验，形成了独特景观。

图 5-11　慢性路网体系的旅游厕所

(七) 形成慢性路网布局

峒山村的慢性路网布局，分为面向村民的生活型慢性路网布局和面向游客的慢性旅游路网布局。

1. 生活型慢性路网布局

峒山村以 S239 省道为主干，串联西南至东北的主要景点、交通换乘站、小学和其他便民设施。

从鄂州市峒山村村委会出发，沿着 S239 省道步行，不超过 10 分钟可至的景点主要有华美艺术创意园、新苗休闲农庄（村内农家乐）、峒山村公交站、峒山小学、峒山小学-停车场、峒山苗木交易厅、鄂州市峒山农业发展有限公司、鄂州峒山葡萄园楚鱼香水产生态园等；不超过 30 分钟可达的景点主要包括元隆生态农业园、元隆草莓采摘园、楚鱼香水产生态园、鄂州蓝焰生物质能源有限公司等。整个生活型慢性路网布局紧凑有序，满足了村民日常休闲游憩的需要。

2. 旅游型慢性路网布局

峒山村的慢性旅游路网布局包括十里长港体验游线路和养生度假体验游线路。

(1) 十里长港体验游。从长港游客服务中心出发选择水网慢游，主要游览内容如下。

一是游览招隐寺。招隐寺景点的新年第一钟、新年第一香、吃素斋、听梵音、品茶、悟佛道等颇具特色，游客可在游览中陶冶性情。

规划对招隐寺现存大殿进行修缮和扩建，对大殿周围环境进行景观营造，增设放生台、吉祥佛珠、祈福广场等朝觐设施和景观小品，营造佛教氛围。休闲娱乐内容包括禅修房、素食餐厅、上山步道、观景平台、户外运动休闲设施、景观小品（图 5-12）。

图 5-12　招隐寺复建图

二是游览荷塘月色湿地公园。荷塘月色湿地公园位于规划区北部，规划以 3000 亩湘莲为核心，配置其他作物种植和养殖，对水道进行疏浚和景观改造，打造千亩荷塘湿地景观；形成集旅游观光、休闲娱乐运动休闲、养生度假于一体的乡村湿地公园。

夜晚观看“荷塘月色”实景演艺。邀请具有丰富实景演艺经验的导演和编剧，打造表现长港水乡风情的夜间演艺剧目，丰富长港夜间旅游项目（图 5-13）。

三是入住船屋（木屋），抵达农情好礼展销中心购买礼品。

（2）养生度假体验游。从长港游客服务中心出发，进入香客精舍（入住），然后游览招隐寺，进入荷塘月色湿地公园，观赏“荷塘晓月”实景演艺（可水上游或自行车游），最后去农情好礼展销中心。

香客精舍，利用峒山南部天然地形，依山傍水修建融入佛教元素的香客精舍休闲会所，提供休闲、主题餐饮、会议等（图 5-14）。

图 5-13　荷塘月色公园的实景演艺图

图 5-14　峒山村的香客精舍图

峒山村的传统村落的选址和布局展现了长港镇居民长期的生存智慧，适合在原址的基础上开发为养生度假会所。峒山村将佛教文化融入传统村落进行个性化、休闲化和高端化的改造和提升，打造香客精舍。游览此舍，可使游客心灵充盈着“诗意栖居”美梦成真的体验。

峒山村的如诗山水、田园风情、民俗历史、农耕文明与和谐幽静的乡村慢游，成为吸引游客、实现乡村振兴的最美生态。

峒山村的宝贵经验表明，“绿水青山就是金山银山”。他们因地制宜，建设村庄内外路网体系，充分尊重村民、游客需求，辅之以乡村环境整治和农村基础设施改善，尊重规律真抓实干，使乡间处处精彩绽放，成为望得见山、看得见水、记得住乡愁的美丽家园。

三、强化农村生产基础设施建设

农村生产性基础设施建设是农业生产和农村建设的基础，它包括电力设施、农田水利、道路交通和通信设施等，其数量和质量对农业生产发展起着关键作用。长期以来，我国城乡二元分割，造成城乡公共产品供给的二元化差异，农村生产性基础设施数量不足、质量偏低、政府资助不到位，严重制约了农村生产力的进一步解放，滞后于社会主义农村建设的需要。当前，解决我国城乡发展不平衡不充分的问题的关键，是加大国家对农村生产性基础设施的建设投入，强化农村基础设施建设。

近年来，峒山村明确将生产性基础设施建设的目标定位于农村的农田水利、道路、供水、供电、信息、机械现代化等方面，通过制定规划、有序推进、逐步落实，强化了村里的生产基础设施建设，提高了农业综合生产能力，有效防止了城乡融合过程中乡村凋敝，有力推进了乡村振兴。

（一）抓好农田水利设施建设

要建设现代化农田水利设施体系，有效利用水资源和肥料，突破科技瓶颈发挥设施综合效益。为此，峒山村以增大灌溉面积、扩大除涝面积、增加农田林网防护面积、节水灌溉、精准施肥、增加生物有机肥料、减少农药投入、减少固体废弃物为目标，推行国家农业综合开发高标准农田建设项目。主要包括以下项目。

一是大力推行峒山葡萄基地水肥一体化示范项目，在种植业中采用水肥一体化智能节水灌溉系统；二是大力推行利用动物与植物共生互利特性的虾稻（虾莲）共生生态种养模式；三是大力推行一季稻有机肥替代化肥模式环境效应的综合评价等。

峒山村新建泵站和良种晒场，增加灌溉面积，有效改善土壤结构，提高水肥资源利用率，智能节水灌溉系统实现亩均减少用水量30%～50%，节约肥料20%～40%，亩均增产10%以上；虾稻（虾莲）共生生态种养模式减少肥料投入10%以上，减少农药投入5%以上。[①] 实现了涵养水源、净化水质、增加土壤有机物质、减少病虫害、增加高效、低成本、无公害生物有机肥

① 资料来源：峒山现代生态农业创新示范基地建设情况汇报。

料、使无公害有机肥广泛应用于农业种植和养殖业，实现固体废弃物无害化、减量化、资源化，取得了良好的经济、社会、生态效益。

峒山村进行农田水利设施建设的主要经验，一是能坚决按照国家“十三五”规划建设方向，狠抓农业基础设施特别是泵站、沟渠的建设，大大提高了灌排能力，以确保农业生产取得丰收；二是能紧贴现代农业科技前沿，迈出了现代农业建设的步伐，大胆应用了智能农业、生态环保等领域的关键技术。

随着我国水资源短缺日益严重和现代生态农业的加速发展，以智能灌溉技术、虾莲共作模式、生物有机肥料为代表的智慧农业、生态农业，将成为广大乡村农业可持续发展的必然选择。

（二）抓好农村道路建设

乡村要振兴，道路建设须先行。峒山村明确认识到要加强农村公路的通达性，完善村庄公路路网，不断提升路况水平；要提供更完善的公路配套设施，以保证交通运输服务的质量；要结合美丽乡村建设要求，在完善公路建设的同时，突出生态环保理念，才能助推早日实现“美丽乡村”和“小康梦”。他们首先按照规划建路修桥，贯通全村，然后实施道路配套设施建设，完成了硬化、亮化、绿化的目标。

1. 实施循环路网工程

重点建设了全长 2 公里的中轴线，将峒山村 11 个村民小组全部贯通，新修三线桥、四线桥各一座，维修硬化村庄道路 2. 8 万平方米，目前，全村共铺设彩砖 6000 多平方米，硬化水泥路面 60000 多平方米，铺设路边大理石界石 1600 米，建排水沟 6000 余米，建院墙 1500 米，拆除危房 35 间，拆除猪圈厕所 66 个，绿化树木 5000 余棵，共投入资金 400 余万元。通过美丽乡村建设，实现了组组通水泥公路，村主干道架设了路灯，达到了绿化、美化、亮化的效果。

2. 实施道路设施的配套建设

实施了通村主干公路硬化建设；村内主要道路和公共场所安装路灯，路灯亮灯率达 90%以上；建设环村、沿路、沿河绿化带；开展庭院绿化活动，采用混交、多层的树种配置模式，形成多样化、生态功能与景观效果俱佳的村庄生态植被系统。实现“通村道路和村内街道有林木、村落周围有林带”的目标，村庄绿化覆盖率达 25%以上。

3. 将生动宜游理念融入道路建设实践

统筹考虑村内人流疏散问题与交通要道、微循环道和上山游览步道的建设，抓好道路建设的落实。峒山村道路建设质量不断提高，带动了旅游业的发展，在追求经济效益的同时，兼顾了自然生态环境保护。其可推广的宝贵经验是，在道路的规划和建设期，充分融入生态保护理念，要充分考虑道路的生态景观设计，使农村道路建设与生态环境和谐统一。

（三）抓好农村新能源建设

全球已对节能减排、大力开发利用可再生能源形成共识。我国是农业大国，随着城乡融合进程的加快，农村消费水平不断提高，农村能源的需求不断上升。传统能源储量有限，不断开发传统能源可能造成能源枯竭，而新能源具有可持续性，是我国未来缓解能源压力，实现乡村振兴必经的有效途径。

1. 以农业废弃物为原料生产新型能源燃料

我国农村可再生资源储量丰富，秸秆、废弃物、禽畜粪便等，均可通过生物质能技术的转换，提供新型能源。峒山村建设了蓝焰生态能源示范项目，主要以农业废弃物为原料，生产新型能源燃料。该项目可年处理农林废弃物 10 万吨，年产燃气 800 万立方米，发电量 550 万千瓦时，年产木炭 5000 吨、成型燃料 5 万吨、焦油 900 吨、木醋液 4500 吨、年产值约 1.2 亿元，实现利税 1000 余万元，安排就业岗位 110 个，且有效减少了农作物秸秆焚烧所致的大气污染，更好地保护了村里的生态环境。

2. 大力发展光伏发电

我国拥有丰富的太阳能资源，太阳能开发利用已经取得很大的进展，因地制宜发展太阳能，对节能减排有重要的促进作用。为此，峒山村打造了总面积 300 亩的光伏发电暨高效农业示范园。该项目由日新公司和元隆生态农业园共同投资 1.2 亿元，两大部分组成，第一部分高效农业示范园，主要是配合都市农业发展，建设可用于花卉、蔬菜、瓜果等育苗、培育的温控钢架大棚，该项目可实现年产值 1500 万元；第二部分光伏发电系统建设，主要是依托园区内的温控钢构大棚骨架，配套建设光伏发电变电输电系统，装机容量 3.15 千兆瓦，年发电量 369 万千瓦时，该项目可实现年产值 200 万元。

峒山村的新能源建设，使农民的生产生活有了明显改善，有效减少农村污染物的排放、变害为宝，有利于实现农村生态良性循环。他们采用市场发展机制，提高集约化程度，按照因地制宜原则开发可再生能源和新能源，为全国农村的新能源建设提供了极具操作性的宝贵经验。

四、提高生活配套设施水平

城乡融合客观上需要乡村社区基本设施与城市社区基本设施水平能基本同步。农村生活性基础设施主要包括农村社区基本设施建设、人畜饮水设施、垃圾处理设施、污水处理设施、文教娱乐设施、福利设施等。近年来，随着国家日益重视“三农”问题，加快农村生活性基础设施的建设，提高农村生活配套设施水平已成为非常重要的当务之急。峒山村“软硬兼施”，创新社区服务的软模式，主要采取下列举措提升村里社区生活基础设施水平。

（一）搭建社区服务平台

峒山社区按照“1+1+X”社区窗口服务模式运行，即“一人为主（一名社区专职服务人员）、一人为辅（一名村干部）、X是指综合服务内容”。社区服务平台为群众提供全程代办，并与村干部受理或办理有关审批服务事项；通过沟通民情，提供相关咨询服务。峒山社区便民服务中心可为村民快速办理包括社会救助证、医保证、残疾人证、暂住证等服务事项，使村民不出村就能享受到代办、咨询等各种方便快捷的服务。使以前办事“人在路上跑”，真正转变为“事在网上办”，为村民提供了真正的便捷和优质的服务。

（二）提升社区硬件基础

峒山村完成了社区内及社区项目内的道路全长10公里、地下管网700米、700米的景观带建设，已安装垃圾箱、果皮箱30个，升降地埋式垃圾箱1个，太阳能节能灯100盏。

（三）建设垃圾清运处理设施

鄂州的城市垃圾处理一直都走在湖北省的前列。2010年以来生活垃圾无害化处理率为100%。峒山村与鄂州市的发展同步，着重加强生活垃圾和污水处理。全村共建有规格统一的垃圾房8个，配垃圾转运板车14个，垃圾桶50个；建设了村里的垃圾压缩转运站和污水处理站；2016年地下管网污水对接成功，村里的垃圾清运处理设施建设成效显著。

（四）建设人畜饮水和污水处理设施

鄂州市历年来非常重视城市污水处理工作。城市生活污水处理率已从2010年的81.8%提升至2016年的92.53%，如图5-15所示。

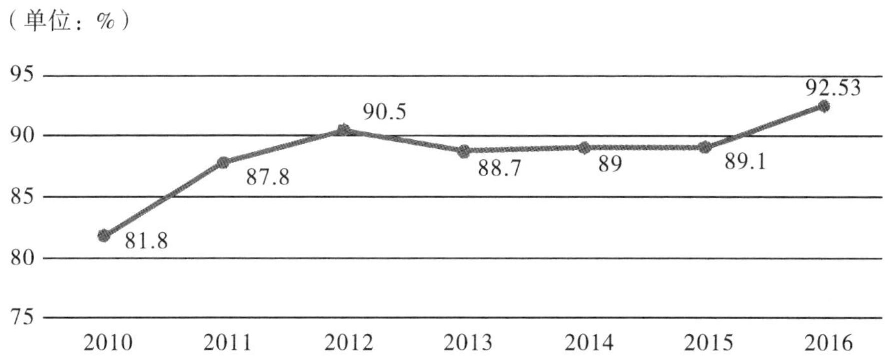

图 5-15　分年度的鄂州市生活污水处理发展趋势图

数据来源：湖北省统计局　鄂州市统计年鉴（2017）

峒山村与鄂州市的发展同步，着重加强生活垃圾和污水处理。自来水基本入户，饮用水符合卫生标准；雨水、污水有序排放，雨水就近排入自然水体，污水排入化粪池或沼气池处理。

（五）完善文教娱乐设施

一是强化图书馆和图书建设。充分利用峒山社区图书馆资源，开展“全民阅读”活动，在阅览室中增加儿童读物，培养读书的好习惯。

二是美化相关文化设施。为文化广场和其他设施“穿衣戴帽”，峒山小学、原峒山村委会办公楼、峒山粮站、福利院、卫生室等设施都已相继完成了美化工作。

（六）强化农村福利设施

为广大妇女建设服务场所、提供就业平台，先后建设妇女儿童维权站、活动广场、妇女儿童宣传栏、留守服务站，为村里的妇女提供优质服务活动。2017 年，他们用争取的上级资金及村级自筹资金对福利院路的生命防护栏进行修复和改造。

峒山村的生活基础设施建设，极大地为村民提供了便利，更好地保障了农民群众吃、住、行、娱乐、教育等多项基本权利。峒山村的经验有如下亮点：在城乡一体化进程中，以生活基础设施建设为抓手，从精神、物质两个层面振兴乡村。一是精神层面上，注重农村文化基础设施建设，提高图书馆等基础设施利用率，提升农民的文化精神需求，避免乡村在文化精神上落后于城镇；二是物质层面上，强化了农村基层社区承接服务的综合平台建设，推动城市社区服务项目、服务功能进入农村，积极开展了农村生活设施标准化建设。美丽乡村建设是一项系统工程，必须注意垃圾房、文化广场和周边设施的科学合理的建设标准，广大农村应在农民生活基础设施建设方面，统一标准，保障农村也具有城市的生活设施完备之美。

五、大力推进荆楚派特色民居建设

在城镇化建设实践中避免城乡一体化变为城乡一样化是非常重要的问题。“记得住乡愁”的城镇化建设，必然要求民居建筑摒弃千篇一律，追求特色差异，与众不同。湖北省传统民居特色化建设，需要充分挖掘并发扬荆楚派建筑特点，而荆楚派建筑特点主要体现在天井遮风避雨、屋顶高起翘、墙身变换起翘、台基高耸、色彩强烈、装饰精致、多采用木结构等方面。

峒山村对此有深刻、明确的认识，并努力在村里的民居建设中充分体现荆楚派建筑特色。一是为天井安装遮风避雨的天斗或卷轴。天井是衔接室内外部空间的过渡区域，需具备遮光避雨的功能，为此，荆楚传统民居设计出覆盖式天井和幕帘式天井，覆盖式天井在敞开的天井上加盖小屋顶，即“天斗”，能起通风采光、遮风挡雨的作用。幕帘式天井，在天井两侧安置转动卷轴，上下拉动竹帘，可起遮阳作用。二是屋顶造型以高起翘屋脊为主要特色。起翘弧度比其他地域传统民居更夸张，翼角采用凤凰造型，体现楚文化不拘一格，奔放大气。三是墙体建筑体现荆楚特色。墙身的特色主要体现在山墙形式独具特色，包括单拱和连拱型，三花及五花阶梯型、跌级型、官帽型、云型等山墙，其中跌级型山墙略带弧度有所起翘，象征着楚人不拘一格的性格特征。四是门窗形式体现荆楚特色。槽门是荆楚民居的重要特色元素。槽门的造型与形象代表了居户的门厅气象，反映着居户的特点。五是建筑台基处理分为高台建筑和干阑式两类。高台建筑具高耸挺拔的巍峨雄姿，表现出楚人旺盛的生命力和积极向上的生活态度。干阑式建筑形式能够防水通气，一层架空，二层住人，整体建筑运用木结构体系。六是建筑色彩以红、黄、黑的强烈对比色调。红、黑寓意阴阳调和，黄色寓意楚人崇尚凤凰和对美好生活的向往。七是建筑装饰形式多样。多为窗花、木雕，采用精致的雕刻来传达荆楚文化。八是建筑结构以木质为主。强调建筑与自然和谐共生，表达楚人天人合一的建筑理念。九是建筑平面布局以墙体开放、天井局部通透处理、室内外空间相互渗透为特色，使人与大自然合一。

整个峒山村房屋风格统一呈现古村风貌。峒山山边的五个村民小组的农户住房，按统一建筑风格重新规划，改建成具有明清风格的小镇；新居民区房屋在色彩上采用统一的灰蓝色筒瓦、咖啡色文化砖、灰白色墙体，呈现汉代风；路边的公共服务站采用仿汉代蓝瓦白墙。

第三节　农村基础设施建设的思考

从乡村建设理论以及峒山村基础设施建设的实践中，可归纳出适应我国乡村振兴的农村基础设施建设的主要经验如下：一是以道路建设为乡村振兴的推动力，重点是发展铁路和公路交通；二是以农业现代化为抓手，智能节水灌溉和生态农业是较佳的可行方案；三是以能源建设为前提，生物质能发电和太阳能光伏发电是两个重点；四是以农村社区建设为基础，要建立扁平化的社区治理结构，以农村居民需求为导向，引入城市社区平台的信息化服务；五是以人才为内生动力，要从人才准入、经费投入、平台建设、教育内容、管理主体上，完善职业农民培养体系。

一、以道路建设为乡村振兴的推动力

城乡融合中的乡村振兴，推动力是道路建设。道路建设能提高交通可达性，畅通人力、资金、技术在城乡间的流动，使城里人能陶冶于乡村的大自然中，农民也可入城感受都市气息，促进城市对农村的产业转移和产业链延伸。轨道交通是城乡间的快速走廊。高速铁路建设，可以带动商贸、金融、房地产、餐饮业等三产发展机遇，优化农村产业结构，推动“以城带乡、以乡促城”型的乡村振兴。

高铁建设应以人为本、环境友好。一是以人为本。在乡村振兴中，不仅考虑丰衣、足食、改善居住，也要考虑出行便利，而高铁正具有舒适度高、速度快、效率高的特点，公路建设连接高铁，才能真正便利村民的快速出行。二是环境友好。乡村振兴需要减少能耗，限制环境污染。高铁所具有的电力牵引，碳排量几乎为零的特征，可抑制容易造成环境污染的气体，公路建设连接高铁，推动乡村低碳、绿色、友好地实现乡村振兴。道路建设应尽量围绕高铁，统筹协调轨道交通与沿线公路的建设，将铁路交通站点作为核心，在城乡间的交通站点发展一系列标准化配套性便民服务，包括百货商店、书店、电影院、邮局、公交站、自行车道、游步道，增设绿化景观带

等，使快行交通与慢行交通有机衔接，在交通基础设施建设中进一步体现以人为本，便利城乡人口双向流动。

二、以农业现代化为乡村振兴的抓手

城乡融合中的乡村振兴，抓手是农业现代化。要打破城乡二元分割体系，必须尽快补齐农业基础设施发展短板。党中央提出的“产业兴旺”凸显了现代农业发展的重要性，“产业兴旺”的途径是农业现代化。国家“十三五”规划明确提出，要发展以大数据、移动互联等现代信息技术为主打的“互联网+”现代农业。实践中，伴随城市化进程的加快，我们面临着农业环境污染日益严重、水资源不足，城乡居民对绿色、安全的农产品品质日益提高等矛盾日趋突出。因此，发展生态农业科技和智能节水技术的应用的产业基础设施已成为我国农业现代化的关键。只有突破关键技术“瓶颈”，将生产管理理念从粗放型转变为集约型，摒弃刀耕火种落后手段，实现物质能源的循环利用，以较少的资源投入，获得更大的农产品产出，才能补农业短板，强乡村弱项。应大力发展水肥一体化的智能节水灌溉系统、动植物共生的生态种养模式和规模化养殖示范基地等基础设施。

一要抓智能节水灌溉基础设施，应大力开发自主作业的农业灌溉机械装备，形成了节水灌溉方案提高了灌溉系统的精准化水平，缓解了水资源不足且利用效率低的问题。应在全国大力普及和推广智慧灌溉技术，引入农用物联网，为用户精准灌溉提供科学依据；通过大数据定量挖掘农田环境数据，使用户准确决策灌溉；通过云计算和云端服务器，使用户能远程监控庄稼并远程操控灌溉系统，充分利用农用水资源，确保不断提升粮食主产区农田综合生产能力。

二要抓生态农业基础设施，统筹运用生态学和经济学原理，将现代科技与传统农业有机结合，实现种植业与林、牧、渔、副结合，综合实现经济、社会、生态效益，解决城乡融合中，城乡居民对绿色、优质农产品品质的需求。生态农业用于城郊农村地区，应普及资源节约型、环境友好型的种植、养殖以减少城镇化对农村污染，通过废物循环再利用，实现“从资源到绿色产品，从绿色产品到再生资源”的循环运转，从源头上实现清洁生产。应大力将生态工程技术运用于农业，协调生态系统和农业生产系统，实现生产、生活、生态齐头并进的乡村振兴。

三、以能源建设为乡村振兴的前提

我国已是世界上第二大能源消费国。农村能源日益紧缺，缺电现象越来越严重，已成为制约城乡融合乡村振兴的瓶颈。打破瓶颈，必须坚决实施党中央关于将能源建设作为社会主义新农村建设的重要举措。

从世界范围来看，太阳能因既环保，又“取之不尽，用之不竭”，受到了各国政府的重视。20 世纪 90 年代开始，欧洲国家陆续进行了生物质能的研发，逐渐研发出谷壳、秸秆等原料用于发电的方式。可持续性高的太阳能、生物质能已成为世界各国都大力发展的新能源。

我国农村的大部分地区太阳能、秸秆等原始生物能源的资源丰富，但利用效率却很低。因此，大力推广太阳能发电和秸秆生物质能发电，是破解能源危机的一个明智选择，综合光伏发电和农业示范园，运用生物质能发电，均是有效举措。一是光伏发电方面，温室大棚巨大的棚顶面积，可用于搭建棚顶太阳能发电系统；因地制宜，可利用太阳能发展具有地域性的公共设施和特色设施，比如建立太阳能利用方面的产业园或科研基地，实现“一举多得”。二是生物质能发电方面，要在我国普及生物质能等新能源发电，需要在政策上给予各地区发展新能源更大的优惠；加强引入国外新能源技术建设经验；建立市场化的服务推广网络，把典型经验推向全国；鼓励乡村与国内研发机构联手，不断完善生物质能发电与配套设施。

四、以农村社区建设为乡村振兴的基础

提升农民物质文明和精神文明方面的获得感，是城乡融合中乡村振兴必须解决好的核心问题。社区是社会基层的治理单位，因此，城乡融合发展中的农村基层管理服务和组织模式建设的基础，是城乡一体化农村社区建设。只有强化农村社区基础设施建设，才能真正破解长期困扰我国农民民生的城乡二元分割体系，形成城乡一元体系和结构。通过努力构建城乡一体的基层管理服务模式和基层社会组织、能逐步实现城乡基本公共服务供给均等化、加强社区生活辅助设施配套建设等举措，狠抓农村社区建设，有效提升了村民物质文明和精神文明方面的获得感。

（一）引城市社区的管理服务模式和组织形式入农村社区

城市社区建设中运行的成功管理服务模式应引入农村，使城乡基层的组

织形式合二为一，构成统一、连贯的整体，在管理、组织、服务功能上的发展水平能与城市社区并行。

通过借鉴实施“1+1+X”社区窗口服务模式提供多样化服务。即以一名村干部加一名社区专职服务人员的简明“1+1”模式取代原村民委员会的管控治理模式，建立起扁平化、服务型的治理结构，使乡村的治理结构与城市社区基层融为一体，使乡村基层的管理、服务、组织等的发展水平与城市社区并行；“X”指把原为村委会管控的各类公共服务移交社区基层，由社区管辖乡村变化多样的事务，整合村内资源，提供多样化的公共服务。

（二）引城市社区的信息化服务功能入农村社区

通过引入城市社区平台的信息化服务，使农村社区建成承接农村事务的综合服务平台。社区服务应真正做到以农村居民需求为导向，针对村里农民的具体需求，提供多元化、多层次、多方面服务。一方面，从解决农村群众最急切、最关心、最焦虑的问题入手，加强“病、弱、伤、残”的社会保障兜底服务，具体包括社会救助证、医保证、残疾人证、暂住证服务等的发放；另一方面，积极引入城市社区新型公共服务项目，如各类咨询服务等，扎扎实实把农村社区建成了农民家门口的便民服务圈。

社区基础设施建设，既要勇于创新，引入城市先进社区管理模式和管理方法，又要因地制宜避免了农村社区建设中“乡味”的淡化。通过社区建设，切实推进城乡基本服务均等化，提升农民物质文明和精神文明方面的获得感，积累了农村社区基础设施建设的宝贵经验。

五、以人才为培养为乡村振兴的内生动力

农村的各类人才是推动城乡融合中乡村振兴发展步伐的内生动力。不少农村人才有强烈的“跳农门”意愿，多愿选择通过教育流动至城市就业。农村缺乏乡村振兴所需的实用专门人才，人才危机势必阻碍乡村振兴，为此应加强职业教育，培育新型职业农民。

新型职业农民是具有科学文化素质，懂经营善管理，带动能力强的能人，他们能根据市场需求调整产品生产，更好地为乡村振兴服务。新型职业农民可以是农村人口，也可以是城镇人口。培育新型职业农民把“农民”变为职业，既利于打破城乡间教育差异；又利于更好地实现城乡劳动力双向流动，应积极采取下列措施“培育新型职业农民”，来破解乡村人才危机。

（1）科学筛选和培育新型职业农民的好苗子。选择农业生产技能强，

科学文化水平高，思想觉悟境界高的人才，使他们成为新型职业农民，再由他们示范带头，引领、培育更多新型职业农民，职业农民可以通过以技术入股建设各类产业基地，带动乡村产业发展。

（2）要增加经费投入，筹措新型职业农民培育经费。国家经费不足的情况下，可号召农业龙头企业、农村合作社等设立专门的基金，鼓励个人捐款，拓宽职业农民培育经费来源渠道。

（3）搭建促进职业农民教育城乡融合的教育平台。职业农民教育不能仅面向农村，而是面向城乡。要搭建城乡职业农民教育资源共享平台，城乡间的教师资源共享，应打破户籍身份差异，城乡人口应都能就近进入该资源平台。

（4）职业教育内容全面服务于“三农”。要提升涉农专业学生的农业科技技能、经营管理技能、实际操作技能，使他们具备应用于农村生产劳动的技能。

（5）职业教育一体化的管理主体层次提升，提升到国家层次统筹管理可缩小城乡职业教育水平差异。

多措并举积极“培育新型职业农民”，破解农村的人才危机，才能不断增强乡村振兴的内在动力。

小 结

理论和实践表明，基础设施建设能有效促进城乡融合，实现乡村振兴。基础设施通过引领郊区发展，突破城乡二元对立；便利人口在城乡间的合理分布和双向流动，化解城市人口过密，乡村人口过疏的困境；提升乡村人口素质，增强乡村发展内生动力，消除城市主导农村发展的弊病；增加农民收入，提高农民生活质量，缩小城乡福利差异。道路交通、农田水利、新能源、农村社区、医疗卫生、文化娱乐等基础设施建设是促进城乡融合的关键，已为实践所证明。

峒山村完善城乡融合发展的基础设施实践：一是铁路、公路、港口、机场四方面齐头并进，“水、陆、空”三维度打通融入城市的对外快行交通系统；二是水上“蓝脉”和路上“绿网”两途径结合，并融入景观带、停车场、环卫设施、道路布局形成水乡特色慢性路网体系；三是狠抓农田水利、道路、新能源，推动农村基础设施建设；四是完善社区软硬件、垃圾清运、人畜饮水、污水处理、文教娱乐、农村福利，提升农村生活基础设施；五是创新推进荆楚特色民居建设。

在城乡融合的视角下，峒山村基础设施建设的成功经验可归纳为：以道路建设为推力，以农业现代化为抓手，以能源建设为前提，以社区建设为基础，以人才建设为内生动力。这些宝贵经验可为全国乡村振兴中的农村基础设施建设提供借鉴。

第六章　坚定城乡融合发展的绿色之路

在城乡融合发展的背景下，农村的绿色发展是一个非常复杂的系统性工程，不仅包括山水生态系统的绿色发展，也包括乡愁文化系统的绿色发展，还包括经济社会系统的绿色发展。因此，要实现农村绿色发展，不仅要实现“望得见山、看得见水、记得住乡愁”，还要实现绿色经济发展，让绿色助力乡村振兴，助力农民生活富裕。

第一节　山水乡愁是城乡融合发展的内在动力

一、“绿水青山就是金山银山”的时代内涵

自2005年时任浙江省委书记的习近平同志提出“绿水青山就是金山银山”（以下简称“两山论”）至今，“两山论”的内涵不断拓展深化。党的十八大以来，习近平总书记在国际国内许多场合阐述“两山论”重要思想。2015年3月，《关于加快推进生态文明建设的意见》把“两山论”写进中央文件，成为全国生态文明建设的指导思想。随着国际国内形势的变化发展，“两山论”也随之不断拓展深化。在城乡融合发展的当下，时代赋予了“两山论”新的内涵，我们必须正确把握新的内涵，才能切实助力城乡融合发展。

（一）绿水青山就是生态产品与服务

绿水青山是自然环境中各类自然资源的总和，主要包括土地、森林、

水、大气、矿产能源以及由各种基本生态要素形成的生态系统。国外已有不少学者对不同国家、地区，不同生态系统的服务功能展开研究，其中戴利[①]与克斯坦萨[②]等学者的研究最具代表性。此外，联合国于 2001 年启动了千年生态系统评估工程，对全球过去、现在以及未来的生态系统进行了全面而系统的评估。[③] 国内学者从生物多样性、大气平衡、土壤保护等视角，重点对水、草地、湿地等类型的生态产品与服务进行深入研究，促使生态系统服务研究从理论向实证分析转变。如江波等运用多种方法与模型对博斯腾湖提供的生态经济价值进行评估。[④] 艾训安等主要采用克斯坦萨与谢高地等提出的生态系统服务价值计算方法，对厦门岛提供的生态系统经济价值进行评价。[⑤] 国内外诸多学者的研究结果表明，自然资源不仅具有生态属性，还具有经济属性。经济属性主要指自然资源的直接使用功能，自然资源通过人类的行为产生价值，如水资源经开发利用后，参与生产、生活和消费的各个环节，产生较大的经济价值。生态属性主要指自然资源提供生态产品与服务，如净化空气与水质、保护土壤、调节气候、调蓄洪水等，为人类的各种生产生活行为提供基础。在国内外已有学者的研究基础之上，马国霞等基于空间分辨率 1 公里的遥感影像数据，对我国 2015 年 31 个省区市陆地生态系统生产总值（GEP）进行核算，数据结果显示我国 2015 年生态系统生产总值为 72.81 万亿元，而同年国内生产总值（GDP）约为 68.91万亿元，GEP 是 GDP 的 1.05 倍。生态系统提供最主要的服务是生态调节服务，其价值达到 53.14 万亿元，占比达到 73%。各省区市 GEP 及相关指标见表 6-1。[⑥] 基于以上分析，我们可以发现绿水青山本身蕴含着巨大的经济价值，保护绿水青山就是保护自然价值、增值自然资本。

---

① Daily G C. Nature's Services: Societal dependence on natural ecosystems [M]. Washington D C: Island Press, 1997.

② Costanza R, D'arge R, Groot R D, et al. The value of the world' s ecosystem services and natural capital [J]. Nature 1997, 387 (6630)

③ Assessment M. E. Ecosystems and Human Well - Being: General Synthesis [M]. Washington D C: Island Press, 2005.

④ 江波，陈媛媛，饶恩明，等. 博斯腾湖生态系统最终服务价值评估 [J]. 生态学杂志，2015，34 (4).

⑤ 艾训安，洪滔. 厦门岛生态系统服务价值评价与分析 [J]. 中国农学通报，2015，31 (16).

⑥ 马国霞，於方，王金南，等. 中国 2015 年陆地生态系统生产总值核算研究 [J]. 中国环境科学，2017，37 (4).

表 6-1　2015 年我国 31 个省市自治区 GEP 指标排序表

序号	省份	GEP（亿元）	省份	单位面积 GEP（万元/平方公里）	省份	人均 GEP（万元/人）
1	内蒙古	69366.4	上海	5633.9	西藏	147.4
2	黑龙江	64797.5	北京	2961.5	青海	51.85
3	西藏	47753.5	天津	2675.9	内蒙古	27.62
4	四川	43068.4	浙江	2288.8	黑龙江	17
5	广东	39669.4	广东	2203.9	新疆	9.75
6	云南	38716.3	江苏	2046.8	云南	8.16
7	广西	35455.4	福建	2017.2	广西	7.39
8	湖南	31894.4	江西	1673.8	福建	6.37
9	青海	30513	海南	1645.2	海南	6.14
10	湖北	28717.4	湖北	1544.8	江西	6.12
11	江西	27952.8	湖南	1505.9	吉林	5.68
12	福建	24468.1	广西	1502.4	四川	5.25
13	浙江	23345.3	黑龙江	1424.8	湖北	4.91
14	新疆	23017.4	安徽	1344.1	贵州	4.73
15	江苏	20999.8	山东	1321.5	湖南	4.7
16	山东	20323.9	辽宁	1103.5	甘肃	4.59
17	安徽	18776.5	重庆	1072.1	浙江	4.21
18	河南	17022.6	河南	1019.3	辽宁	3.67
19	贵州	16696.4	云南	1010.1	广东	3.66
20	辽宁	16100.1	贵州	948.7	宁夏	3.21
21	吉林	15643.6	四川	894.7	安徽	3.06
22	河北	13694.5	吉林	834.8	陕西	3.03
23	甘肃	11920.9	河北	729.6	重庆	2.92
24	陕西	11496	内蒙古	586.4	江苏	2.63
25	重庆	8823	陕西	559.1	山西	2.32
26	山西	8493.4	山西	543.4	北京	2.29

续 表

序号	省份	GEP（亿元）	省份	单位面积 GEP（万元/平方公里）	省份	人均 GEP（万元/人）
27	海南	5593.7	青海	422.4	山东	2.06
28	北京	4975.4	西藏	388.9	天津	1.95
29	上海	3549.3	宁夏	323	河北	1.84
30	天津	3023.7	甘肃	262.3	河南	1.8
31	宁夏	2144.7	新疆	138.7	上海	1.47

（二）绿水青山就是城乡生态竞争力

“绿水青山可以带来金山银山，但金山银山买不来绿水青山”，绿水青山是城乡长远发展的最大本钱，也是城乡竞争力的核心组成部分。在城乡深度融合发展之前，城镇与农村处于分离的二元发展状况，国内外学者关于竞争力的研究多半停留在城市竞争力层面。对当下的城乡竞争力而言，以往关于城市竞争力的研究依旧具有非常强的借鉴意义，因为在城乡生态竞争力中，城市依旧占主要地位，是主导城乡生态竞争力的关键。在最早的城市竞争力研究中，生态环境并非考虑范围之类，直到 20 世纪 90 年代，美国学者道格拉斯·韦伯斯特首次明确提出自然环境对城市竞争力有一定的影响作用。① 随后的学者逐渐把生态环境指标纳入考评城市竞争力指标体系之内。国内学者也纷纷对城市的生态竞争力展开研究，如陈文俊等采用直觉模糊综合评价方法对我国中西部 15 个省会城市（石家庄、太原、西安、郑州、成都、武汉、合肥、贵阳、长沙、南昌、银川、兰州、西宁、昆明、南宁）的生态竞争力进行了考评，数据分析结果显示生态竞争力最强的城市为昆明

① Farber S, Costanza R, Childers D L, et al. lingking ecology and economics for ecosystem management [J]. Bioscience, 2006, 56 (2).

市，最弱的是兰州市。① 从以往学者的研究看，我们发现生态环境不仅是城乡经济发展的基础，也是衡量城乡综合竞争力的一个重要指标。宜居的生活环境需要良好的生态环境，吸引人才与投资更需要高质量的生态环境。就目前来说，生态环境质量对不同的城乡意义不同，那些综合竞争力不强的城乡往往片面追求经济效益，以牺牲环境为代价换取经济发展。而那些高竞争力的城乡则把提升生态环境质量作为提升综合竞争力的有力支撑。当前倡导的生态优先发展战略需要保护绿水青山，绿水青山不仅能显著改善城乡整体面貌与居住环境，更能改变城乡的经济社会发展观与价值观。生态环境的保护能显著提升城乡经济社会的发展潜力，城乡综合竞争力的提升有赖于绿水青山生态优势的作用发挥。

（三）绿水青山就是生态产业

绿色发展的理念使人们意识到守护绿水青山就可创造金山银山，如何才能有效地把绿水青山转变为金山银山？生态产业是关键桥梁，绿色发展道路要求把良好的生态环境优势转化为生态农业、生态工业、生态旅游业、健康休闲业等生态产业优势，促使生态与经济融合在一起和谐发展。绿色发展既有利于实现人与自然和谐发展，又有利于实现经济社会良性健康发展。特别是对广大贫困偏远山区而言，绿水青山是他们摆脱贫困最大的依靠，我国大部分贫困地区分布在山区与林区，具有非常好的生态产业发展优势。习近平总书记指出“山高沟深偏远的地方要想富，恰恰要在山水上做文章”，需要人民想方设法充分利用各类自然资源，把自然资源切实转变为资产，农民变成保护自然资源的股东。发展生态产业，切记不能走以前破坏式发展方式，必须同时注重保护生态系统的稳定性与持续性，生态系统的稳定性与承载力严重制约着生态产业的发展规模与发展水平，良好的生态布局有利于增值生态资产、提升生态服务能力。在绿色发展的道路上，如何处理生态环境保护与经济发展之间的矛盾始终贯穿其中，需要人们不断探索生态资源存量转变为增量的途径，打通绿水青山与金山银山之间连接通道。因此，要牢固树立保护绿水青山就是保护生态产业，就是保护生产力的理念，坚持统筹保护与发展，自觉推动绿色发展，实现生态保护与经济发展互动双赢。

---

① 陈文俊，杨恶恶，贺正楚，等．基于直觉模糊信息的中国中西部省会城市生态竞争力比较［J］．中国软科学，2014（5）．

二、绿色发展是新时代城乡融合发展的现实要求

（一）绿色发展是城乡融合的重要支撑

城乡融合发展不能搞一刀切，不能用一样的标准把农村建设成城镇，而应发挥城镇和农村各自的优势，建设成各具特色的城镇与农村。就农村而言，乡村振兴战略是我党在新时代推进农业农村现代化进程的重要战略举措。乡村振兴在很大程度上依赖于农业农村的现代化水平，而农业农村的现代化水平涉及的内容十分广，包括政治、经济、社会、文化和生态等多个方面的内容。在五个文明建设中，生态文明为乡村振兴、城乡融合发展提供了可持续发展的空间，绿色发展是推进农村生态文明建设的重要举措，是城乡融合发展的重要支撑。在乡村振兴的 20 字总体方针中，“产业兴旺、生态宜居、生活富裕”都蕴含着生态文明思想，是新时代绿色发展理念在农村工作中的体现。具体而言，产业兴旺意味着农村要转变以往那种只追求产量的粗放型发展模式，以绿色生态农业作为新的发展模式，从破坏环境的黑色发展向人与环境和谐发展的绿色发展转变，只有绿色发展模式才能让农业产业更加持续、更具活力。生态宜居意味着不仅要清扫房前屋后的垃圾，还要注重道路的硬化、绿化与美化工作，更要在农业生产中尊重自然、顺应自然、保护自然。绿色发展的理念能帮助村民树立正确的生态发展观念，促使村民的生活方式和生产方式向生态环保靠拢，加速推进农业农村的现代化水平。生活富裕是乡村振兴的根本，意味着村民的可支配收入越来越多，生活水平越来越好，幸福感越来越强。这要求加强农业供给侧改革力度，用绿色农产品来提升农产品品质和附加值，让广大农民在绿色发展中获得实惠，从生活宽裕逐渐过渡到生活富裕。总之，绿色发展能不断促进人与自然和谐相处，使农业农村的发展具有可持续性。乡村振兴离不开生态文明建设，生态文明建设离不开绿色发展。通过绿色发展来改善农村生态环境、协调农村社会经济发展、促进人与自然和谐相处。

（二）绿色发展是农村生态文明建设的时代诉求

绿色发展的提出具有非常明显的时代背景，是在我国农村生态环境显著恶化的时代背景下提出的。党的十八大以来，各级政府部门相继发力整治农村生态环境，虽然取得了不小的成绩，但农村生态环境问题依旧严峻，特别是有些地方整治的速度还赶不上破坏的速度。据住建部数据显示，2016 年

全国农业生活污水处理率仅为22%，比较低。据《中国农村发展报告》(2017)数据显示，农村存在较为严重的农药、化肥、农膜等过量使用，每年产生38亿吨畜禽粪污，生活垃圾问题也日益突出。在城乡融合发展中，与城镇生态文明建设相比，农村生态文明更具基础性，是整体生态文明建设的重点与基础。广大农村地区是山、水、林、草、生物等资源的最大承载地，是绿色发展的主要生态环境基石。与城市生态环境问题相比，农村生态环境问题的成因更复杂、危害更严重、整治更困难。正是基于农村生态环境建设的重要性与问题的严重性，党中央高度重视农村生态环境的整治工作，指出农村绿色发展是全国绿色发展的前提条件。绿色发展以尊重自然、顺应自然为前提条件，与低碳、环保、可持续发展要求一致。从某种程度上说，农村如果能够真正做到绿色发展，那么整个国家就能顺利实现生态文明建设。

(三) 绿色发展是美丽乡村、美丽中国的必然要求

美丽乡村建设必须以生态文明建设为切入点，以绿色发展为主要发展模式，在农村大力倡导绿色、环保的生产和生活方式，最终实现乡村振兴与美丽乡村建设的发展目标。美丽乡村建设是美丽中国建设的重要基础，是在广大农村地区的体现与具体实践。从美丽乡村过渡到美丽中国，是生态环境在空间上从农村向全国拓展，实现乡村和城镇的整体生态环境融合统一变迁。不管是美丽乡村，还是美丽中国，都必须坚持生态文明建设为主旨，绿色发展为主要实现途径。长期以来，中国农村生态环境的破坏没有得到持续有力的重视，不仅严重影响到广大农民的生产生活水平，也影响到整个农业的发展水平，这种以牺牲生态环境为代价的发展模式即使取得短期的利益，也不值一提。习近平总书记明确提出“绿水青山就是金山银山”，保护农村生态环境就是保护农村生产力，改善农村生产环境就是发展农村生产力。在广大农村地区，经济社会发展与生态环境保护可以通过绿色发展模式实现共赢发展。在城乡融合发展的前提下，以绿色发展的模式在农村建设美丽乡村，在全国建设美丽中国，是13多亿城乡居民对美好环境与美好生活的殷殷期待。

三、人不仅需要城愁，更需要乡愁

在城乡文明的反复碰撞与相互融合发展之后，乡村传统的农耕文明出现了逐渐消亡的趋势，乡土文明生存的土壤逐渐流失，文化传承、家风传承、乡村记忆等都出现了一系列问题，承载着农村人美好回忆的“乡愁”正在

逐渐遗失。在城乡融合发展下，人不仅需要城愁，更需要乡愁，城愁可以看成是对物质与事业的追求，乡愁则可以看成是对田野的一种情感寄托。要建设乡风文明的美丽乡村，必须在乡村文化方面有所作为。在2017年中央农村工作会议上，习近平总书记提出“实施乡村振兴战略，必须传承发展提升农耕文明，走乡村文化兴盛之路”。如果乡村振兴中缺少文化方面的振兴，不能重塑乡愁，那么我们就不能有效满足人民对美好生活的需要。乡村振兴离不开乡愁重塑，乡愁是乡村振兴战略的重要组成部分，是乡村振兴之魂。

（一）乡愁与乡村道德重塑

梁漱溟认为中国传统社会为伦理本位社会，[①] 费孝通则认为中国的乡村社会呈现出“差序格局”的状况。[②] 从两位学者的言论中，我们可以看出传统中国乡村是一个礼治社会，人与人之间的距离感较近，乡村是一个以伦理关系为纽带而建立起来的共同体，各种伦理道德约束着村民的言行，维系着乡村的道德标准。在乡村社会，家庭、家族、小组等初级群体是村民生产生活的基本组织形式，村民之间主要通过亲情与邻里情开展日常的沟通，彼此间容易产生较高的信任度，且对初级群体的认同感较强。伦理关系成为确定村民在乡村中位置的主要依据，彼此间交流比较充分，不确定性较低。一旦有人做出超越自己身份地位的行为，就会受到周边村民，甚至是全村人的鄙视与指责，承受非常大的道德压力。与自上而下形成的正式文化不同，这种自下而上形成的乡村文化更能体现村民的生产生活诉求，是约束村民日常行为的基本道德秩序来源。此外，乡村文化中诚实、简朴的优点有利于帮助村民找到除物质利益以外的精神诉求，体会到生活的真正价值与意义，感受到全方位的幸福感。

（二）乡愁与良好乡风培育

“风俗，天下之大事也”，乡村振兴，乡风文明是重要标志。乡风是维系中华民族文化基因的重要纽带，而农耕文明则是乡风文明的根。乡村文化建设的一个重要内容就是培育乡风文明，引导农民在思想、道德、行为操守等方面继承和发扬农耕文明的优良传统，把社会主义核心价值观融入乡村文化的各个方面，广泛吸收城市文化中的积极因素，形成兼具传统与现代的新

---

① 梁漱溟．中国文化要义［M］．北京：学林出版社，1987.

② 费孝通．乡土中国生育制度［M］．北京：北京大学出版社，1998.

乡风。乡村文化的缺失，导致乡风文明缺乏发展的基础。乡村自古为熟人社会，村民之间、邻里之间各种交流较为频繁，遇到事情大家愿意相互帮衬。随着合村并乡、旧房拆除重建、大量青壮年外出务工等情况的不断发生，产生并维持乡村文化的熟人社会土壤逐渐流失，部分乡村逐渐变成半熟人社会，很多人长期穿梭于城市与农村之间，真正在农村生活的时间越来越少，严重的乡村甚至逐渐转变为与城市一样的陌生人社会。原有的村民关系逐渐淡漠，邻里关系逐渐削弱，导致乡风建设、民风建设等工作难以有效推进，农村的整体风貌非常难形成。此外，受到城市文明、市场经济等的影响，广大村民的思维方式逐渐发生变化，村民对村集体的依赖程度逐渐降低，传统的道德秩序逐渐丧失。

（三）乡愁与非制度规范构建

哈耶克认为人类社会秩序可以分为人为命令式秩序和自发秩序两种类型，自发秩序是人类面对未知世界的方式。① 从某种意义上看，乡村社会属于自发秩序，国家权力与正式的法律法规难以在乡村真正发挥效力，真正发挥效力的是宗族文化、习俗、乡规民约等非制度性规范。宗族文化是宗族、家族成员共同制定，用以约束和规范族内成员行为的规范。习俗是人们在长期的日常生产生活实践中自发形成的行为习俗，逐渐成为村民之间相互交往的行为准则。乡规民约与村民的日常生活息息相关，它是传统习惯于本村实际的结合体，体现了村内绝大部分人的共同意愿，是村民认同度非常高的非制度性规范。这些非制度规范本身就是一种文化状态，弥散在家庭、家族和村落的各个方面，主要依靠村民相互监督来自觉执行，最终产生大家普遍认同的乡村文化。非制度规范为村民的日常生产与生活提供了现实依据，也利于在乡村产生稳定且认同度高的行为准则，在约束和规范村民行为方式的同时，也会增强村民的乡村归属感与依赖感，增强乡村的凝聚力。

第二节　峒山村走城乡融合绿色发展之路的探索

2013 年 7 月，习近平总书记在峒山村同部分村民座谈时指出：农村决

① 哈耶克. 自由秩序原理［M］. 邓正来，译. 北京：三联书店，1997.

不能成为荒芜的农村、留守的农村、记忆中的故园。城镇要发展，农业现代化和新农村建设也要发展，同步发展才能相得益彰，要推进城乡一体化发展。峒山村为切实改善农村人居环境，加快城乡一体化进程，促进城乡深度融合发展，依据上级的要求，结合本村实际情况，开展独具特色的绿色发展之路。峒山村制定适合本村实际情况的环境整治和维护机制，通过党员干部带头、村民集体参与的方式，明确制定阶段性工作重点，在硬化、净化、绿化、美化、亮化上，落实责任到人，分步扎实推进。经过多年的努力，峒山村 2017 年被列为省级美丽乡村建设示范点、全国农村幸福社区建设示范单位。全村已完成旱厕入室 310 户，建成 6 座生态旅游公厕。此外，还有一大批绿色生态项目正在开工，如生态停车场、门楼和标识标牌已经开工，微循环道路设计方案已经完成，全村绿化、亮化和立面工程正在组织招标。

一、强化生态设施建设，扎牢绿色发展根基

趁着文明新村创建工作的大好时机，峒山村大力开展基础设施和生态环境建设。在村两委的带领下，全村已完成新建 58 户村民楼房，建成村民文化活动广场，对峒山村委会、村民服务中心、峒山小学、峒山卫生所等进行了集中改造。开展道路硬化和亮化工程，对 239 省道两边 30 多栋房屋进行了整体统一改造，拆除了 7 座违章建筑。全村道路硬化率达到 100%，铺设沥青道路长达 2000 多米。投资 88 万元，建成了长达 2 公里的峒山社区中轴路，把峒山社区和峒山山上的五个小组链接起来，极大地方便了村民的生产和生活。着重在三边（路边、山边、水边）开展绿化，到目前为止，在三边绿化上的投入累计已超过 700 万元，种植各类花木 50 多种，共计 20000 多株，在原来零基础的绿化前提下，完成绿化面积 756 亩，全村绿化率达到 27%。村内安装太阳能路灯 60 多盏，社区建有太阳供热系统，各村民小组均建立了沼气池，达 120 多口。为解决村内生活垃圾问题，峒山村按照城市标准配套建立了垃圾收集转运系统，修建了 54 个垃圾箱和一个地埋式升降垃圾压缩箱。为彻底解决村内污水横流的状况，峒山村建设了一座 60 吨污水处理站，为了使污水处理站切实发挥作用，在每户楼下铺设污水管道，目前已铺设污水管道网 1000 多米。对村内的水港进行分步骤清理，目前已投资 230 余万元，对三线港、四线港和五线港进行彻底清淤，清理长度达 9.2 公里。

图 6-1　通村道路整修前后对比图

图 6-2　村间道路整修前后对比图

图 6-3　水港清淤前后对比图

图 6-4　水产核心园区前后对比图

二、推进清洁乡村工程，改善农村人居环境

为进一步加快峒山村美丽乡村建设步伐，切实改善村民的居住环境，加快城乡一体化进程，促进城乡统筹协调发展。峒山村依据上级相关要求，结合本村实际情况，制定切实可行的美丽乡村清洁方案，并严格遵照落实。

制定明确的工作目标。按照“减量化、资源化、无公害化”的城乡统一垃圾处理要求，坚持以“政府主导、群众参与、因地制宜、分类指导、整体推进”的原则，加大力度实施清洁乡村工程，高效开展村内环境综合治理。不断完善和提高垃圾收集、转运、处理等各个环节，逐步建立与城市对接的城乡一体化垃圾处理体系。在村内设立公益性岗位，强化保洁队伍建设，健全环卫管理制度，确保各组的垃圾处理率达到90%，显著改善村民的人居环境。

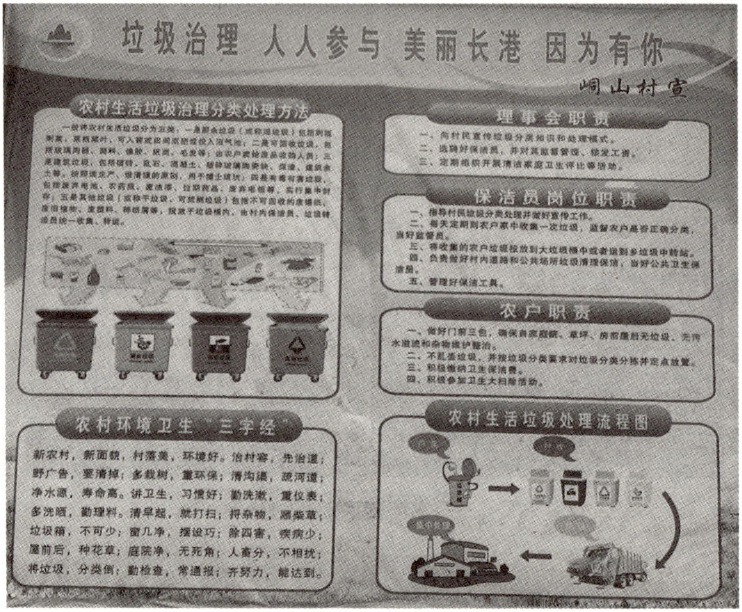

图 6-5　峒山村垃圾治理宣传图

制定可行的工作措施。与全国绝大部分农村一样，峒山村的村民既无垃圾分类处理习惯，更无垃圾分类处理知识。村两委积极引导和鼓励农户进行垃圾分类处理。指导村民把厨房的剩余垃圾进行沤肥处理，转化为有机肥料或者清洁燃料；培训村民识别废弃电池、农药、油漆等有害垃圾，引导村民

把这些有害垃圾集中到一个地方进行统一封存处理；统一收集村内的碎砖、碎瓦、砂石、炉渣、石灰、水泥块等建筑垃圾，用于铺路填坑；把村内的金属、塑料、橡胶、纸类、玻璃类等进行回收利用。实施“户集村收镇转运”的垃圾处理模式，11 个村民小组分别指派保洁员负责集中收集垃圾，村环卫所负责中转运送处理，不得就近填埋处理。根据各组情况制定不同的垃圾处理方案，在峒新路、315 国道、居民区，各组要求每户配备垃圾桶，做到日清日运；其余各组在不影响周边环境的前提下可以建立垃圾池等暂存设施，但必须做到定期清运。

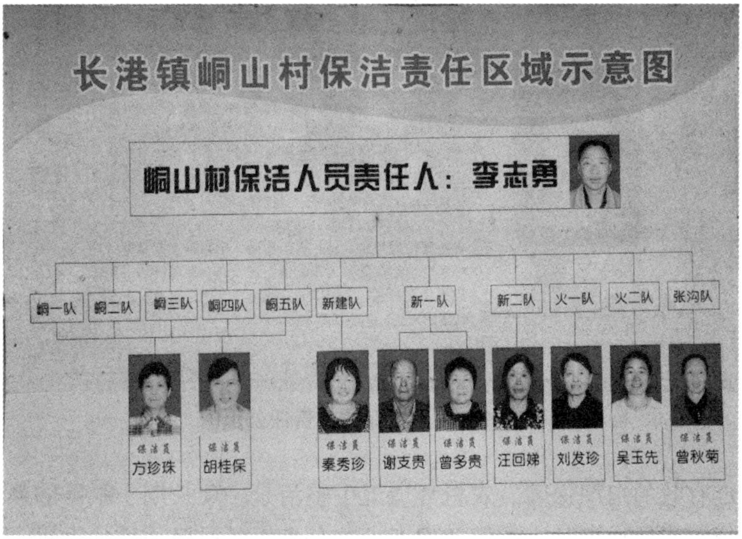

图 6-6　峒山村保洁责任区域示意图

制定完善的卫生保洁机制。峒山村在全村是每个村民小组设立农村清洁工程公益性岗位，清洁专项经费来源于政府补贴。原则上每个村民小组配备一名保洁员，社区单独聘请一名保洁员。按照小组聘请、村委把关的流程，采取“自愿申请、一年一聘”的方式聘请保洁员，保洁员薪资按季度发放。制定卫生保洁员考核办法，实施每周一小考，每月一大考，年终集中考的制度。每周由村两委安排专职督察员对保洁员工作进行小考，每月由村两委对各小组保洁员工作（主要考核宣传监管、清运清扫、卫生状况等）进行考核，年终成立检查考核小组对各小组卫生保洁员实地核查并综合计分排名。严格按照考核结果实施奖惩。在月奖惩方面，拿出保洁员工资的 10%进行绩效考核，通过考核得分计算绩效工资，对月考核得分在 85 分以下，排名倒数三名的小组保洁员进行通报批评，并扣除月工资的 10%；对得分在 95

分以上，排名前三名的小组保洁员进行通报表扬，并按月工资的 10% 给予奖励。若保洁员月通报批评达 2 次以上，由村两委解雇。在年度奖惩方面，把获得年度考核前三名的保洁员分别评为模范、先进、优秀环境卫生保洁员，并分别奖励 600 元、400 元、200 元；对年度考核排名倒数两名进行罚款，分别罚款 200 元、100 元。

图 6-7　峒山村保洁员责任公示图

制定有效的组织保障。农村环境卫生整治是一项长期、艰巨的系统性工程，必须在坚持村民的主体性前提下，充分发挥各村民小组的作用。峒山村切实加强组织领导，落实各组的责任，村、组各级明确分工，层层落实环境整治工作。其中，村一级主要负责监督检查和考核工作，不断完善村内的垃圾处理设施；组一级主要负责督促保洁员履职尽责和开展卫生评比活动等工作。与城市居民相比，农村居民的垃圾处理意识相对较差，峒山村为有效提升村民的垃圾处理意识，广泛开展宣传，充分利用宣传资料、倡议书、公开信、群发收集短信等形式，向群众宣传清洁美丽乡村工程的目的、意义和做法。督促各组在每户门口张贴家庭“四包”责任状、卫生评比标识、五星评比活动等，发挥村民的自觉意识，把清洁美丽乡村工程变成村民的自觉行为。

图 6-8　峒山村垃圾处理站

三、大力发展生态循环农业，促进村域经济绿色发展

促进村域经济高效发展，是解决城乡融合绿色发展的关键，峒山村就怎样发展村域经济，提供村民收入，找到一条切实可行的道路，那就是在集思广益、多方联动的基础上，积极引进先进的理念和管理模式，大力发展生态农业产业。

产业发展不能盲动，更不能乱动。峒山村坚持规划引领的原则，依据《鄂州市生态农业发展规划（2014—2020）》等上级文件精神，制定出台了指导村域生态农业产业发展的《峒山村现代生态农业创新示范基地（南方水网区）规划》，使得村域生态农业产业发展目标明确，有章可循。生态农业与美丽乡村建设离不开上级部门的支持，峒山村积极争取相关部门的支持，助推生态循环农业的发展。2017 年，峒山村获得国家区域生态循环农业项目支持，项目将主要依据区域农业产业现状，结合区域水网密布等环境特点，突出生态循环水网建设、区域农业废弃物资源化利用、立体生态循环生产模式构建三大建设重点，打造南方水网地区水体清洁型生态循环农业模式。

产业发展离不开核心产业、龙头企业的带动，峒山村坚持建设核心基地，发挥示范带动作用，集中力量打造“稻虾共生”基地、“莲虾共生”基地、生态养殖基地、水产生态养殖基地。目前，峒山村的“稻虾共生”基地和“莲虾共生”基地面积已经发展到3500亩，利用“基地+农户”的养殖发展模式，养殖面积达到2600亩。规模化经营必须以固定化模式和规范化生产为支撑。峒山村不断在实际生产中总结提炼生态模式，规范生产经营活动。具体而言，主要总结提炼了“虾稻共作”“葡萄园立体生态养殖”等两个生态循环模式，制定出台了“虾稻共作水稻直播生产技术规范”“葡萄园立体生态养鸡技术规范”两个技术规程，在规范村内生态循环农业的同时，促使循环农业不断壮大发展。此外，基于已有的基地建设成果，峒山村正积极组织申报湖北省生态循环农业示范建设技术导则和湖北省农业面源污染综合治理技术导则，希望把峒山村的成功经验在湖北省进行推广。现代生态循环农业，不仅需要先进的生产模式，也需要先进的生产技术。峒山村不断强化技术支撑，以技术助推生态循环农业提档升级。具体而言，积极配合农业部环监局保护科研监测所专家团队在峒山村建设生态示范基地，开展农业废弃物资源化利用，农药、化肥减施增效等技术示范，极大地减少了本村农药、化肥等使用量，提升了废弃物的资源化利用率。

四、多途径重塑乡愁，树立绿色文明新风

峒山村积极响应习近平总书记提出的要求“望得见山、看得见水、记得住乡愁”，按照上级的要求，以改善民生，提高农民素质为根本，扎实深入开展创建移风易俗示范村活动，重塑乡愁，积极推进美丽乡村建设，为村域经济发展和社会进步提供强大的精神动力和思想保证。

制定明确的目标任务。①明确创建标准。主要从三个层面制定创建标准，一是规章制度层面，不断健全村规民约、道德评议会、红白理事会、禁赌协会等群众组织。二是百姓生活层面，倡导家庭和谐、邻里和睦、孝老爱亲、男女平等、诚实守信、节俭操办红白喜事，落实计划生育政策，禁止封建迷信和黄赌毒行为。三是活动层面，大力弘扬文明新风，稳步推进教育、卫生、体育等公共事业发展，不断修建农家书屋和文体活动场所，开展丰富多彩的群众文化活动。②明确领导体制。及时组建移风易俗工作领导小组，“一把手”任组长总负责，各小组成员各司其职，具体抓一方面工作。工作领导小组主要以各类群众组织为抓手，开展日常工作。③明确工作机制。为有效开展移风易俗工作，峒山村工作领导小组制定切实可行的工作方案和计

划；设立专门的办公场所，由专人负责日常工作；每月定期召开专题讨论会，及时查找问题和分解工作任务；做好宣传教育工作，通过宣传栏、党员干部会等形式，动员全体村民积极参与。④明确道德建设内容。峒山村结合国家和本村两个层面开展道德建设。国家层面，广泛开展公民基本道德规范宣传，让村民知晓公民基本道德规模的内容，减少不道德的失范行为。本村层面，开展“好婆婆”“好媳妇”等评选活动，并利用公益宣传标语牌和宣传栏广泛开展活动宣传，且及时更新宣传内容。⑤明确社会风尚内容。制定村规民约，下发到户且必须在醒目处张贴或悬挂；家中必须干净整洁且物品摆放有序；婚丧不能大操大办，更不能盲目攀比；禁止封建迷信、非法传教和邪教活动；禁止聚众赌博和打架斗殴；禁止形成宗族派别势力；倡导婚育新风和性别平等，禁止计划外生育现象。⑥明确公益事业内容。推动文化、卫生、体育、教育等公益事业稳步发展；建设农家书屋或图书阅览室；建设计划生育服务室；建设群众文体娱乐活动场所；所有公益事业的开展必须做到有计划、有方案、有记录。

开展扎实有为的具体工作。①统一思想，提高认识。村两委深刻认识到村民只有从首先从思想上转变观念，提高认识，才能真正落实到日常生活中。村两委意识到移风易俗是社会文明进步的标志，是精神文明建设的重要内容，按照上级部门的相关要求对全村村民进行思想教育，引导群众自觉开展移风易俗活动。大力倡导婚丧事简办、反对铺张浪费、破除封建迷信、革除陈规陋习，引导村民努力践行社会主义核心价值观，营造文明、健康、美丽的新乡村。②大力宣传，营造氛围。广泛利用标语、横幅、宣传栏等多种形式，宣传移风易俗工作的重大意义，在村内营造浓厚的宣传氛围。领导工作小组成员和各群众组织认真做好宣传工作，引导群众从我做起，从身边做起。广泛宣传典型人物和典型事件，做到文明新风深入人心、家喻户晓。③加强领导，务求实效。移风易俗既是一项复杂的系统性工程，又是一项持久的连续性工程，需要领导小组持续开展务实有效的工作。峒山村两委把移风易俗工作纳入年度目标考核管理范围，各负责成员各司其职、齐抓共管。制定完善的规章制度，使移风易俗工作有章可循。切实管理好道德评议会、红白喜事会、禁赌协会等群众自治组织，使移风易俗工作抓手牢靠。

链接：峒山村村规民约

为了推进峒山村民主法制建设，维护社会稳定，树立良好的民风、村风，创造安居乐业的社会环境，促进经济发展，建设文明卫生新农村，经全体村民讨论通过，特修订本村村规民约。

一、社会治安

（1）每个村民都要学法、知法、守法、自觉维护法律尊严，积极同一切违法犯罪行为做斗争。

（2）村民之间应团结友爱，和睦相处，不打架斗殴，不酗酒滋事，严禁侮辱、诽谤他人，严禁造谣惑众、拨弄是非。

（3）自觉维护社会秩序和公共安全，不扰乱公共秩序，不阻碍公务人员执行公务。

（4）严禁偷盗、敲诈、哄抢国家、集体、个人财物，严禁赌博、严禁替罪犯藏匿赃物。

（5）严禁非法生产、运输、储存和买卖爆炸物品；经销烟火、爆竹等易燃易爆物品须经公安机关等有关部门批准。不得私藏枪支弹药，拾得枪支弹药、爆炸物品，要及时上缴公安机关。

（6）爱护公共财产，不得损坏水利、道路交通、供电、通信、生产等公共设施。

（7）严禁非法限制他人人身自由或非法侵犯他人住宅，不准隐匿、毁弃、私拆他人邮件。

（8）严禁私自砍伐国家、集体或他人的林木，严禁损害他人庄稼、瓜果及其他农作物，加强牲畜看管，严禁放浪猪、牛、羊。

对违反上述社会治安条款者，触犯法律法规的，报送司法机关处理。尚未触犯刑律和治安处罚条例的，由村委会批评教育，责令改正。

二、生态文明

（1）自觉清除居住区周边杂草、杂物，保持室内外整洁，不在沟头、路边乱倒垃圾、乱堆柴垛，不发生脏、乱、差现象。

（2）自觉维护生态景观环境，保护绿化，保护耕地，不损坏花草树木，不乱砍滥伐、不乱搭乱建，乱埋乱葬。

（3）要自觉做好有机垃圾与无机垃圾的严格分开放置，不出现有机垃圾与无机垃圾混放现象。

（4）要自觉遵守农业标准化生产要求，不使用高毒、高残留农药，不单纯使用化肥。

（5）要自觉维护水系洁净、不在沟河里、河边林带平台设置禽畜饲养点以及棚舍，不向沟河内丢扔田间杂草等生产垃圾。

（6）要自觉收集、规范处理废农药瓶（袋），废农药薄膜、废电池等，不随意丢弃有毒有害废弃物。

（7）要自觉清除承包田范围内沟边、路边杂草，合理利用作物秸秆，不在田间中心机耕路上堆积垃圾，不在田间路边焚烧秸秆。

（8）要自觉维护公共区域环境卫生，积极参加环境整治活动，不做影响他人居住环境和有损生态环境的事情。

三、消防安全

（1）加强野外用火管理，严防火灾的发生。

（2）家庭用火做到人离火灭，严禁在将易燃易爆物品堆放户内、院内，定期检查、排除各种火灾隐患。

（3）加强村中防火设施建设，定期检查消防池、消防水管和消防栓，保证消防用水正常。

（4）对村内、户内电线要定期检查，损坏的要请电工及时修理、更新，严禁乱拉乱接电线。

（5）加强村民尤其是少年儿童安全用火用电知识宣传教育，提高全体村民消防安全知识水平和意识。

四、村风民俗

（1）提倡社会主义精神文明，移风易俗，反对封建迷信及其他不文明行为，树立良好的民风、村风。

（2）红白喜事由红白喜事理事会管理，喜事新办，丧事从俭，破除陈规旧俗，反对铺张浪费、反对大操大办。

（3）不请神弄鬼或装神弄鬼，不搞封建迷信活动，不听、看、传淫秽书刊、音像，不参加邪教组织。

（4）建立正常的人际关系，不搞宗派活动，反对家族主义。

（5）积极开展文明卫生村建设，搞好公共卫生，加强村容村貌整治，严禁随地乱倒乱堆垃圾、秽物，修房盖屋余下的垃圾碎片应及时清理，柴草、粪土应定点堆放。

（6）村民建房应服从村庄建设规划，经村委会和上级有关部门批准，统一安排，不得擅自动工，不得违反规划或损害四邻利益。违犯上述规定的给予批评教育，出具检讨书，情节严重的交上级有关部门处理。

五、邻里关系

（1）村民之间要互尊、互爱、互助，和睦相处，建立良好的邻里关系。

（2）在生产、生活、社会交往过程中，应遵循平等、自愿、互惠互利的原则，发扬社会主义新风尚。

（3）邻里纠纷，应本着团结友爱的原则平等协商解决，协商不成的可申请村调解委调解，也可通依法向人民法院起诉，树立依法维权意识，不得以牙还牙，以暴制暴。

（4）庄稼种植、牲畜养殖占用他人土地，则以土地所有为依据，属土地权属者所有。

六、婚姻关系

（1）遵循婚姻自由、男女平等、一夫一妻、尊老爱幼的原则，建立团结和睦的家庭关系。

（2）反对包办干涉，男女青年结婚必须符合法定结婚年龄要求，提倡晚婚晚育。

（3）自觉遵守计划生育法律、法规、政策，实行计划生育，提倡优生优育，严禁无计划生育或超生。

（4）夫妻地位平等，共同承担家务劳动，共同管理家庭财产，反对家庭暴力。

（5）父母应尽抚养、教育未成年子女的义务，禁止歧视、虐待、遗弃女婴，破除生男才能传宗接代的陋习。子女应尽赡养老人的义务，不得歧视、虐待老人。

七、执行规定

（1）本《村规民约》由村民委员会组织实施，并由村民会议授权村调解委员会负责调处因违反《村规民约》而发生的纠纷。

（2）人民调解委员会调解因违反《村规民约》出现的纠纷，按照平等自愿、依法调解和尊重当事人诉讼权利的原则进行。村民对村调解委员会主持下达成的调解协议应当自觉履行。

（3）违反本《村规民约》的，给予过错人批评教育。

（4）本《村规民约》经村民议事代表会、村民组长、村民小组长和村民代表讨论通过于2017年1月1日开始施行，涉及的条款由村民委员会负责解释。

第三节 适应城乡融合绿色发展的思考

长期以来，人们习惯于把乡村看成是各种问题的来源，乡村被打上了落后的烙印。但是随着社会主要矛盾转变为人民日益增长的美好生活需要与不平衡不充分的发展之间的矛盾，乡村的绿水青山已成为越来越多人的健康养生、理想归宿之所，乡村中那些优美的自然风光、清新的空气、独特的田野景色、古朴的建筑风格等将逐渐成为新财富的源泉，乡村绿色发展将迎来井喷式发展。然而在红火发展的背后，乡村绿色发展依旧面临诸多问题，如绿色发展的主体——农民的自身素质和参与积极性不高，生态产业化与组织化程度偏低，乡土农耕文明传承断裂等。因此，笔者认为适应城乡融合要求的绿色发展需要着重解决以下三大问题。

一、首先要解决人的因素

不管是生态危机，还是绿色发展，都因人的行为而产生，也最终会对人本身产生直接影响，因而绿色发展首先要检视人的行为、人的力量。随着我国城镇化率不断提升，越来越多的农村人转化为城市居民，即便如此，我国依旧有非常庞大的农村人口数量。据《中华人民共和国 2017 年国民经济和社会发展统计公报》数据显示，截至 2017 年年末，我国依旧有 5.7 亿多农村人口，占 41.48%。农村生态环境的破坏是几十年累积的结果，改善农村生态环境也同样不是一朝一夕的事情，无法单独靠某种力量解决，需要党、政府、社会、农户等多方力量协调才能逐步解决。在解决农村生态环境问题的多方力量中，农民是解决问题的主体，农民自身意识、素质、能力等提升将在很大程度上决定农村生态环境的解决程度。基于此，笔者认为农村的绿色发展首先要激发广大农民的主动参与性，农民自身素质的不断提升是决定农村绿色发展与生态文明建设的关键因素。

（一）农民的绿色发展素质较低

在乡村的绿色发展之路上，农民是参与的主体，也是发挥决定性作用的因素。但目前中国的农民整体素质还较低，绿色发展的意识和能力较为欠缺，主要表现在以下几个方面。

（1）卫生观念不强。对刚解决温饱问题不久、或者还未解决温饱问题的贫困户来说，良好的生活习惯和卫生观念离他们还比较遥远。即使有一部分人生活比较富裕，想培养良好的生活习惯与卫生观念，但在周边大部分人缺乏卫生意识的环境中，也难以长久坚持。在农村中，闲散、无秩序的生活方式使得绝大部分村民养成自由随意的习惯，对生活的细节不在意，对饮食卫生、卫生保健、餐具消毒等不关心。

（2）思想观念较为陈旧。思想与行为具有高度一致性，思想认识的高度将直接决定农民的环保行为与绿色发展行为。在城乡融合不断推进的当下，村里大部分青壮年外出打工，开始接受外界的新生事物与观念，逐渐转变陈旧落后的思想观念。但我们同时也应看到，长期留守农村的“老、弱、病、残、妇女、儿童”群体的思想观念依旧较为保守，对新生事物和绿色发展意识等接受较慢，他们中很多人不认为自己的生产生活方式有什么问题。如在访谈中，一个村民明确表示：“屋前房后没有垃圾、没有污水、没有臭味，那还是农村吗？那变成城市了。”

（3）文化素质较低。绿色发展与生态文明建设需要一定的文化素质与技术能力支撑，特别是让绿色发展助力乡村经济发展与村民生活富裕，更需要较高的文化素质与农业生产技能。而我国目前大部分文盲与半文盲人群均分布在农村地区，特别是留守老人基本上是小学及以下文化程度。参照国家统计局发布的 2017 农民工调查报告，新生代农民工所占比例显著上升，达到 50.5%，但农民的总体文化程度依旧不容乐观，近六成的人只有初中文化水平，只有一成的人具有大专及以上文化程度。一般来说，外出务工的人是村里各方面素质和能力都较强的人群，这类人群的文化素质都较低，村内留守人群的文化素质就更低了。文化素质较低，导致很多针对性强的劳动技能培训难以开展，农村的生产技术水平始终在低水平层面徘徊，绿色环保的先进生产方式自然难以在农村推广实施。

（4）政治参与积极性不高。农民作为绿色发展与生态文明建设的主体，其参与积极性与主动性很大程度上决定每项具体措施的功效。其实，绿色发展与广大农民的切身利益息息相关，能显著提升他们的生产水平和生活质量。通过对峒山村的村民进行深入的访谈，笔者发现农民受到“被动参与”思想的影响非常深，认为凡是村两委倡导的事情，那是政府部门的事情，自己只需旁观就行，做好了当然好，做得不好还可以指责村两委乱作为。面对绝大部分农民对村内事情不感兴趣的情况，村两委推进绿色发展举步维艰，即使花大力气取得短期成效，也难以长久坚持下去。

（二）提升农民绿色发展素质的有效途径

从上文的分析中，我们发现农民作为绿色发展的主体毋庸置疑，同时农民自身的卫生观念和思想观念较为陈旧、文化素质不高、参与积极性不高，这些都显著影响了乡村绿色发展战略的实施，进而影响到乡村振兴战略的实施。因而，农村的绿色发展首先需要寻找提升农民全方面素质的途径，才能确保绿色发展在农村落地生根。具体而言：

1. 加大绿色发展的宣讲力度，增强农民的绿色发展意识

首先要让农民知道绿色发展与个人的生产生活息息相关，若不及时转变自己那些不好的生产生活习惯，不仅会加剧周边生态的环境的恶化程度，还可能触犯相关法律法规。在生态环保法律法规意识上，不管是城市居民，还是农村居民，都表现为意识非常淡薄，其中，农村居民的意识更为淡薄。在农村，擅自垦荒开矿、乱伐森林、随意排污等较为常见。此外，还应创新宣讲手段，村两委自己要转变观念，认识到宣讲教育的重要性，不能仅用教条式的横幅宣传、公开栏粘贴等死板形式开展，而要采用农民喜闻乐见、通俗易懂的方式开展。可以把贴近生活的典型绿色发展和生态环保案例编成舞台短剧和小品等，用舞台表演的形式呈现在农民面前，让农民在欢快的氛围中潜移默化受到影响。在农村网民显著增加的当下，可以充分利用 QQ 群、微信群等移动互联网平台，宣扬好的环保行为与绿色发展模式，曝光不好的破坏环境行为，让每家每户都参与其中，相互监督相互促进。传统拉横幅、张贴标语、公示栏公开等形式依旧可以继续采用，用老百姓看得懂的语言和图画表达什么是生态环保行为，什么是绿色发展模式，绿色发展有什么好处等思想。

2. 加强与绿色发展有关的知识与技能培训

目前，农民普遍较为缺乏农业生态常识，导致他们无意识地采用一些不符合绿色发展理念的生产生活行为，更谈不上采用绿色环保的模式去开展农业生产。首先要在农村普及生态农业常识，教会农民采用绿色、节能、清洁的方式去进行农业生产，让他们意识到开展农业生产必须以保护生态环境为前提条件。其次，在城乡融合发展的背景下，城镇的资金和技术不断下乡，农村的生态农产品也将不断流向城镇。农民必须强化市场竞争意识，不断提升经营管理水平，才能让绿色发展真正助力村民生活质量提升。如果缺乏市场竞争意识，对市场行情不进行预测，生态有机农产品很可能面临滞销的情况。需要村两委充分发挥村内外能人专家的作用，特别是村内能人的示范作用，帮助普通村民规避市场风险，提升经营管理水平。最后，加大农业农村

的专业技能培训经费支持力度，大力开展与绿色发展有关的专业技能培训。与传统农业生产不同，绿色发展模式往往需要较高的专业技能和较新的专业设备，这对文化素质普遍较低的农民来说，无疑非常困难。因此，政府部门应该承担起主要责任，加大经费和人员的投入力度，确保与生态农业和绿色发展有关的教育培训持续开展。可以采用分步培训的方法，优先培训那些年纪较轻、文化程度较高、积极性较高的村民，让他们在较短时间内迅速掌握绿色生产的知识与技能，并及时组织他们进行生态农业生产和绿色农产品加工，在村里形成示范作用，让其他村民看到绿色发展的好处，显著提升广大农民的参与积极性。然后采用手把手教的方式，一级一级逐级培训能力相对较差的农民，最终实现绝大部分农民掌握生态农业生产方式和绿色农产品加工方法。

3. 营造良好的绿色发展环境氛围

随着城乡不断深入融合发展，诸多城市要素纷纷下乡，农村的社会结构开始发生变化，部分农村地区的人际关系开展逐渐转变成“半熟人社会”，但我国大部分农村依旧是典型的“熟人社会”。不管是“半熟人社会”，还是“熟人社会”，村民之间的互动都较为频繁，熟知度较高。在这种情况下，周边人、周边环境对农民的影响最为直接、也最为有效。绿色发展首先要转变农民随便丢垃圾、排污水的生活习惯，整治房前屋后的生活垃圾。我国垃圾分类已经实现多年，但在城镇收效甚微，笔者认为农村地区由于常住人口较少，生活垃圾相对简单，可以在垃圾分类上先行先试，优先城市走出一条切实有效的垃圾分类处理之路。政府部门与村两委应该发挥主导作用，把村域垃圾处理、绿色美化等环保工作纳入统一规划范围，邀请环保机构专家、高校环保专业的老师与学生、村内能人等讲授垃圾分类的方法与技能。为了确保绿色发展氛围能够长久存在并发挥作用，需要建立一套较为完备的制度，既可以是正式制度，也可以是非正式制度。在农村，除了普及环保相关的法律法规外，真正发挥作用的是“乡规民约”。在遵从相关法律法规的前提下，村两委与村民协商制定了“乡规民约”，其用较为明确的制度形式来规范村民的生产生活行为。与法律法规相比，“乡规民约”的规定更符合本村实际，可操作性强，其语言表达也是绝大部分村民已接受的形式。对于违反规定的行为，不同的乡村会采取不同的处理措施。非正式制度主要是村内舆论监督，充分发挥熟人社会中村民相互交流多的特点，尤其是现在农村网络较为普及，村民之间的联系更为紧密，对破坏生态环境的生产生活行为进行一定的程度的村内“曝光”。鼓励村民相互监督，促使生态环保、绿色发展成为村民街头巷尾热议的话题。这种村民自发形成的保护环境意愿与绿色发展诉求才更有效，更长久，才是农村绿色发展的不竭动力来源。

二、关键要打通绿水青山转变为金山银山的实现途径

随着中国特色社会主义进入新时代，我国社会的主要矛盾已经转化为人民日益增长的美好生活需要和不平衡不充分的发展之间的矛盾。绿水青山与良好的生态环境就是最公平的公共产品，是每个中国人的美好诉求。随着经济社会的不断发展与人们生活水平的显著提升，城乡居民对清新的空气、干净的水源、优美的周边环境、安全放心的食品等要求越来越高。生活富裕是人们的追求，绿水青山同样是人们的追求。如何协调人们同时追求生活富裕与绿水青山的梦想？是当前各级党政部门的工作重点。需要构建绿水青山转变为金山银山的发展机制，让良好的生态环境成为人们美好生活的主要增长点，成为人们生活富裕的主要贡献点。

（一）着重培育绿色发展的生态产业

基于绿水青山的生态优势，以绿色低碳发展为引导，突出传统产业的绿色转型升级，加快生态农业、工业、服务业的融合发展，推动生产、流通和消费等各环节的绿色化与低碳化。对广大乡村来说，与生态产业联系最为紧密的是发展生态农业。在生态农业中，复合高效的种植模式、绿色环保的养殖模式、标准化生产模式、有机农产品认证模式、产品安全质量溯源模式等模式应该大力推广使用。对城镇来说，与生态产业联系最为紧密的是发展生态工业。应着重发展绿色可循环产业，以节能减排和环境保护为抓手，转变工业生产方式，大力推进绿色生产和清洁制造。在能源消耗上，应着重控制能源消耗总量与单位产品耗能量，提升工业生产的能耗效率。不管是城市，还是农村，开展生态服务业均意义重大。应用绿色发展的理念打造现代服务业，开展绿色乡村旅游、健康休闲、农家乐等特色产业。特别是在广大农村地区，可结合各地山水地貌特色，打造各具特色的生态旅游服务区。

（二）强化区域间的绿色互联互通

生态环境保护不仅涉及多个部门，更涉及多个区域，需要多部门跨区域联合才能有效开展环境保护，特别是在城乡深入融合发展的背景下，城镇与农村应该着重强化生态环保护合作方面的交流。绿色发展需要强化区域间的绿色互联互通，促推城乡在生态环境保护的各领域、各层面开展深入合作。

在深入合作的基础上，相互分享借鉴成功的绿色发展经验，大力推广既有利于保护环境，又有利于发展经济的生态型技术与产品。在区域间的绿色互联互通中，建立健全生态保护与绿色发展的区域间联动机制至关重要。只有建立起联动协作机制，才能有效地协商解决不同区域间共同面对的突出环境问题。不同区域可以协商制定环境保护措施，实现环境问题的监测、评估、预警等信息共享。除了在国内实现绿色互联互通外，我们还可以与世界上其他国家一起建立合作发展机制。通过“一带一路”、金砖国家、上海合作组织、东盟等众多多边合作国际平台，中国逐渐引导建立绿色低碳环保发展的合作机制，与全世界共享绿水青山的绿色发展模式和经验。

（三）建立健全切实可行的生态环境考核制度

在经济社会发展新常态下，各地区需结合本地实际情况出台切实可行的生态环境考核制度，促使政府部门把更多的人力、物力和财力投入到生态环境保护和绿色发展上。明确生活环境保护和绿色发展的具体目标与指标，促使地方政府转变经济发展思路，从破坏生态环境发展经济转变为利用生态环境优势发展生态农业、工业和服务业，把生态优势转化为经济优势，实现绿色崛起。建立健全生态环境管理和考核评价制度，探索利用市场化的手段利用各类生态资源。完善各类自然资源的市场化使用管理制度，积极探索推行碳排放交易、水权交易、排污权交易、生态补偿等方式，逐步建立起能够反映资源稀缺和市场需求的生态环境资源市场。根据地区的生态资源情况，把绿色发展指标纳入经济社会发展评价考核体系之内，但切记照搬照抄，搞一刀切，要根据地区的主体功能区定位进行差别化的考核评价。逐步加大能耗、污染、生态效益等生态指标的权重，促使其成为经济社会发展的重要约束性指标。在我国目前的行政体系中，领导干部特别是“一把手”是当地经济社会发展和环境保护的主要决策者，因此实施领导干部在生态环境保护上“一票否决权”和环境损害终身追责制度至关重要。针对领导干部的生态环境考核制度既有利于督促其不断强化对生态环境保护的责任意识，更有利于督促其形成新的政绩观。制定生态红线管理制度，严格把控能源消耗强度和总量。

三、重点要坚持不懈地重塑乡愁

城乡深度融合发展为乡村社会带来先进的工业文明，但同时也冲击着传统乡村文化，传统乡村文化的生存与发展正面临日益严重的危机，乡愁遗失非常严重。在重建乡愁与乡村文化的研究上，不少学者进行了一系列乡村实证研究，出现了悲观的文化虚无主义和激进的文化民族主义。前者认为乡村代表着落后与愚昧，以小农经济为代表的农业文明必将被先进的工业文明所取代，乡村文化也将随之消失。后者认为乡村文化是城市文化未来的最终归宿，乡村社会充满人情味、宁静、和谐等，是充满爱的田野。笔者认为这两种观点都较为极端，存在以偏概全的错误。城乡融合发展不是要消灭乡村文化，更不会消灭城市文化，而是要发挥各自的特色，吸收对方的优点，城市有城愁，乡村也应有乡愁。

（一）乡愁面临的危机

乡村文化主要基于农业文明而产生发展，不断提速的城镇化进程为中国的乡村带来了工业文明。工业文明在改造乡村文化中落后的观念，打破乡村文化的封闭性等方面起到了非常积极的作用。但城镇化与工业文明是一把“双刃剑”，在改造乡村文化的同时，也强势冲击着农民的精神世界，逐步解构乡村社会的文化价值观念，瓦解乡村文化生存与发展的土壤与环境。在城乡深度融合发展的当下，广大的农民一方面享受城镇化、工业化等带来的先进科技与富足生活，另一方面也承受着价值冲突与文化解构带来的不确定性与不安全感。

1. 话语权缺失，认同无根

在城市文化与工业文明的视野中，城市贴上了富裕和文明的标签，而农村则被贴上贫穷与落后的标签。这种对比非常鲜明的价值观念使得乡村文化与城市文化处于不平等的地位，乡村文化陷入被城市文化、工业文明改造的境地，在自身的生存与发展上逐渐丧失话语权。城市文化、工业文明等通过各种途径向乡村灌输自己的精神与价值理念，促使农民原有的思维方式、生产生活方式、人际交往方式等逐渐发生变化。由于受到传统习惯、文化程度等因素的影响，城市文化、工业文明中高雅的部分无法在农村落地生根，反而是那些低俗、糟粕的文化容易在乡村迅速落地，传统乡土文化中诚实、朴实的根基逐渐被侵蚀掉。在城市文化与乡村文化一进一退的发展中，乡村文化逐渐丧失了独立性与自主性，失去了本属于自己的文化自信和话语权，导致农民的文化认同感缺失，无法在家乡找到归属感。文化认同是人与人之间关于本土文化的一种共同确认，是大家共同认同的思维模式和行为方式。一旦失去文化认同，农民就会在追逐城市文化的道路上放弃具有本土特色的乡村文化，原本属于农村人的乡愁也就会随之消失。

2. 传统道德丧失，农民无序

随着大多数农民的生产生活方式逐渐商品化与市场化，越来越多的农民逐渐放弃原来淳朴的乡村道德观，传统道德在农村丧失日益严重。道德的丧失首先起源于信仰的缺失，不少农民处于什么都不信的状态，他们不愿意做长远打算，只看到眼前利益，信奉“一切向钱看”的价值准则，在追逐物质利益的过程中，把本属于传统乡村道德的诚实守信、俭朴善良等逐渐抛弃。市场化、工业化大举进乡以后，农村的经济得到了一定程度的发展，但环境破坏、水土流失等现象相比更为突出。传统道德的不断式微，导致道德舆论对农民的约束力日渐弱化。此外，日渐多元的道德标准使农民陷入了主流与多元道德标准的冲突旋涡中。随着传统道德不断丧失，在农村起重要约束作用的道德评价标准也随之发生变化，变得日益混乱化，农民在混乱的道德标准面前，往往表现得无所适从，也不再主要依据某几种道德来约束自己的行为，无序化态势日益严重。

3. 乡村精英没落，凝聚无力

乡村精英是那些拥有经济、知识、文化和各类技能与资源的少数人，他们不仅能利用自身的优势为村域发展做贡献，也能影响和带动周边的人一起发展，他们是维系乡愁的中坚力量。在传统的乡村社会，乡村精英（也称为乡贤）充当“中介人”的角色，把政府和村民有效衔接起来。随着城镇化进程加速和经济结构转型升级，乡村精英的构成也随之发生了改变，主要分为传统精英和现代精英。传统精英主要依赖于名望、地位、知识等，而现代精英主要依靠市场经济而取得经济上的成就，如种植大户、养殖大户、私营业主、建筑包工头等。[①] 随着农村经济社会的不断发展，产生越来越多经济方面的乡村精英本无可厚非。但当下的乡村精英中，“官精英”和“富精英”占绝大部分，而“文精英”和“德精英”非常少。“官精英”和“富精英”自身较为缺乏道德声望和社会责任感，无法承担乡村文化教导与道德重塑的重任，他们传递给广大村民的是物质欲望、个人主义、城市化的价值观等，不仅不能维系乡愁，反而加速了乡愁的遗失。导致乡村精英虽然自身经济等条件较好，但无法影响带动周边村民一起发展，村域经济社会发展失去了凝聚力，乡愁发展失去内核，成为一句空口号。

① 贺雪峰．村庄精英与社区记忆：理解村庄性质的二维框架［J］．社会科学辑刊，2000（4）．

（二）重塑乡愁的有效途径

在乡村绿色发展的过程中，如果乡愁有名无实，那么绿色发展也无法持续开展，也不是完整意义上的现代绿色发展。乡村振兴不能仅以工业文明和城市文化为最终归宿，重塑乡愁应为乡村振兴的应有之意。重塑乡愁，必须跳出农业文明与工业文明、乡村文化与城市文化那种非此即彼的二元绝对对立思维模式，在吸收城市文化积极因素的前提下，需充分发挥乡村文化特有的价值元素，建立起不脱离乡土但又不限于乡土的新乡村文化。

1. 对传统乡村文化进行再认同

马歇尔·萨林斯认为“文化在探索如何去理解它时随之消失，接着又会以从未想象过的方式重新出来”[①]。乡村文化在经历了扬弃过程后必然会发展较大的改变，但这并不能影响其在整个文化体系中的价值和地位，我们有必要对传统乡村文化进行再认同。文化本身具有非常强的惯性，在传承过程中即使受到非常大的外部环境影响，也不太可能彻底改变成为另外一种文化。通过对农民工的研究，孙庆忠发现农民工虽然大部分时间生活在城镇，但其人际交往圈主要基于原有的乡村关系。[②] 乡村文化在向前发展的过程中，难免会吸收城市文化的各类元素与价值观，但其本身具有的优良传统也会得到继续传承。乡村文化的源泉为农业文明，无论城镇化率提升到什么程度、无论经济社会结构如何调整，乡村文化都有其存在必要性与重要意义。因此，在经历了传承、吸收和改变之后，我们需要对传统乡村文化进行再确认，确认一种全新而又继承优良传统的乡愁。

2. 构建城乡文化互动机制

城乡融合发展不是要消灭农村，而是要建设更像农村的农村。从这个角度看，即使城乡二元制结构逐渐被打破，城市文化与乡村文化都将长期处于一种相互交流、相互吸收、共同存在与发展的形势。因此，有必要建立城乡文化互动机制，打造一种和谐共生的新文化环境。城市文化是人类文化研究和发展的高级形态，具有开放、包容、科学、进步、文明等优势特征，城市文化应该利用自身的优势特征去改造乡村文化中的封闭、落后、愚昧、保守等缺陷，培养出具有城市文化优势特征的新乡村文化。在互动发展中，乡村文化不应成为城市文化的附庸，而应利用自身诚实、俭朴等优势特征去改造城市文化中浮躁、功利与世故等缺陷。在乡村旅游异常火爆的当下，乡村文

① 马歇尔·萨林斯．甜蜜的悲哀［M］．北京：三联书店．2000.

② 孙庆忠．离土中国与乡村文化的处境［J］．江海学刊．2009（4）.

化可以依托各类媒体的力量，宣传自身好的价值观与理念，让城市居民在潜移默化中接受乡村文化的熏陶。同时，源源不断到来的城市居民，也会随之带来城市文化，让乡村居民接受越来越多的城市文化。城市文化孕育出城愁，乡愁文化孕育出乡愁，两种文化的互动势必造成城愁与乡愁之间的融合发展，最终实现乡愁与城愁之间的良性互动。

3. 以主流价值观引领乡愁重塑

随着市场经济、城市文化、工业文明的不断融入，当下的乡村社会是一个经济成分、组织形式、利益分配方式等多样化的社会，农民的价值观念也随之日益多元化。因此，创建乡愁，必须坚持主流价值观的主导地位，当下必须发挥社会主义核心价值观的主体引导作用。社会主义核心价值观中的国家建设目标、美好社会期望、公民道德规范是凝聚和统一当下乡村社会中各个群体与组织的坚实思想武器，有利于整合与重构多元而无序的乡村文化秩序。在以血缘家族为纽带而建立的乡村关系网络中，农民难免具有封闭和保守的思维方式，必须用开放包容的主流价值观引领村民形成开放、平等、独立的新思维方式。此外，在传统乡村文化中，绝大部分村民具有权力本位思想，认为乡村经济社会发展与治理是村干部的事，与自己无关，被动接受管理就行。重塑乡愁，其中重要的一环就是培育村民积极主动和文明理性的政治参与意识与热情，使大部分村民能够积极主动参与村内各项事务工作，在共同参与管理中维护和行使自身的权利与义务。

小　结

在城乡融合发展的背景下，农村的绿色发展是一个非常复杂的系统性工程，不仅包括山水生态系统的绿色发展，也包括乡愁文化系统的绿色发展，还包括经济社会系统的绿色发展，最终实现“望得见山、看得见水、记得住乡愁”。本章分为三个小节阐述城乡融合发展的绿色之路。第一节主要阐述山水乡愁是城乡融合发展的内在动力。“绿水青山就是金山银山”不是一句口号，具有丰富的时代内涵，绿色青山不仅是生态产品与服务，还是城乡的生态竞争力，更能直接转化为生态循环产业。新时代城乡融合发展需要绿色发展，绿色发展不仅为城乡融合提供了重要的支撑，也是农村生态文明建设的时代诉求，更是美丽乡村、美丽中国的必然要求。在城乡融合发展下，人不仅需要城愁，更需要乡愁，城愁可以看成是对物质与事业的追求，乡愁则可以看成是对田野的一种情感寄托。城乡融合与乡村振兴都离不开乡愁，乡愁不仅有助于乡村道德重塑，还有助于良好乡风培育，也有助于非制度规范建构。第二节主要介绍峒山村的城乡融合绿色发展之路。峒山村依据上级的要求，结合本村的实际情况，开拓出一条特色鲜明的城乡融合绿色发展之路。具体为：持续强化生态设施建设，扎牢绿色发展的根基；加速推进清洁乡村工程，改善农村人居环境；大力发展生态循环农业，促进村域经济绿色发展；多途径重塑乡愁，树立绿色文明新风。第三节主要进行适应城乡融合绿色发展的思考。本章认为适应城乡融合要求的绿色发展需要着重解决三大问题。一是要解决人的因素。在乡村的绿色发展之路上，农民是参与的主体，也是发挥决定性作用的因素。但目前中国的农民整体素质还较低，绿色发展的意识和能力较为欠缺，需采取多途径提升农民的绿色发展素质。二是要打通绿水青山转变为金山银山的实现途径。如何协调人们同时追求生活富裕与绿水青山的梦想？是当前各级党政部门的工作重点。需要构建绿水青山转变为金山银山的发展机制，让良好的生态环境成为人们美好生活的主要增长点，成为人们生活富裕的主要贡献点。三是要坚持不懈地重塑乡愁。在城乡融合大环境下，城镇化与工业化对传统的乡村价值观和文化带来了极大的冲击，带来了乡村话语权缺失、传统道德丧失、乡村精英没落等一系列问题。城市有城愁，乡村也应有乡愁，在乡村绿色发展的过程中，如果乡愁有名无实，那么绿色发展也无法持续开展，也不是完整意义上的现代绿色发展，需采用对传统乡村文化进行再认同、构建城乡文化互动机制、以主流价值观引领乡愁重塑等多种方式方法重塑乡愁。

第七章　破解城乡融合发展的人才瓶颈

宋代诗人于石的一句“吾道废兴时否泰，人才进退国安危”形象而生动地道出了人才对国家的重要性。新时代下“建立健全城乡融合发展机制和政策体系，加快推进农业农村现代化”，实现乡村振兴的五大目标同样离不开人才，诸多学者也将人才短缺列为在实施乡村振兴战略过程中与资金短缺、农民增收难并列的三大亟须破解难题。本章针对我国农村整体面临的人才短缺问题，结合峒山村在破解人才瓶颈方面的探索，思考应如何采取有效措施，培养和吸引乡村所需的各种人才，破解城乡融合发展中的人才瓶颈。

第一节　乡村振兴所面临的农村人才短缺问题

作为党的十九大报告中提到的七大战略之一的乡村振兴，是中国自改革开放以来第二次借农村发力的重要举措，也是新时代促进和推动城乡一体化发展的有力举措，乡村振兴的顺利实施必将促进中国城乡融合以及乡村经济社会的全面繁荣。近年来，中国政府实施了一系列强农惠农政策，乡村社会在政治经济社会等方面均取得了较大成绩，但从整体看依旧存在诸多问题，特别是当前存在的农村人口空心化的现状使得农村人才短缺问题尤为严重，而农民对土地的割舍情结、农村教育“离农化”倾向、城乡经济差异等又是造成农村人才流失的文化、体制、经济因素。

一、当前农村人口空心化

过去中国 30 多年经济高速发展的重要动力之一即是大量农村剩余人口的非农化迁移，人口要素向城镇流动不仅促进了人力资本的进一步重组，还给城市发展带来了活力，国家财富在此过程中获得不断积累。然而，伴随着工业化和城镇化进程，大量农村青壮年劳动力离开故土也使得农村地区普遍出现了严重的空心化现象，较为突出的表现在村落内部的荒芜和村落外延的膨胀并存。曾经存在一种理解上的误区，即认为农村人口空心化就是简单指农村人口数量减少，实际上人口要素具有自然和社会双重属性，其中社会是其本质属性。因此，“农村人口空心化”是由大量农村人口非农化转移造成的，其表现为农村人口在数量上减少和质量上下降两个维度的衰减现象。

伴随着大量受教育程度较高、综合素质较好的青壮年劳动力向城市迁移，农村空心化最为明显的表现即老龄化现象日益严重。据统计，2016 年全国乡村 60 岁及以上的老龄人口占总人口的比重的 19.1%，分别高出城镇和全国平均水平的 4.2%和 2.4%；全国乡村 65 岁及以上年龄的老龄人口占全人口比重已达到 12.5%。①

表 7-1　中国城乡老龄人口比重

年份	指标	老龄人口比重（%）				差距（个百分点）		
		全国	城市	镇	乡村	乡村-全国	乡村-城市	乡村-镇
2013	60 岁及以上	14.9	12.8	13.3	17.1	2.2	4.3	3.8
	65 岁及以上	9.7	8.4	8.5	11.2	1.5	2.8	2.7
2014	60 岁及以上	15.5	13.8	14.0	17.6	2.1	3.8	3.6
	65 岁及以上	10.1	8.9	8.9	11.5	1.4	2.6	2.6
2015	60 岁及以上	16.1	14.2	14.5	18.5	2.4	4.3	4.0
	65 岁及以上	10.5	9.2	9.4	12.0	1.5	2.8	2.6
2016	60 岁及以上	16.7	14.9	14.9	19.1	2.4	4.2	4.2
	65 岁及以上	10.8	9.6	9.6	12.5	1.7	3.9	2.8

资料来源：根据《中国人口与就业统计年鉴》（2014—2017）整理计算。

① 魏后凯．实现乡村振兴战略的目标及难点［J］．社会发展研究，2018（2）．

我们本次调查的地点在湖北省的峒山村，作为传统的农业大省，湖北省乡村的常住人口数量以及从事农业生产的农业人口数量也均呈逐渐下降趋势。据统计，2004—2011 年湖北省农村总人口数由 3965. 3 万增至 4057. 1 万，然而与之相对的 2005—2011 年，农村的常住人口却由 3243 万减少至 2773 万人。① 峒山村近年来有农户 913 户，村庄常住人口数目 3723 人，也一定程度上呈现出农村人口供给不足的现象。

虽然从客观上说，农村的空心化是市场机制配置资源的直接体现，也是向现代化工业文明迈进的必然结果，但它给我国现代化农业发展带来了巨大挑战，其中最不容忽视的一点即直接导致农村人才短缺。从当前农村人口的组成结构上看，在务农收益相对较少的情况下，农村年富力强、教育水平较高的农民多选择外出务工，导致农村人力资源严重外流。实际上，这些敢于到城市中发展的青壮年农民恰恰是农村和农业发展所需的人才，他们集体性的外流也直接制约了当前农业的后继发展。

显然，全面实现乡村振兴战略需要各级各类不同的人才，不仅仅是农业方面的人才，还包括其他与农村发展相关的其他各种人才，而现有的农村人口素质远远不能满足当前农村发展的需要。从我们在桐山村的实际调研看，从当前农村发展的人才需求看，无论是农村非农产业的发展、乡村治理，还是新兴服务业等领域，都急需专业的技术和管理人才。因此，该如何在有限的时间内，积极有效的培养和吸引各种急需人才，是实施乡村振兴战略亟待破解的关键所在。

二、农村人才流失的原因

人才作为乡村振兴战略最活跃也最关键的因素，发挥着十分重要的作用。然而从现实情况看，目前乡村人才短缺现象却十分严重。结合笔者在峒山村的实地调查，认为主要有以下几方面原因。

首先，文化变迁。由于中国自古就是一个农业大国，在传统的乡土社会中，生于斯、长于斯的人们与土地往往有着密不可分的感情，正如著名的社会学家费孝通指出的“直接靠农业来谋生的人是黏着土地的”，“以农为生

① 根据国家统计局发布的相关数据折算而出。

的人，世代定居是常态，迁移是变态”。[①] 然而，在我们的调查中发现，如今的农村人似乎不再像先人那样看重“安土重迁”，也不再只依靠土地去实现自身价值，特别是随着工业化、城市化的快速发展，城市被赋予了“先进”文明的蕴含，与之相对乡村则被标上了“落后、保守”的标签，传统乡土社会中存在的观念和习俗都面临着巨大的冲击，农民特别是年轻一代的农民不再像他们的祖先那样安心厮守自己的土地，他们往往更加向往象征着繁华与富裕的都市，这些故土文化情结的变迁无疑对乡村振兴战略中的留住人才是不利的。

其次，体制脱轨。我国农村教育一直存在目标错位，升学教育、离农教育占据主导地位以及职业农民培育薄弱等问题[②]，高素质的农民供给失衡严重。在峒山村调研时我们也发现，即便是有大学生回到农村想要有所作为，基本上都缺乏一种桥梁来将他在大学中学到的知识或受到的训练与乡村实际需要联系起来，这样一来现代知识就好像被悬在空中，难以发挥应有的作用。这种高等教育体制与农村发展需要间存在的“所学用不上”的矛盾即是当今农村精英人才不断流失的社会因素。

第三，经济发展。市场经济作为现代化进程的中心内容对人们的生产、生活方式都产生了巨大的影响，特别是市场机制中所奉行的价值规律、利益竞争等造成了城乡之间的差距越来越大。此外，劳动密集型产业在中国改革开放 40 年的历程中的迅速发展，更是进一步带动了大量农村劳动力不断涌入城市。

马克思曾说：物质生活的生产方式制约着整个社会生活、政治生活和精神生活的过程。不是人们的意识决定人们的存在，相反，是人们的存在决定人们的意识。造成农村人才不足的因素是多方面的，但其主要在于农村土地附加值过低，而产生的农业自身发展动力不足、农村基础设施建设滞后、农民生产和生活的需求难以得到满足。在二元结构下城乡经济社会发展表现出来的极为不均衡现状也使得大量青壮年劳动力离开农村，进一步造成农村人才流失。根据《中国农民工调研报告》中显示，在我国转移的农村劳动力当中，不仅男性高于女性，年龄年轻化（平均年龄 31 岁），且 70%以上具

① 费孝通. 小城镇，大问题［M］//费孝通全集（第十卷），呼和浩特：内蒙古人民出版社，2009.

② 陈池波，韩占冰. 农村空心化、农民荒与职业农民培育［J］. 中国地质大学学报，2013（1）.

有初中及以上文化程度，其受教育程度明显高于整体农村劳动力水平。在社会文化、体制以及经济等方面的作用下，大量整体素质较高的农村精英离开农村的现状给今天的城乡融合发展、乡村振兴战略带来了亟待解决的问题。

三、人才流失对乡村振兴战略的影响

从历史的发展来看，任何时代、任何国家都离不开人才，作为社会发展的领导者和推动者，人才的作用不容忽视、不可替代。虽然当前大量青壮年农村劳动力转移对我国工业化发展、城市化进程起到了积极作用，外出务工收入增多也使农民自身得到了实惠，但乡村振兴一样需要大量人才，持续的人才流失将对未来农村的可持续发展造成较大影响。

（一）人才流失对农村经济发展的影响

乡村人才，特别是精英型人才往往具有敏锐的市场眼光，对市场信息变化具有独到的判断力，且拥有一定的物质资本和人力资本，因此在村域发展中往往能起到带动、示范和推广等作用，对农村整体经济发展具有十分重要的作用。笔者在桐山村调研时也发现，村民普遍认为绝大多数精英型人才对本村村民发展致富起到了带头和示范性作用，且精英人才还常会依靠自己的经济实力支持村集体、扶持村五保户和贫困户等。假设这样的农村精英型人才大量流失，势必将造成村庄精英资源的整体性割裂，将对集中分散农民，整合发展集体力量造成不良的影响，且在缺乏带头人和示范人的情况下，农村产业的高速、有效发展也将受到严重遏制。

（二）人才流失对农村治理的影响

我国民主政治制度中的一个较为突出表现即“村民自治制度”，然而村民自治也有一个前提条件，即村民愿意待在村里，否则就会沦为“矬子里拔将军”的窘状，实际上缺乏精英参加的村民自治也就毫无自治与民主改革的意义了。在当前农村大量精英人才流失的情况下，如何将选举落实好日益成为选举中遇到的一个难题。不难想象，当农村成为聚集着文化素质偏低、民主意识和决策能力都不强的“老幼病残弱”五类人的留守地，农村的民主自治改革将面临怎样的挑战。

（三）人才流失对文化传承的影响

一个村庄的文化特色多蕴含在祖祖辈辈世代生产、生活之中，对文化传承者和学习者往往也有例如悟性强、心灵手巧等素质上的要求，可以说优秀文化的传承和发扬也是一个人才参与的过程。因此当前大量农村人才的流失不仅给村庄文化的传承带来了挑战，也使村庄面临优秀文化传统无人继承的危机，正如唐兴在《我看中国》中所言“传统和现代之间碰撞的迹象不断出现，看得出传统虽然还活着，但过去的风俗和信仰已经四面楚歌”。

“功以才成，业由才广”。由此可见，“人”的要素在乡镇振兴战略中占有十分重要的位置。从农业发展的历程来看，传统农业对人才，特别是新兴人才需求和要求相对较低，农耕技术也多停留在祖祖辈辈代际间的世代相传，但随着人类农业生产技术的迅猛发展，人与工具、人与技术的使用越发频繁，高精尖型人才逐渐成为现代农业发展中产业化生产、生态农业、规模化种植养殖、农产品营销等迫切需求。可以说，农村人才队伍的稳定是实现农村稳、农业兴的根本基础，也是全面决胜建成小康社会、推进乡镇振兴战略的根本性保障。习近平总书记也曾多次强调要“强化乡村振兴人才支撑”，这说明在推进乡村振兴的实践过程中，要进行多方破解人才瓶颈的探索，务必要建立一支稳固的人才队伍，建立能激发人才活力的激励机制。

第二节　峒山村破解人才瓶颈的实践探索

聚集人才是地区发展经济和社会关键所在，采取怎样的方式破解人才瓶颈也是峒山村一直以来探索的一个重要方面。近年来峒山村整体实现了跨越式发展，成了首批全国农村社区建设示范单位和湖北省唯一一个入选全国首批乡村环境综合治理示范村的村落，村集体经济达到年均300万余元。这一系列成绩的背后都与其人才数量不断增长、人才队伍不断优化密切相关。可以说峒山村在如何聚集人才，如何以人才为依托的探索过程中，逐渐走出了一条特色之路。

一、以推进“劳动力离土不离乡”工作政策留住人才

在由传统农业社会向现代工业社会转型的过程中，个体往往面临着经济增长与家庭幸福间的博弈与选择，这样的选择困境不仅在贫困地区较为普遍，且发达地区也不例外。农民外出务工所带来的留守问题业已成为社会各界广为关注的问题，学术界也对此进行了多方探讨，在各种解决对策中被较

为认同的办法即“劳动力离土不离乡”。然而，要想做到“劳动力离土不离乡”，首先就要为当地农民提供就业岗位，否则一切都是空谈，为此峒山村采取了多项措施扩展就业空间，有效地为本地农民增加了就业岗位。

（1）通过大力推进农业产业化经营，深度挖掘当地居民的就业潜力。近年来，峒山村通过成立农业发展公司，支持龙头企业做好精深加工，延长产业链条；实施种植业、养殖业等优势产业区域布局规划，推进优势农产品生产基地和产业带的建设，形成了专业化优质高效农业生产体系。

（2）通过招商引资，加快企业发展，拓宽就业领域。为解决村民就业问题，峒山村在最初的招商引资时就倾向于选择就业容纳量大的劳动密集型产业，业已签约 11 个实体项目和 1 个环境艺术工作室（简称 11+1 项目），并且引导这些项目和企业逐渐不断向新社区规划的园区聚集，从而有效地扩展了本村劳动力就业的空间，据了解目前这些项目已成功解决就业人数 5000 人左右。

（3）通过就业培训，提高村民就业技能。村民拥有一技之长才是安身立命之本，才能在激烈的市场竞争中具有竞争力。为此，峒山村建立城乡融汇贯通、信息共享互联的就业服务网络，建立创业指导中心、举办专家咨询会以及创业带就业志愿者团队等三重服务体系和定期举办技能培训，全方位提高村民就业技能。与此同时，还通过实行城乡统一的职业培训补贴制度和延伸小额保贷款等政策扫清“劳动力离土不离乡”的就业障碍。如峒山村不仅扩大了小额担保贷款的对象，还将贷款额度从 3 万元提高到 5 万元，期限延长至 2 年，种种举措均有利于当地农民在兴办特色农业的同时留住人才。

图 7-1　峒山村就业培训中心

二、以整合人文素质与科技一体化打造人才

“改善穷人福利的决定性生产因素不是空间、能源和耕地，而是人口质

量的改善和知识的增进”是美国著名经济学家西奥多·舒尔茨的一句名言，这位诺贝尔奖获得者的论述道出了人才在发展中的重要性。中国的乡村振兴归根到底也需要依靠农民自身素质的提高，提高村民的人文素质已经成为新时代下的迫切要求和现实性呼唤。峒山村在自身的实际发展中深知其发展的落脚点最终在于“村”，重点在于“民”，村落的发展为的是农民，靠的也是农民自身，农民作为乡村发展与建设的主体，其自身的科学文化素质也将对乡村建设的方向与成败起着至关重要的作用。然而，农民文化知识匮乏、思想陈旧、接受新技术能力偏低也是不争的事实，“人文贫困”在乡村的普遍存在状况一直是严重阻碍乡村发展的桎梏。调查中峒山村的村支书也表示，由于农村的基础教育薄弱，过去多数村民特别是年纪较大的村民对先进的农业科学技术不会运用，对先进的农业生产工具也不会使用，甚至有部分农民对农药都不能正确使用，他们的农业生产靠的是传统的经验和祖祖辈辈言传身教传承下来的一点技术。

调查中获知，村民教育程度低、传统观念大量存在、科学文化素养和道德修养不高等问题，曾一度给峒山村实际发展带来了不小的阻碍。

> “千辛万苦，好不容易招商引资了几个大项目，全村都挺乐呵，但后来的发展中越发感受到人才的重要性，以及村民素质确实亟须提高的问题。”

诚如村支书所言，提高农民自身素质是加速农业产业化发展的现实需要。峒山村招商引资中的诸多项目，如农产品深加工基地、花卉苗木基地、蔬菜种植基地、肉鸭养殖和加工厂等项目的实施与发展，无疑都需要有一定专业化科技文化素质的人才队伍。在农村产业化发展的过程中，结构调整势在必行，这就需要对农业生产中的土地、劳动力、资金等生产要素进行重新排列组合，以实现农业效益和结构上的进一步优化，以提高生产效率。而在产业结构的调整链条中，一方面，无论是作为生产者、加工者、销售者还是技术信息等方面的服务者，都有较高的文化素质要求；另一方面，作为劳动一方的农民，其文化技术素质越高，从事那些较高科技含量生产的机会成本才越低，进入二、三产业的劳动空间才越大。可以说没有农民整体在文化素质、科技素质等方面的全面提高，农村产业化调整就举步维艰，乡村振兴更是难以实现。为了更加长远与健康的发展，峒山村在现实面前逐渐探索出了一条解决村民“人文贫困”的发展路径。

（1）依靠政府大力宣传，转变村民传统的思想观念、提高科学素养。由于知识欠缺、信息相对闭塞，中国农民的现代化水平，民主、公民、法律意识都较为薄弱，单靠自身很难在短期内彻底改变千百年传统文化对其塑造的“臣民”意识，很难解决落后的思想观念等问题。对此，峒山村借助新农村建设、乡村振兴等政策的实施，依靠政府在老百姓心目中的权威地位大力宣传，帮助农民逐渐转变思想，迈向文明，在宣传中增进自身学习，改变传统的思维方式和价值观念，使之与经济社会发展的现实需要相融合。

在农业技术推广方面，峒山村除了采用传统的科技培训、上门宣传、现场指导等方式，还专门制作了很多类似于农业科技竞赛、专题片、成果展示等新颖性、互动性强的活动吸引村民积极主动的参与。在宣传方式方面，一方面综合运用电视、广播、报纸、杂志以及宣传手册等各种传播媒介，另一方面还积极推广短信、互联网、微信、微博等新媒体方式为农民进行农业科技知识与信息进行传播和推广。

（2）依靠与科研单位合作，培训农民人文素养。对于纯技术性农业相关知识，峒山村坚持政府在技术支撑体系中的主导地位，不仅在农业技术政策与制度的制定与完善、倡导科技理念以及科技资源的组织协调方面政府起到了重要的作用，且在对科技支撑的主体激励与相关科技服务的监管方面也承担了必要的责任。如鄂州市政府统一实行的城乡统一职业培训补贴制度、峒山村建立的创业指导中心、专家咨询委员会等都是在政府主导下以培养知识型、技术型村民为目的的举措。此外，峒山村在上级相关政府的协调帮助下，吸引了各种专业性力量，如科研机构、高等院校等专业机构的智力资源纷纷来到峒山，有针对性地为村民提供诸多易被接受的农业科技服务项目。

农民的人文素质除了技术性的专业技能和知识外，还包括职业道德、心理素质等非技术性方面因素。特别是在当前社会变迁的过程中，农民作为社会中较为弱势的群体，往往遭受到来自各方的压力，相对于城市居民，他们也常面临更多的不公正待遇。峒山村在城乡融合的发展过程中，十分注重对农民非基础层面素质的提高，在日常的宣传与学习中帮助农民理解并正视自己的权益、提高自身素养，此外峒山村还特别注意给村民灌输环境保护与可持续发展的观念，帮助他们树立生态观、培养生态意识。

（3）依靠农民自身的终身学习和子女教育，提高村民自身软实力。峒山村在发展人才、培养人才中十分重要的一方面即重视村民的自身学习，在传授给村民专业知识和基本技能的同时，还将终身学习作为全村的一个长远目标来抓。此外，在当地的青少年教育问题上，峒山村建立了教育救助和奖励机制，通过在鄂州高中开办“阳光班”对城乡贫困子女予以每年每人2000元的资助；对在高中或大学就读的低保子女予以每人每月80~150元不等的生活救助。对于当年考上大学的特困家庭子女更是每人一次性提供救助2000~3000元。与此同时，凡经营田属于本社区的独生子女在各级升学考试中，予以不同程度的奖励，考取一类大学的每人奖励3000元，考取二类大学的每人奖励2000元，考取大专和重点高中的每人奖励1000元。

三、原有精英与资本合作再造乡村精英

为应对当前乡村普遍存在的缺乏内生动力、资本短缺等问题，2013年中央下发一号文件，明确提出要鼓励和引导城市工商资本到农村发展，由此越来越多的城市工商资本纷纷来到农村，并以土地流转等形式开展农业生产，即所谓的“资本下乡”。在此背景下，峒山村抓住有效时机，抓住政策带来的机会，通过部分精英农户和其他相关利益主体在土地、劳动等重要生产资料流动的互动过程中，完成了乡村精英群体的重塑。

调查发现，峒山村的下乡资本主要是通过土地流转来从事具有一定规模要求的现代农业生产，在盘活已有的土地资源的同时带动当地农户共同致富。最初阶段，资本主要通过村落集体范围内的农业订单、土地入股和流转以及安排农户工作等形式对本村村民进行经济动员，当基本完成初步的土地、劳动力等生产资料的原始积累后，则进一步通过采取“公司+基地+市场+农户”“农户+大户+企业”以及“农户+基地+企业”等多种利益方式广泛吸纳村内外资源。由于资本在进入村落初始，若直接对接的是农村的散户常常会面临较大风险且交易成本也较高，因此“基地”和“大户”都是由本村的精英农户或回流精英主导，他们或相互间建立合作关系，或利用村集体等“中间组织”降低交易成本。这样，峒山村中原有的依靠个别、个体发展的精英，凭借自身在信息获得、知识水平、学习能力等方面的优势，抓住资本下乡的时代契机与资本结成联盟，逐渐成了新型农业经营主体。

实际上，在资本下乡的过程中，资本对村落新精英形成的促进作用不仅体现在结成优势共享、利益互补的同盟群体，还体现在精英承接方面。由于资本所具有的逐利天性使得农户在种植作物选择上往往更倾向于种植经济效益较高的经济作物，但与之相伴的也必然是新的挑战。为规避高风险，农户们势必将既勇于尝试新鲜事物，又进行相关学习来避免风险。由此，资本下乡自然也带动了农业技术的提高和人力资本的增值。峒山村先后举办的多次

农业学习培训班就是通过以开课的形式向农户传播农业知识与技术，一批懂技术、有经验的新精英群体也应运而生。

在上述举措下，峒山村青壮年人数已逐渐增加，曾经那种“一窝蜂”似的盲目奔向外地打工的情境也不多见，取而代之的是就地择业、返乡创业的态势越来越明显，而村民的收入也逐年提高。

第三节　激发人才活力推进城乡一体化融合发展

人力资源是乡村振兴战略中的动力源泉，也是决定其胜败的关键性因素。要想留住人才，必须首先要创造良好的环境。然而，在传统观念中，由于农业生产被标记为“缺乏发展空间”的标签，农村能力较强者往往都以“走出去”为自己的目标，甚至认为那些求学归来、返乡创业者是“大材小用”。从社会目前的整体情况看，农民往往被视为一种身份而非职业，各界对在农村创业的前景缺乏信心，与之相对拥有健全的公共设施、完善的社会服务和较多发展机会的城市更加具有对社会人才精英的吸引力。因此，推进乡村振兴必须着力实现城乡一体化融合发展，实现农业农村的全面发展。面对一方面农村人才缺失，一方面乡村振兴对各类人才的巨大需求，必须采取多方有效措施，重构乡村的人力资源结构，全面提高村民的整体素质和科学文化水平，充分发挥农民的主体作用。只有这样，才能缩小城乡差距，让人才看到农村的发展前景和机遇，自愿加入到乡村振兴的大潮之中。

一、大力发展职业农民

“职业农民”（farmer）一词最早是由美国人类学家沃尔夫（Eric R · Wolf）提出和定义的，并指出不同于传统农民（Peasantry）主要以追求农业生产为目标，职业农民则是以农业作为产业，通过充分进入市场、利用一切可能的选择、行动使报酬最大化。笔者认为沃尔夫对职业农民的这一界定符合当前我国乡村振兴战略中对农民的目标实现要求，即将务农不仅仅视为一种维持生存的低层次要求，而是将其作为农民的终身职业，我们在破解乡村振兴人才问题上，应着力发展和培养具有从事该职业所需的素质、知识、技能和经验的乡村振兴人才。

（一）职业农民培养目标

根据我们对峒山村的实地调研情况，结合现阶段我国农村大部分地区对人才的基本需求情况，认为可将以下几类作为未来职业农民主要的培养目标。

1. 新生代技能型职业农民

新生代农民，主体是农村新生代中有志于农业的人，具体指的是20世纪80年代及以后出生的、立足农业、扎根农村、立志从事农业生产经营的未来职业农民。[①] 实现乡村振兴，需要大批职业农民，他们亦是承担我们未来农业发展的主力军，但由于在改革开放和经济社会转型，以及农村教育“离农化”严重的背景下，大批农村的孩子从学校毕业后直接进城打工，对农业生产既不熟悉，也没兴趣，更没能力。因此，必须着力实施新生代职业农民的培养工程，培养一批既拥有现代农业科技、农业经营知识，还热爱农村、拥有建设农村乡土情怀的技能型人才。

2. 种植能手和农业承包大户

近年来在推进农业现代化规模经营以及农业产业化发展等方面，种植能手和农业承包大户日益成为农业生产中一股不容忽视的新生力量。从目前实际情况看，该群体往往具有如下特点：拥有有丰富的种植经验与技能；对市场需求有较高的敏感性；资金雄厚；有较强的从事职业性农业生产的意愿；具备规模化和产业化经验的理念。从峒山村的调研情况看，种植能手和农业承包大户可被视为现阶段职业农民的基本雏形，政府应在土地流转、金融政策支持、财政补贴以及法律保障等方面予以必要扶持，进一步壮大该群体。

3. 回流农民

回流农民主要分为两类，一类属于主动性回流者，这类回流农民往往具备一定知识、技能和资金，且有志于回乡进行二次创业；另一类属于被动回流者，他们通常是因在城市生活困难而返乡。对这两类不同的回流农民，政府应采取不同的措施，对于在资金、技术、观念都具备优势的前者应积极支持和培养成为新一代职业农民，对后者也应注意引导成为职业农民的后备军。

---

① 陈池波，韩占冰. 农村空心化、农民荒与职业农民培育［J］. 中国地质大学学报，2013（1）.

（二）培养职业农民的举措

1. 逐步推行农民职业化准入制度，探索相关配套政策

参照其他行业存在一定的准入门槛以及其他农业发达国家的做法，农民职业化将有利于提高人才的管理水平。然而，目前我国农业基础较为薄弱，尚不足以全面推行职业农民准入制度，对此提出如下建议：首先，将农业技术推广与农民职业准入化制度相结合，尝试性将农业技术培训作为取得职业农民资格的基础和条件；其次，将农民职业化准入制度与土地流转结合，并在政策上明确土地将优先流转给接受过农业技术培训的农民，为日后职业农民进行规模化经营打好基础；第三，将农民职业化准入制度与农产品补贴等相关政策相结合，尝试性将职业农民资格作为发放粮食补贴资金等考虑的条件，提高农民获得职业资格的积极性。

2. 加快土地流转，化解农业规模化经营的制度性屏障

为促进现代农业发展，培养新型职业农民，土地作为最根本、最重要的生产性要素，应进一步加快对土地使用权的合理流转，推动农业规模化经营，以便吸引到更多农村人才从事农业生产。对此，首先应对改革土地承包关系进行更为详细的科学论证。党的十九大报告明确指出：“保持土地承包关系稳定并长久不变，第二轮土地承包到期后再延长三十年。”需要明确的是，“长久不变”指的是农业承包体制和关系长久不变，有利于农业技术、资本等生产要素的投入，而非狭义地被理解为所谓的“增人不增地，减人不减地”，后者只会造成“想种田的没有地，不想种田的却有地”的尴尬局面。因此国家应明确政策，建立土地承包关系有偿退出机制，同时构建土地流转市场和交易平台，引导非长期在农村的兼业农户、年迈无能力种地的老年人农户等进行土地流转，逐步将土地转移到专业化农户手中。

3. 双管齐下改革现有的农业教育体制

一方面，在整个农村的义务教育阶段都应适时、适量地进行一定农业职业教育，提高农村青少年对农业认识，增加其务农兴趣，消除农村青少年可能存在的对农业歧视的思想，倡导和树立他们对“农民”作为职业非身份的理念，扩大未来职业农民的社会化基础；另一方面，各地以实施“职业农民培训班”的形式整合调动各方资源，通过农技培训提高农民的综合生产能力。

4. 建立农业法人制度，从法律角度保障职业农民的合法权益

农业生产专职化与经营实体化是农业法人制度的核心，职业农民法人制度的确定将有利于在农村建立现代性企业制度；与此同时，职业农民法人制度的确定对保障农民的合法权益与市场地位也具有重要作用。

链接：荷兰农业教育体系

职业教育素来受到政府的高度重视，其中农业教育体系共分为五个层次，颇具特色。

（1）绿色中等职业教育预科。荷兰绿色中等职业教育预科的对象是小学高年级学生，为其提供没有具体学科划分的通识教育，主要授课内容包括认识各种植物、动物以及护理等知识。目前，绿色中等职业教育预科在国家农业中心下属共包括76个授课点以及普通综合性学校33所，学生在完成基本学科学习后，可根据自己的兴趣选择专业方向。

（2）绿色中等职业教育。与绿色中等职业教育预科相比，绿色中等职业教育所涉及的领域十分宽广，主要包括植物、动物、绿化、花卉、食品、自然、休闲和环保等方向，并设有食品加工工艺、景观管理、马匹管理、花卉种植与设计、动物护理、农业技术等具体专业。绿色中等职业教育需要在指定的农业教育中心完成，目前荷兰共有13个农业教育中心，其中授课点超过100个。学生可以根据自身不同情况选择或者全日制学习，或者一周工作四天，在校学习一天。值得注意的是，荷兰农业教育十分重视实践，学生必须到不同农场、单位参与相关实习，同时参加实践中心的各种实践技能操作培训。

（3）高等农业教育。荷兰的高等农业教育主要包括瓦格宁根科教中心和五所地方农学院两部分，其中瓦格宁根科教中心旨在培养高级专业人才和基础科研人才，主要承担农业植物科学、动物科学、视频科学、环境科学等方向的人才培养和研究。地方农学院则往往在某一两个专项领域较为擅长，侧重培养高级农业专职人才。

（4）成人农业教育。荷兰社会中的普通民众可以参加农业成人教育，其开设的科目不仅与教育、科研、农业经营有着密切联系，且可以根据学员的具体要求开设新课程以满足不同群体在具体农业生产、发展经营中的需求。

（5）BTEC课程模式。BTEC课程始于1986年，是英国职业教育课程改革的产物与成果，其模式属于能力本位型课程模式，主要包括课程目标、课程开发、课程结构、课程实施、课程管理和考核评价等。①

---

① 王守聪，邢晓光，陈永民，等. 荷兰职业教育和农业教育的特点与启示［J］. 世界农业，2014（1）.

二、促进精英人才回归，推动乡村建设

社会学界最早提出“精英”概念的学者帕累托认为：“在每一个特定的社会集团中，必然存在极少数人比另一些人更有能力，他们在各方面出类拔萃的表现使其往往享有更高的社会地位，这些人就是精英。”现阶段，我国农村的精英主要包括：村中享有较高威望的村干部、具有高中及以上文化程度的知识分子、率先富裕起来的农业大户、乡镇企业家和大家族元老等。由于农民普遍素质较低、观念保守，示范和模仿是他们接受新鲜事物最为有效的方式，农村精英的发展道路即成为村民普遍模仿的对象。此外，作为拥有较高威望和号召力的农村精英，他们除了作为经济发展的带头人，还是政治稳定的中坚力量和精神文明的传播者。① 如何促进农村精英人才回归发挥更大的作用，推动农村发展即成为值得深思的问题。

（1）优化政策体制，吸引精英人才回归。城乡二元结构下，巨大的城乡差异以及诸多不合理的制度体制都是阻碍优秀人才回归农村的因素。对此，我们应通过优化政策体制，统筹人才资源配置，实现城乡人才流动。通过建立城乡要素自由流动机制，引导各类人才到农村施展才能。营造较为宽松的政策环境，树立服务理念，尽量给愿意回乡创业的人才提供更多的机会和环境，例如给予他们必要的培训，特别是在贷款、征税等方面制定优惠政策。积极发展农村社会组织，提高组织化程度，将农村闲散人才整合为具有市场竞争力的人才团体。

（2）尽可能吸收优秀精英人才入党，最大程度发挥基层党组织作用。在乡村发展的过程中，村干部和村两委具有十分重要的作用，通过吸纳人才到党组织，不仅可以提高干部队伍的凝聚力和战斗力且可激发精英人才为本地区发展服务的热情。

（3）利用“乡情”吸引精英回流。一方面可以通过“乡情”纽带与精英老乡经常交流，获取有关信息，并邀请他们多回乡看看；另一方面为农村精英人才就业做好准备，特别是可以吸引一些城市退休的公务员、知识分子等返乡，解决好阻碍他们返回故里发挥余热的各种问题。

（4）通过构建和完善农村大学生返乡创业的相关机制，扩充农村人才

---

① 吕世辰，胡宇霞．农村精英及其社会影响初探［J］．山西师大学报，2003（2）．

队伍发展。一是对农村大学生返乡创业进行产业引导，确保他们的创业项目因地制宜地符合本地区的实际情况。二是拓宽农村大学生创业的融资渠道。目前农村大学生返乡创业的主要融资方式依旧是以亲朋好友为主的亲情性融资，融资渠道较为狭窄，因此应为其提供更多的财税优惠和政策资金支持，同时拓宽农村大学生的融资渠道。一方面，地方政府可为其提供如政府专项财政拨款、小额贷款、创业基金等多样化融资模式；另一方面，拓宽包括银行贷款、合作性伙伴融资等在内的商业性融资渠道。三是构建能吸引农村大学生返乡创业的生态创业环境。不仅通过加强政府统筹、市场运作、社会参与等方式为大学生返乡创业提供多样化的社会支持，且可建立农村创业孵化基地，帮助更多的农村大学生可以为自己的创业项目找到孵化平台，为他们的创业项目提供较好的发展服务与生活配套服务，不断营造良好的农村创业环境。具体内容见图 7-2。

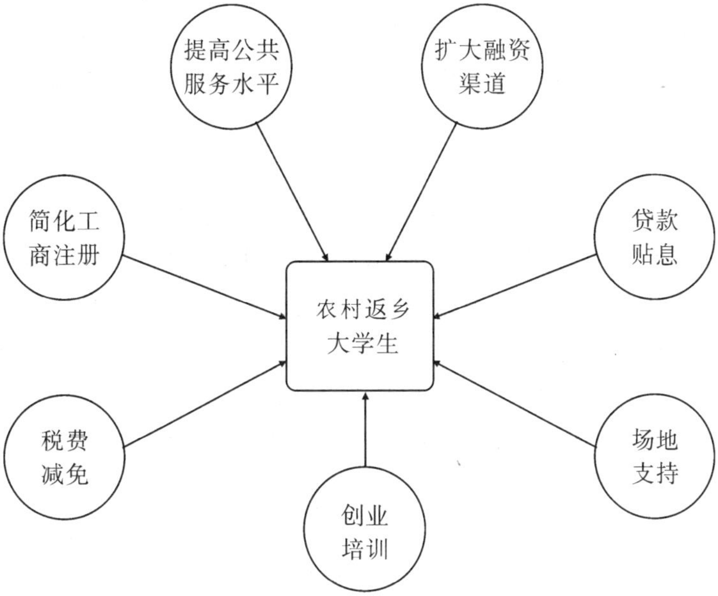

图 7-2　农村大学生返乡创业机制构建思路

三、分类精准，扶持振兴人才

不断吸引新人，特别是年轻一代进入农业、农村相关领域，是适应新时代农业农村发展新需要，解决乡村振兴过程中人力资本开发等问题的关键所在。因此乡村振兴的人才范围就不应仅局限在传统概念中的从事农业生产之中，而应从更为广义角度，从经济全球一体化、信息化的现代化发展视角树立人才观，真正解决好“谁来引领、谁来做”的问题。具体从乡村振兴所需的人才类别看，可分为行业领军型人才、创新性科技人才（农创客）、技能型人才；从行业类别上又可分为新型职业农民、新产业新业态的经营管理者、创意设计以及专业营销人才等。①

（一）按照群体特点针对性培训

（1）将学历教育和职业技能培训相衔接。一方面，对完成义务教育阶段的青年农民按其实际情况进行分类，如对那些未能进入高一级学校继续深造的农村初高中毕业生，可由财政安排一定补助以鼓励他们学习包括种植、养殖、加工等在内的职业技能教育。此外，还应对先进的农业生产、农产品营销以及利用现代信息技术等方面注意个性化、专业化培养，改变人们传统落后的农业观念，帮助他们顺利转型为新型职业农民。另一方面，对于那些职业技能和文化水平均相对较低的群体，如外出务工返乡人员及退役军人等可通过农民大学、农业职业技术培训班等形式提高此类群体的综合文化水平和职业技能。

（2）将农技培训与一对一培训相结合。实践证明“面对面、一对一”的指导方式在很多农业生产经营活动中特别是种植、养殖等农业生产技术方面具有较好效果，因此可以鼓励农业院校的相关老师来田间地头指导农业生产，组织相关学农专业的大学生开展假期夏令营等活动方式对农民进行农技帮助。此外，还可通过“导师+项目+团队+基地+农户”的组合方式对农民进行一对一指导；或通过签订帮扶协议，以师傅带徒弟的结对帮扶方式进行培育指导；或以课堂授课、项目合作等多种形式予以帮扶。

（3）重视并加强对“新农人”的培训。一般来说，“新农人”多具有传统农民所不具备的互联网思维和创新精神，但他们往往在与农业产业融合方面相对不足，因此对“新农人”培训的关键点就在产业融合发展的理念、技术、管理等方面的提高，应紧紧围绕互联网和农业融合过程中新出现的智能农业、电子商务等内容展开，并将互联网+农业相关政策、互联网在农业产业链、乡村旅游规划管理、土地流转相关政策以及生态农业等方面纳入培训范畴。

① 闻海燕. 需分类精准扶持乡村振兴人才［J］. 杭州（周刊），2018（3）.

（二）制定政策、精准扶持

应尽早出台详尽且有可操作性的乡村人才认定标准，从不同广度和深度上对不同类型的人才进行扶持。

一方面，对有望发展成为现代农业的带头人、领军型人才可以制定相关优惠政策和项目支持形式予以吸引。具体来看，可从经营场所、生活条件、子女入学、配偶工作等方面予以适宜照顾，确保对人才“引得进、留得住”。此外，还应制定如支持投资现代生态农业园区建设、促进农村产业融合发展政策等与能人相配套的优惠产业政策以更好地带动乡村振兴发展。

另一方面，对农村青年创业平台发展提供政策支持。政策上积极引导有为青年创办各种合作社、家庭农场等项目，同时通过组建青年创业互动、合作小组推动发展。对于地方开展农村青年创业示范点、农民创新园区应予以支持，还可以出台针对农村青年创业的贷款、保险等相关政策支持，帮助其进入相关创业领域。我们的调查中也发现，很多农村青年想创业，但苦于土地和资本设备等方面会让他们面临很大的负债风险，如能从政策上对贷款、农业险等方面对其制定相关优惠政策，将较大程度吸引更多有为青年人加入到乡村振兴的队伍中。此外，政策上应鼓励农村青年人才参与乡村治理，引导他们在乡村建设发展中积极发挥作用。

（三）重塑乡土文化，提供精神家园

随着工业化、城市化进程的推进，乡土文化日渐式微，要想让有为青年人才回农村进行乡村建设必须在乡村构建起乡土文化氛围，为其提供精神家园。重塑乡土文化的魅力不仅可以帮助农村青年找回自我，对乡村的未来产生自信，且还会吸引更多人回到农村，从事农业相关生产活动，进而成为乡村振兴道路上的引领者和推动者。

四、发挥新乡贤作用，推动乡村振兴战略实施

从已有的学术研究成果看，新乡贤通常被视为推动乡村振兴的有效力量，2018 年中央一号文件《中共中央国务院关于实施乡村振兴战略的意见》更是明确地指出要“积极发挥新乡贤作用”。作为乡土社会中有资本、有知识、有情怀的贤达人士，新乡贤传承历史传统有望以一种新的精英姿态成为可以利用自身资源与影响力，提供智力、资源等支持，助阵乡村振兴的人才队伍。

然而，尽管新乡贤的作用已日益得到大家的肯定，但也有一些研究指出，并非所有的乡贤和乡村精英都是好的，要十分警惕“乡霸”借乡村振兴和资本下乡与“民”争利，防止他们成为农民利益的攫取者。[①] 因此我们在大力倡导积极发挥新乡贤作用时，首先应厘清新乡贤的内涵与类型，再针对具有不同特质的新乡贤找出符合其自身特征的参与乡村振兴的角色与路径。

（一）“新乡贤”的界定

目前对“新乡贤”的研究尚处于探索阶段，到底该如何界定学术界尚存在一定争议，主要集中在精英视角和平民视角两种取向上。精英视角下的新乡贤主要是指具有较高社会地位且拥有较多财富的社会贤达人士，由于他们往往可以为乡村建设提供所需的各种资源，解决现实困境因此也常被学者，特别是官员所推崇。与之相对，平民视角下的新乡贤与传统概念中的乡贤最为不同的是他们所具有的平民化特质，虽然经济实力相对较多、社会影响力也相对较低，但更有道德心、更具有说服村民的道德权威，他们的组成群体也更为宽广，如乡村道德楷模、优秀干部、创业成功的农民工等只要有志于乡村建设，德才兼备都可被视为新乡贤。

由此可见，新乡贤的主体到底应该是拥有巨大财富和权力资源的“富人”“官员”型的权势阶层，还是道德高尚的平民化普通市民阶层，是新乡贤争议的关键所在。事实上，权势精英因其所具有的经济实力和社会影响力在帮助、带领实现乡村产业兴旺、生活富裕等方面所具有的明显优势常使他们更加受到各界推崇，但也正如一些学者所指出的，在约束现代社会新乡贤角色作用的“权力文化网络”已遭到破坏，激励新乡贤发挥保护性作用的机制也日渐式微的背景下，精英型新乡贤存在变为“赢利性经纪人”的可能性也十分巨大。[②] 反观平民视角下的新乡贤，往往是土生土长的普通农民，他们在情感、利益等方面都更加深入的镶嵌在乡土生活中，且由于权势资源较弱，因此只能依靠自身道德、能力与村民平等互动参与到乡村建设中来，在乡村治理上发挥引领作用。

因此，笔者认为在新时代背景下的“新乡贤”不应仅仅将“财富”和“权势”作为唯一的必备条件，“德行”和“才华”同样是十分重要的基

① 任九光．“乡贤”的历史发展与近代突变［J］．教育文化论坛，2016，8（3）：123-130.

② 吕德文．基层权力失控的逻辑［J］．南风窗，2012（14）：40-43.

础。基于此，可将新乡贤定义为：那些在乡土社会中拥有一定财富、能力、文化、德行的人，他们更多的成长于乡村之中，扎根在乡村之中，往往具有良好的口碑和声望。

（二）积极引导不同类型的“新乡贤”参与乡村振兴

在新时代新的社会背景下，需积极引导不同类型的新乡贤根据自身特质，从不同路径切入，发挥其在乡村振兴中的作用。

1. 精英型新乡贤

一般来说，精英型新乡贤主要包括富人、企业家、专家学者等群体，他们具有虽出生于乡土但功成名就在城市的特点，实际的日常生活早已远离乡土社会的状况使他们不可能将所有的时间和精力都投入到乡村振兴当中，因此属于“不在场的新乡贤”。对于这部分人，应充分利用他们在市场信息、产业动态、招商引资、市场眼光以及资金等方面的优势为乡村振兴提供帮助，具体途径可包括：建言献策、项目承包、开拓市场、基建投资等。以本次调研地湖北省峒山村为例，从村庄走出去的成功人士多有较强的“回报桑梓”之情，他们虽没有更多时间返回家乡，但也多愿意以修建道路、返乡投资等方式为家乡发展提供财力与物力上的支持。

除投钱投物外，发展产业、承包工程等各种以项目形式介入乡村振兴也是充分发挥精英型新乡贤优势的举措之一。对一些沿海发达地区或距离大城市较近的远郊地区，可以充分利用其较多的市场机会和乡贤资源实现乡贤资源与乡村振兴的创造性结合。① 此外，对于那些地处中西部地区的广大农村，虽没有太多的工商业机会，乡村社会内部也往往缺乏富商精英群体，但可通过政府倡导，制定一些相关优惠政策吸引部分富商、精英群体返乡。

值得注意的一点是，虽然我们倡导和鼓励各类新乡贤参与乡村振兴，但由于目前村务监督制度尚存在诸多漏洞，因此为了避免出现部分资本假借乡村振兴发展之名下乡圈钱、与民夺利的状况发生，要十分注意把握新乡贤参与乡村振兴的限度，并不主张让富商资本成为乡村振兴的主体。特别是对一些资源相对较多的村落更是要谨防资本式的“新乡贤”下乡圈地，逐渐建立健全村务监督机制。

2. 平民型新乡贤

与精英型新乡贤相比，平民型新乡贤多生于斯长于斯，他们的日常人情

---

① 高万芹．新乡贤在乡村振兴中的角色与参与路径分析［J］．贵州大学学报，2018（6）：127-134.

往来、社会关系等都在本地的乡土社会之中，并没有脱离农村，他们多是依靠自身的知识、能力、道德和声望等的出众表现，在乡村生活中形成威望，逐渐成为公共事务的领头人，因此他们属于“在场的新乡贤”。对于这群生活在村民身边，与村民有着千丝万缕联系的平民型新乡贤虽不具备太多的权势和资源，但可以通过动员群众、群策群力，依靠自身人力和智慧全身心地投入到农业生产、文化礼俗、乡村治理等建设中来，因此他们才应被视为乡村振兴的主体。

平民型新乡贤虽应被视为乡村振兴中的主体，但他们在个人社会、经济资源等方面的弱势也较为明显，因此需借助外部力量达到带动乡村发展的目标。对于一些传统文化资源保持较好的地区，可将“在场”的精英型新乡贤与“不在场”的平民型新乡贤各自所拥有的优势相结合，实现内外资源整合的态势，如广州的清远地区乡贤文化建设即可作为一种典范。[①]

此外，在资源下乡的新时代背景下，应更加充分的利用国家资源与乡村资源相结合来实现乡村振兴。例如在一些经济、文化相对薄弱的地区，可以通过长期组织居住在农村的退休干部、品行道德较好的“好人”组成村落理事会，由政府公开赋权帮助他们进一步树立威望，同时输入一定的资源帮助他们开展乡村建设和公共服务活动，进而形成内外联动、群众参与的大好局面。

综上，根据对新乡贤类型的基本划分，为我们在乡村振兴战略背景下充分发挥各种新乡贤的自身优势提供了一定的理论参考，并根据他们各自的特质进行了参与路径规划，在具体的实践中各地区应根据自身特点因地制宜地制定符合本地区发展的路径方针。

小　结

本章通过对当前农村发展中所面临的人才短缺现状、人才流失原因，以及人才流失对乡村振兴战略的影响，对乡村振兴中面临的人才短缺问题进行了深度剖析。同时结合调研地峒山村在破解人才瓶颈的实践探索，提出当地

---

① 孙敏. 乡贤理事会的组织特征及其治理机制：基于清远市农村乡贤理事会的考察［J］. 湖南农业大学学报，2016（6）：49-55.

以推进“劳动力离土不离乡”留住人才、“以整合人文素质与科技一体化打造人才”以及“原有精英与资本合作再造乡村精英”等多条探索道路，有效地缓解了当地发展的人才短缺问题。最后，针对乡村振兴战略中的人力资源问题，提出了应大力发展职业农民，促进精英人才回归，分类精准、扶持振兴人才，发挥新乡贤作用等相关建议。

第八章　统筹城乡融合发展的乡村治理创新

从统筹城乡发展到城乡一体化发展，再到城乡融合发展，反映出进入21世纪以来我国“三农”战略不断发展创新的过程。在以往统筹城乡发展和城乡一体化发展阶段，不少人对城乡发展的理解产生一定程度的偏差。认为统筹城乡发展或者是城乡一体化发展就是不断推进城镇化进程，促使越来越多的农村转变为城镇，越来越多的农村人转变为市民。在这种理论的指导下，近年来按照城市模式搞新农村建设的案例不胜枚举，有探索失败的案例，也有短暂取得较好成绩的案例，但不管是成功的案例，还是失败的案例，这种发展模式均带来诸多发展困境。如土地、人口等生产要素过度非农化问题；农村用地严重空废化问题；农村人口老弱化问题；农村水土环境严重污染问题等。党的十八大以来，以习近平同志为核心的党中央坚持把解决“三农”问题作为全党工作重心，提出以乡村振兴战略引领城乡融合发展。城乡融合发展不是“城乡一样化”，更不是“农村城镇化”，而是城乡各自发挥优势，形成补充态势，最终把城市建设得更像城市，农村建设得更像农村。农村不能全盘按照城市的发展模式进行发展，也不能全盘按照城市的治理模式进行治理，需要结合本地特色，进行乡村治理创新。峒山村作为鄂州市城区西郊的一个普通村庄，同样面临以往城乡一体化发展模式的困境。为应对新形势下乡村发展的问题与挑战，峒山村民在村两委的带领下，不断开展适应城乡融合发展乡村治理创新实践，解决城乡融合发展中的一系列问题，让乡村振兴之路愈发开阔。

第一节　城乡融合发展趋势下乡村治理面临的挑战

城乡一体化发展、城乡融合发展是马克思恩格斯城乡融合理论中国化的最新理论成果，是中国城乡融合发展伟大实践的成果。恩格斯于1847年最早提出了城乡融合的概念，他指出：通过城乡的融合，使社会全体成员的才能得到全面发展。”[①] 马克思恩格斯虽然没有对城乡融合做出专门的理论阐述，但城乡融合的思想散见于其论述中。如城市越大，定居到这里就越有利[②]，使工业在全国分布得最适合于它自身的发展和其他生产要素的保持或发展，大力提升农业生产力，通过联合进行大规模经营的优越性[③]，把城市和农村生活方式的优点结合起来，避免二者的片面性和缺点[④]。总之，马克思恩格斯认为城乡融合是历史发展的必然，城乡之间的关系由最开始的混沌一体，到后来的分离与对立，最终走向融合发展。

为响应城乡一体化发展要求，中国各地党委和政府开展了各具特色的实践探索，一批名噪一时的“样板”工程震撼登场。纵观各地的实践探索，我们可以发现过分追求或者只追求工业化与城市化正成为越来越多地方政府城乡一体化的发展目标。[⑤] 在这种发展目标的指引下，我国乡村原本面临的空心化、老弱化等问题不仅未得到有效缓解，在部分地区甚至呈现愈演愈烈之势。因此，新时代的城乡融合发展，必须首先重视当前乡村面临的新旧问题，解决乡村治理面临的诸多现实问题与挑战，实现城市与农村在保持各自特色的前提下，相互补充，融合发展。具体而言，城乡融合发展趋势下乡村治理面临的挑战如下。

一、乡村治理结构失衡问题严峻

城乡融合发展在给农村带来了资金、技术等的同时，也引起了农村生产生活方式、社会结构的剧烈变动，对乡村秩序造成较大冲击，给乡村治理带

①②④　马克思恩格斯选集（第1卷）［M］. 北京：人民出版社，1995.

③　马克思恩格斯选集（第3卷）［M］. 北京：人民出版社. 1995.

⑤　宋亚平. 不要让城乡统筹发展误入歧途［J］. 江汉论坛，2011（3）.

来很大挑战。城市的善治离不开党委、政府、社会和公众的共同有序参与，城乡融合下的乡村治理同样离不开党委、政府、社会和公众的参与，那种以往仅靠村两委班子成员就能管理好村庄事物的模式已远远不能满足现状的需求。城市社区面临日益沉重的各职能部门下沉工作任务，城乡融合发展下的农村也同样面临日益繁重的下沉工作任务，那些村民原本需要去城镇办理的业务逐步由村委会代办理。职能部门下沉极大地便利了村民，减少了村民的办事时间，但对人力、经费、治理手段均较为缺乏的村两委来说，治理挑战空前巨大。不仅如此，参与乡村治理的主体也非常的单一，往往表现为村两委"独挑大梁"，治理结构严重失衡。在治理结构失衡的影响因素中，城乡融合带来的乡村日益空心化影响尤为严重。农村空心化也称为"过疏化"，是指在农村人口非农化过程中，农村已有宅基地逐渐空废，同时新建住宅逐步向周边扩展，导致农村用地规模不断扩大，而闲置空废住宅同步上升。这种"外扩内空"的不良演化最终导致了空心村的产生。[①] 笔者认为，农村空心化既有广义上的空心化，也有狭义上的空心化。狭义上的空心化主要指农村人口过度非农化问题。广义上的空心化既包括人口空心化，也包括土地空心化、产业空心化和公共品供给空心化，是农村地域经济社会功能的整体性退化。[②] 农村空心化问题是社会不断发展变迁的产物，它正逐步促使我国农村的社会结构发生深刻变革。在农村，传统的"男耕女织"逐渐变成"男工女耕"，不少农村地区甚至变成"男工女工老人耕"。大量的农村青壮年劳动力纷纷外出务工，妇女、老人和儿童成了农村社会的常住主体。依据国家统计局《2016 年农民工监测调查报告》数据显示，2016 年我国农民工总量达到 28171 万人，同比增长 1.5%。虽然近年来外出务工农村人的增速有所降低，但整体上看，农民工数量依旧呈现逐年上升趋势，从 2011 年的 25278 万人，逐渐上升到 2016 年的 28171 万人。农民工的主体依旧为青壮年，数据显示，2016 年农民工平均年龄为 39 岁，80 后出生的新生代农民工已经成为农民的主体，占总量的 49.7%。

治理结构失衡主要表现在两个方面。一是参与主体缺位严重，村内民主选举、监督、管理与决策等治理流程流于形式。普通村民和精英（正式精

---

① 李祖佩. 村庄空心化背景下的农村文化建设：困境与出路［J］. 中州学刊，2013（6）.

② 刘彦随，刘玉，翟荣新. 中国农村空心化的地理学研究与整治实践［J］. 地理学报，2009（10）.

英与非正式精英）是目前乡村治理的主体，而依据《中华人民共和国村民委员会组织法》规定，村委会干部由村民直接选举产生。因此，从制度上看，普通村民是乡村治理的主体。大量外出务工的青壮年农民工本应是农村民主建设的中坚力量，但他们长期在外赚钱养家，根本无暇参与村内治理过程，只能让留守家内的老弱妇孺作为家庭代言人，而老弱妇孺参与乡村治理的意愿和能力都非常弱，导致村民的真实意愿无法表达。此外，留守村民的物质生活条件和文化教育水平均不高，极大地限制了他们参与乡村治理的能力。二是参与农村治理的结构失衡。作为整体参与农村治理公共权威机构所形成的关系与制度安排就形成了农村治理结构。[①] 从学理上看，村党支部、村委会和其他社会组织共同形成了农村治理结构，但现实中，村委会与村党支部联系紧密，部分地区（如湖北省大部分地区）实行村支书与村主任一肩挑。因此，作为整体参与治理的主要可分为正式组织与其他社会组织，此外，以血缘关系为纽带的家族组织在许多地区逐渐抬头，成为影响农村治理的一股重要力量。空心化使得的农村大量精英人才外流，村两委的大量工作难以开展，许多工作处于瘫痪或者半瘫痪状态，税费改革后农村经费进一步吃紧，对不少本就治理人力缺乏的农村来说，更是雪上加霜。人力与财力的双重限制，导致正式组织的执行力和影响力不强。农村的社会组织往往带有很强的行政色彩，自己独立参与农村公共事物的能力较弱。刘永东等基于 6 省 116 村关于农村民间组织的大样本随机调查数据显示，中国农村的农民组织虽然数量较多，但规模普遍较小，且约七成由官方发起，主要由村干部负责管理。[②] 在空心化背景下，这种依托官方而成立运行的社会组织难以有所作为。在正式组织和社会组织双重弱化的前提下，不少农村地区的家族组织逐渐抬头，特别是在传统文化色彩较为浓厚的华南地区，家族组织在乡村治理中发挥着非常重要的作用。家族组织长期把持村内的公共权力与资源，给村内民主化进程带来了极大的挑战。

二、乡村党组织核心引领弱化普遍

农村基层党组织是党在农村各项工作的桥头堡与基础，是领导村级各种

① 周红云．社会资本与中国农村治理改革［M］．北京：中央编译出版社，2007.

② 刘永东，刘明兴，徐志刚，等．中国农民组织发展：治理结构与组织功能——基于 6 省调查的分析［J］．经济社会体制比较，2008（1）.

组织和事业单位的核心。在城乡融合发展背景下，随着农村空心化问题越来越普遍，农村的土地、人口等要素加速流向城镇，基层党组织面临党员干部人才短缺、党员素质普遍不高、党内民主建设相对滞后、组织影响力不强等问题。城乡融合发展在促进城市与农村要素流通的同时，也给基层党建带来了巨大的挑战。在城乡“二元制”分离发展的背景下，基层党组织面对的事情较为简单，主要限于农村内部事务。而在城镇化不断提速的当下，农村的资源与要素与城镇的资源与要素不断交互发生联系，农村的资源流入城市，城市的管理事务下放到农村。美丽乡村建设与乡村振兴战略均要求农村在教育、医疗、公共设施等方面向城镇靠拢，最终实现一体化发展。在这种发展模式下，农村党组织将面临越来越多本属于城镇的社会管理事务（如道路、水利、环境、水管建设、社保等）。不断复杂且繁重的事务，对本就弱化的农村党组织来说，无疑是巨大的挑战。

农村基层党组织建设弱化主要表现在以下几个方面。一是党员干部教育缺失，自身素质不高。由于受到青壮年党员外出打工和党员干部忙于事务性工作的双重影响，许多农村地区的党员教育和主体党日很难开展，更谈不上规范化的教育培训。即使在少部分坚持持续开展党员管理教育的村，党员教育管理的方式方法往往流于形式，过于陈旧，没有根据新时代农村的变化而做出改变创新。陈旧的党员教育管理方式停留在写标语、办板报、发资料等传统手段，没有及时掌握广大党员群众的新想法与新要求。城乡融合发展，需要把农村的诸多事务逐步纳入城镇管理标准范围，无疑会给基层党组织带来诸多新工作与新任务。而目前广大农村党员干部的素质并没有随着城乡融合发展而明显提高，特别是自身文化水平、工作能力和服务意识都较低。面对大数据和信息化的新时代，党员干部文化素质低限制了其学习和使用信息化技术的潜力，使其在统领农村产业化发展，为村民提供全面系统的资金、市场、技术等方面的服务上力不从心。还有不少党员干部服务意识较低，既无为民谋福利的决心，也无为民谋福利的工作能力，缺乏统领农村经济社会发展的能力，对推进农业供给侧改革缺乏思路和办法，极大地限制了乡村治理的有效开展。二是基层党组织的党内民主建设相对滞后。从制度建设上看，党内民主监督较为完备。但在广大农村地区，对基层党员干部的监督往往流于形式，监督主体软弱无力，特别是对村主要党员干部的监督更是非常缺乏，才导致村干部腐败问题层出不穷。在缺乏监督的前提下，全国曝光了不少村干部吃拿卡要问题、挪用私分公款问题、圈地卖地问题、截留冒领问题等，引起了广大群众的极大不满。此外，基层党员干部的民主意识较为缺乏，在涉及村内重大事项的决策和实施上，往往采用走过场的形式处理，没有真正听取群众的意见。还有部分村没有及时公开村两委的人事和工作安排、村财务状况等重大事项，村务信息的公开透明度较低，非常不利于村民对村两委工作的知情与监督。三是党组织在村内的影响力不强。农村党组织是农村各项工作的领导核心，本应统领全村各项工作，带来全村村民奔小康。但一些农村党组织软弱涣散，党员干部不想干事、不去干事、也不会干事现象较为普遍，农民遇到问题和困难无法通过党组织得到解决，导致群众对党组织的依赖和信任度逐渐下降。特别是村民民主化意识显著提升后，村民的不信任感将直接表现在参与村委会选举的热情不高，支持村委会工作的力度不大，对村委会的工作和政策漠不关心等。这种组织涣散的情况将严重影响基层党组织的战斗堡垒作用，为党组织统领农村各项工作带来极大的挑战。

链接：村干部腐败的六种类型

(1) 吃拿卡要。一些村干部利用手中掌握的权力，要求前来办事的村民必须“表示表示”。尤其是在土地承包、流转和宅基地批准等方面，村民如果不进行一定程度的表示，事情非常难办。以往“吃拿卡要”主要表现为村民送烟酒、鸡鸭等小惠，但近年来，不少村干部不满足于这些小恩小惠，直接向村民索要成千上万的现金或购物券。如四川省资阳市某村的孤寡老人为申请计划生育家庭特别补助，不得不请村干部吃饭，给村干部送礼，总共花费600元。陕西省户县某村村主任向5名村民收取“跑腿费”3.58万元，收取名义为帮助办理危房改造资金申请工作。

(2) 挪用私分公款。在基层，挪用私分公款主要是县乡部门干部与村干部一起私分集体资产。从国家近年来查处的村干部贪腐案件看，大部分涉案村干部都存在挪用私分公款行为，挪用的资金主要来源于土地承包费、隐瞒人口差额费、占地赔偿费、私自低价出租或转让集体土地费等。如广东省梅州市某村村主任与副书记一起私分劳动培训费等5万多元。

(3) 圈地卖地。主要表现为一些村/居干部利用旧城改造、城中村改造等机会，大肆圈地卖地，出售集体土地。如湖南省永州市某村的村民小组长等人将县城规划区域内的部分土地以5万~8万元/亩的价格转卖给他人，转卖所得在全组内进行平分，每人分得1.2万余元。

（4）侵吞集体资产。中共中央办公厅、国务院办公厅在 2015 年 11 月 2 日出台了《深化农村改革综合性实施方案》，提出积极开展“政经”分开的实验，探索剥离村两委对集体资产的管理职能。目前，村干部兼任村集体经济组织的法人或间接控制较为普遍，这种“政经不分”的现象容易导致一些村干部利用手中的权力侵吞集体资产。如浙江省绍兴县某村的书记、主任和村委委员三人签订分厂协议，将原来净资产超过 1455 万元的村集体企业一分为三，瓜分了集体企业的资产。

（5）截留冒领。当下，越来越多的涉农资金主要通过财政转移支付和国家财政惠农补贴下达到村内，一些村干部利用手中的权力，私造表格，假报信息，截留冒领国家转移支付的各项资金。如内蒙古自治区某村的书记虚报生产资料补贴费、良种补贴、休牧草牧场面积等，冒领各项补贴累计十几万元。

（6）涉黑涉恶。当前，不少农村存在着一定程度的“黑恶”隐忧，特别是在一些经济较为活跃的城中村、城乡接合部地区，个别村干部笼络打手、操纵选举，俨然成为百姓眼中的“黑老大”。如在选举村干部过程中，参选者采用利诱和恐吓双管齐下的手段，威逼利诱村民投票。

三、乡村养老面临现状与隐患双层夹迫

经济社会发展到一定阶段必然会产生人口老龄化问题，世界各国迟早都将会发生。[①] 按照发达国家老龄化发展历程，城镇人口老龄化要高于农村，而我国的情况恰好相反，农村人口老龄化要显著高于城镇。根据第六次全国人口普查数据可知，全国 60 岁以上人口达到 1.78 亿，占总人口的 13.26%。其中，60 岁以上的城镇老年人口为 4631 万人，农村为 9930 万人，农村 60 岁以上的老年人口数量是城镇的 2 倍以上。据世界银行 2012 年发布的《中国农村老年人口极其养老保障：挑战与前景》报告，2008 年，农村与城镇的老年人口抚养比分别为 13.5%和 9%，相差 4.5%。但到 2030 年，农村老年人口抚养比将会达到 34.4%，而城镇老年人口抚养比将达到 21.1%，两者间的差距将扩大至 13.3%。随着农村年轻人口不断前往城镇，农村家庭

① 杨春. 城市老年人心理和精神文化生活状况的调查分析：以江苏省为例［J］. 人口学刊，2011（3）.

养老压力将会越来越严重。农村老龄化问题虽然晚于城镇化而发生，但2011年以后，城镇化与农村人口老龄化两者之间的关系越来越密切。从某种程度上，我们可以认为城镇化是导致农村老龄化异常严重的重要原因。从城乡统筹，到城乡一体化，再到今天的城乡融合发展，农村老龄化问题已与城乡融合发展密不可分。不断推进的城镇化进程为农村人口老龄化带来了多维度、复杂的影响，其中既有机遇，也有挑战。从目前的形势看，挑战大于机遇，具体表现在以下几个方面。

（1）农村传统家庭养老模式逐步解体，正面临日益严峻的养老压力。在空心化问题的探讨中，笔者指出2016年我国农民工总量从2011年的25278万，逐渐上升到2016年的28171万人。依据这种发展态势，在未来相当长一段时期内，从农村流向城镇的流动人口还将保持在2亿以上。中国传统的养老模式为“养儿防老”，儿女既能在物质上对老人进行赡养，也因居住较近或者居住一起而满足老人的精神要求。虽然也会发生子女不赡养父母的情况，但这只是极少情况。而随着大量青壮年外出务工和定居，农村留守老人问题日益严重。据2012年世行报告数据，老人与成年子女同住的比例显著下降，已从1991年的70%下降到2006年的40%。老人与成年子女的分居，导致传统家庭养老模式逐步解体，而与此同时新的养老模式未形成，农村养老形成“空档”，养老压力将日益严重。在优先满足城镇社会保障水平的政策发展下，农村地区的社会保障水平和养老设施建设均非常差，医疗保障水平更是相差甚远。农村留守老人具有较为明显的高龄化、空巢化、低收入化和少保障化等特点，在社会保障、养老设施和医疗保障均较差的前提下，广大农村地区将会有越来越多的老人面临“老无所养”。这种“老无所养”既包括物质上的，也包括精神上的。部分子女虽然通过给老人汇款解决日常生活问题，但长期独居导致老人的孤独感与日俱增，老人的情感需要长期得不到满足。

（2）失地农民养老问题凸显。在工业化和城镇化浪潮中，不可避免征用部分农村集体土地，产生失地农民。随着工业化与城镇化速度加快，失地农民的数量也迅速提升。据2013年我国第二次全国土地调查数据显示，我国耕地为203077万亩，相比原来掌握的数据，增加2亿亩。与此同时，国家2014年发布的数据显示，我国失地农民总数已经达到1.12亿人。土地是农民的主要经济来源与生活保障，尤其是对留守老人来说，更是意义非凡。大量青壮年外出务工，逐步改变了农村家庭的收入来源，许多家庭的主要经济来源已不再是务农所得，但土地依旧是农民养老的最后保障。失地农民是经济社会发展的必然产物，但如果不能给予失地农民切实可靠的经济补偿和就业扶持，他们未来的日常生活将会缺乏保障，养老更是困难重重。就目前来说，全国各地征地补偿的差异较大，征地补偿金在经过乡镇、村留存后，分配到农户手中的钱能维持 2 年左右的基本生活消费，指望这笔一次性补偿金养老不太现实。失地农户受自身知识技能和能力的限制，再就业非常困难。在城乡分割的社会保障制度下，失地农民无法纳入城镇社保体系。因此，失地农民有成为“三无人员”（无土地、无工作、无保障）的风险。

（3）新生代农民工养老隐忧巨大。在外出务工的农民中，一般认为生于 20 世纪 50—70 年代的为第一代农民工，生于 20 世纪 80 年代以后的为第二代农民工或新生代农民工。与第一代农民工不同，新生代农民工基本没有学会任何农务技能，他们是不会农活的农村人。他们从学校毕业后就长期在城镇打工，但在城乡二元制的限制下，绝大部分未真正融入城市，成为“城市人”，而是绝大部分时间在城镇，但户籍在农村的“半城市人”。新生代农民工没有真正市民化，就无法享受城市的社会保障措施，以后无法在城市养老。他们没有务农经验和技能，以后回到农村无法依靠土地养老。因此，这批目前城镇化进程的主力军，在未来二三十年将会给城乡老龄化问题埋下巨大隐患。

第二节　峒山村适应城乡融合发展的乡村治理创新实践

党的十八大以来，峒山村两委深入学习贯彻习近平总书记系列重要讲话精神，在思想上、政治上、行动上时刻与党中央保持高度一致，切实将各级党委、政府部署的决策任务落到实处。为解决城乡融合发展中面临的一系列问题，村两委不断强化农村党组织建设，切实发挥党组织的核心引领作用；不断引导村民、各社会组织参与乡村治理，让村民自治之路愈发通畅；在集思广益和多方联动的基础上，不断引进先进的理念和管理模式，找到一条符合本村特色的经济发展之路。

一、统领城乡融合发展的基层党建

乡村振兴，关键在基层党组织。2017 年 12 月 12 日至 13 日，习近平总书记在江苏徐州市考察指出：“农村基层党组织是农村各个组织和各项工作的领导核心，要强化农村基层党组织职能，把农村基层党组织建设成为宣传党的主张、贯彻党的决定、领导基层治理、团结动员群众、推动改革发展的建强战斗堡垒。”在城乡融合发展的时代潮流下，如何顺应时代潮流，整合各类要素资源，实现乡村振兴，基层党组织不仅应有所为，也大有所为。在峒山村的振兴之路上，村党支部始终发挥着核心引领作用。作为村党支部的带头人，支部书记通过自己的一言一行影响带动村两委班子成员，促使村干部办事形成合力，形成一股劲干事，极大地提高了村两委的办事效率和为民服务能力。在全体党员和群众团结一心、艰苦奋斗下，2016 年 7 月峒山村党总支被评为“全国基层先进党组织”。

（一）坚持宣传教育走在前面

党的十九大顺利召开后，峒山村党总支迅速响应新时代的号召，在村内认真贯彻执行十九大重要精神，把宣传、学习和贯彻执行作为今后的首要政治任务。为更好、更有效地向广大党员、群众宣讲十九大精神，村党总支及时制定讲习制度，组建宣讲队伍，挂牌成立峒山村讲习所，广邀村内外各领域的能人开展党的十九大宣讲活动。为办好讲习所，村党总支制定严格的学习管理制度。具体而言：一是切实加强组织领导。确定党总支书记为讲习所所长，第一书记、驻村工作队员和其他支部委员为讲师团的主要组成成员，还鼓励发动普通党员登台讲党课。为保证宣传教育质量，村党总支注重从“两代表一委员”、致富能手、业务骨干、“五老”等乡村精英中选拔讲习员，且定期对讲习员进行集中培训。二是制定严格的学习计划与管理办法。为避免学习教育的盲目性、不连续性等问题，村党总支结合中央、省委、市委工作安排和村内实际需要，统筹制定年度学习教育计划，并制定配套的每月详细讲习计划内容。坚持痕迹管理办法，按照“一事一册”的工作要求，及时归纳整理讲习所每月学习方案、学习机会、讲习稿、讲习记录、现场图像资料和群众意见等资料。三是丰富讲习方式。按照“课堂集中讲习”的原则，村党总支做好专家、学者的邀请、协调、服务等工作，每月至少开展一次集中讲习。按照“互动分散学习”的原则，村党总支每月至少组织一次面向全体党员的讲习活动，注重理论与实践业务知识相结合，让广大党员在互动学习中做到工作学习两不误。按照“网络自助学习”的原则，村党总支充分发挥互联网终端平台的作用，主要利用“两微一端”的推广作用，及时宣传优秀的讲习稿件、推介实用的讲习经验、优秀的典型人物事迹等，形成浓厚的宣传引领氛围，方便群众及时学、流动党员系统学。

图 8-1　组织开展主题党日

（二）抓实班子队伍建设

村两委的班子队伍建设情况在很大程度上决定着基层党建工作的落实与否，基层党建工作要做好做实，班子队伍建设必须过硬，必须发挥带头作用。峒山村始终坚持以强化班子自身建设为首任，深入推进“两学一做”学习教育常态化和制度化，通过中心组学习，狠抓班子日常学习，狠抓制度执行情况，积极落实村干部专职化管理办法。村两委必须公开承诺履职尽责，接受村务监督委员会和村民的监督，为强化对村两委的监督力度，开展“亮身份”“五星评比”“无职党员设岗定责”等活动，对班子成员进行全方位的监督。为确定班子成员的工作职责，对班子成员实施目标管理考核办法，班子人员的责任分工到片，管理到人，既有明确的分工，又有灵活的合作。坚持以制度规范建设为主要抓手，建立党内监督管理制度、“党务、村务、财务”公开制度等，不断增加各项村级工作的透明度，打造民主管理、民主监督的良好氛围。在做好服务工作上，村两委创新工作方法，打造“1+1+X”社区窗口服务模式，创建峒山村社区服务新平台，极大地便利了村民各项业务的办理。在班子队伍建设中，党风廉政建设至关重要。当下，基层党组织特别是村级党组织均面临较为严重的党风廉洁建设虚化、形式化的问题，基层党组织班子人员一方面认为自身权力不大，另一方面认为上级监督管理执行力有限，因此没有必要注重党风廉洁建设。但近年来不断发生的“村干部巨贪”事件，给我们敲响了基层党建的警钟，党风廉洁教育必须“全覆盖”，千万不能犯“村干部不是干部”的错误想法。峒山村党总支组织全村各支部党员深入学习党的十八大精神、十九大精神、新党章及相关文件精神。建立党员干部定期学习教育的制度，定期召开党风廉洁建设专题会，集中观看廉政教育片，不断提高党员干部的拒腐防变能力。为防止廉洁建设仅停留在理论学习上，峒山村党总支、村委会认真贯彻执行各项制度，坚持理论与实际相结合的原则，对各项重点工作进行分解细分，明确办理的时间和方法，确保党风廉洁建设取得实效。

（三）建立党内关怀帮扶制度

广大党员是基层党组织发挥战斗堡垒作用的关键，关爱党员、帮扶党员能显著提升党员干部的战斗力。峒山村建立健全党内关怀帮扶制度，一是建立困难党员台账。全面了解各类困难党员的具体情况，重点关注老党员、离退休党员、生活困难党员、家庭遭灾党员、本人或直系亲属病逝党员，根据实际情况适时更新党员台账。二是建立普遍走访慰问制度。在全面掌握各类困难党员的基础上，建立走访慰问党员制度，在“七一”、春节等重要节日对重点困难党员进行普遍走访，帮助其解决实际问题。三是建立党员谈心制度。及时了解党员的思想动态，峒山村党总支建立干部联系党员制度，确保每名党员每年至少接受一次谈话、谈心。特别是对那些有情绪的党员，要及时进行谈话交流，把问题化解在萌芽阶段。四是建立党员权利保障制度。村党总支切实保障党员的选举选、被选举权、知情权、参与权、申诉权等权利，充分激发广大党员参与党内事务的管理和监督工作热情。五是建立表彰奖励制度。定期开展“优秀党务工作者”“优秀共产党员”“先进基层党组织”等评选表彰活动，营造党内创先争优的深厚氛围。

二、主导城乡融合发展的村民自治

（一）强化村民自治的制度效力

在城乡深度融合的大环境下，农村的形势日趋复杂，农村社会治理面临着越来越多的新问题与新挑战。红白喜事铺张浪费问题、公共环境脏乱差问题、留守老人儿童无人照看问题、社会治安越来越差问题等现象层出不穷，仅靠村两委的班子成员难以及时解决问题。面对日趋复杂的农村治理环境，有效的乡村治理必须提倡自治的理念，激发广大村民自我管理和自我约束的内生动力。而在现实中，村规民约是激发村民内生动力的不二选择。虽然绝大部分村都制定了村规民约，但大多数仅仅停留在文件上，停留在宣传栏上，并未真正发挥作用。村两委意识到村规民约的重要作用，在遵守相关法律法规的前提下，广泛听取村民的意见，制定符合本村实际的村规民约，并明确相应的主体责任，全面提升村民的自治能力。通过不断完善村规民约，峒山村逐步建立起党委领导、村级组织主导、村民广泛参与的新乡村治理体系。广大村民积极参与乡村自治，不仅显著提升了村民的村集体归属感，也极大地减少了村两委的工作量，形成村两委积极引导与服务、村民积极参与与自我服务的良性互动。

在增强村民自治的制度效力上，峒山村紧紧抓住村规民约这个“牛鼻子”，通过鼓励引导村民全程参与村规民约的制定、修订、维护、执行，在不断夯实村规民约的民意基础和制度效力同时，显著增强村民的自治意愿与自治能力。村规民约的具体内容涉及村民生产与生活的方方面面，为确保村规民约真正来之于民，用之于民，峒山村在制定和修订村规民约时，村两委广泛使用线上和线下两种方式收集民意。线上通过 QQ 群、微信群等发布修订征求意见，在线收集意见。线下带领主要党员代表深入农户院落，围绕村民关系的环境卫生、公共道德、家庭纠纷、家庭美德、集体资产等热点问题，认真听取村民的意见，让村规民约与民意紧紧结合在一起，使修订后的村规民约接地气、易落实。在村规民约的具体修订中，村两委既注重与已有的法律法规保持一致，又注重与乡镇、村重点工作相结合。修订后的村规民约包含社会治安、生态文明、消防安全、村风民俗、邻里关系、婚姻家庭六个方面。其中，社会治安包括 8 条具体规定，规定内容主要涵盖个体知法守法、村之间团结友爱、爱护公共财产、自觉维护社会秩序与公共安全等。生态文明包括 8 条具体规定，规定内容主要涵盖垃圾分类、自觉清扫居住区周边垃圾、清除承包田周边垃圾、维护公共区域环境卫生等。消防安全包括 5 条具体规定，规定内容主要涵盖家庭用火、野外用火、少年儿童用火、定期检查村内与户内电线安全等。村风民俗包括 6 条具体规定，规定内容主要涵盖破除封建迷信、引导管理村内红白喜事、村民建房需服从建设规划等。邻里关系包括 4 条具体规定，规定内容主要涵盖邻里互爱互助、协商解决纠纷等。婚姻家庭包括5条具体规定，规定内容主要涵盖倡导男女平等、优生优育、夫妻平等、赡养父母、教育未成年子女等。为了强化村规民约的效力，由村两委成立监督督察队，对村规民约的实施情况进行定期监督，特别是对村民关心的热点问题进行重点监督。督察队定期向村两委汇总发现的问题，村两委视情况进行针对性处理，对触犯法律法规的，报送司法机关处理；为触犯刑律和治安处罚条例的，由村委会进行批评教育，责令改正。

（二）建立适应城乡融合发展的自治观念

在城乡融合发展中，除了经济收入、生活水平、硬件设施需要融合发展外，城乡居民的生活观念也需要进行一定程度的融合发展，特别需要建立适应城乡融合发展的自治观念。观念的形成并非一朝一夕能完成，需要日积月累的积淀才能缓慢转变，其一个重要的外在表现形式为风俗，观念的改变会逐步导致风俗的转变，因此在农村开展移风易俗活动，切实转变村民的观念至关重要。著名社会学家费孝通在《乡土中国》中提到，乡土社会的变迁十分缓慢。已有风俗是日积月累形成的，移风易俗也绝非一朝一夕之功。峒山村两委意识到移风易俗工作的长期性，坚持在科学教育引导的前提下，不断完善制度与村规民约，切实规范和约束村民的行为，逐步形成良好的村域文明风尚。

为建立适应城乡融合发展的自治观念，峒山村持续开展了一系列移风易俗的活动，村两委充分发挥村民的主动积极性，动员组织村民深入开展移风易俗活动。具体而言，明确活动目标与标准，那就是不断健全道德评议会、红白理事会、禁赌协会等群众组织，婚丧事不大操大办，封建迷信、黄赌毒之风已经杜绝，实现家庭和谐、邻里和睦、孝老爱亲、男女平等、诚实守信，大力弘扬文明新风尚。工作目标确定后，峒山村及时组建领导机制，成立移风易俗领导组织，“一把手”负总责，各相关人员各司其职。此外，还成立道德评议会、禁毒协会、社区科普组织等，辅助开展工作。为确保移风易俗长效开展，峒山村设立专门的办公场所，由专人负责，每月召开一次专题会议，及时查找问题和分解任务。在移风易俗的宣传中，峒山村扎实做好宣传工作，引导群众从我做起、从身边做起，广泛利用横幅、标语、宣传栏等形式，营造浓厚的宣传氛围，使文明新风深入人心，家喻户晓。在移风易俗活动中，村域道德建设是关键。为转变村民已有的陈旧观念，提高其道德水平，峒山村以“好婆婆”“好媳妇”等评选活动为主要抓手，用群众喜闻乐见的形式宣扬好的道德。为强化宣传效果，峒山村广泛使用宣传标语牌和宣传栏，及时更新宣传内容，让村民及时知晓本村的基本道德规范内容，避免出现道德失范的言行。

图 8-2　十星文明户评比图

（三）充分激发农村妇女参与自治的热情

截至 2017 年底，峒山村共有 3723 人，其中女性 1876 人，占总人数的一半以上。由于受到传统家庭观念的影响，农村妇女的工作主要围绕农务和家务展开，几乎没有时间和精力参与村域治理。在城市，有各级妇联组织维护和保护广大妇女的权利，鼓励妇女积极参与城市治理。而在农村，缺乏固定有效的妇女组织去维护和保护妇女权利，更没有人力引导妇女参与乡村治理。面对日益复杂且繁重的治理任务，如果不充分挖掘并发挥占总人口一半以上妇女的积极作用，乡村治理将举步维艰。峒山村在各级党委、政府和妇联组织的支持下，紧紧结合本村实际情况，依托党群建设、群众路线教育、计划生育文化示范村打造等有利契机，在峒山社区搭建妇女工作平台，全面推进“妇女之家”的建设工作。在村两委的积极推动下，2017 年 9 月 8 日，峒山村第一次妇女代表大会顺利召开，标志着峒山“妇女之家”进入新时期。峒山村的妇女组织不仅积极参与鄂州“双创”活动、长港镇“农垦文化节”活动、峒山村的“美丽乡村”建设等大事件，还组织志愿者奉献出众多精彩的文艺表演节目，宣传峒山之歌“峒山老家”，主动担当起宣传创建“美丽庭院”的社会责任，为峒山村的城乡融合发展贡献一份力。

图 8-3　妇女腰鼓表演队表演

农村妇女由于长期不参与治理有关事务，其参与的能力和热情均非常缺乏，如何吸引妇女的“注意力”成为峒山村需解决的首要问题。峒山村抓住“妇女对健康的需求越来越高与健康知识缺乏的矛盾”，广泛开展与妇女健康有关的宣传和知识讲座活动。积极利用“两癌”救助活动，开展关于“关爱女性，防止两癌”的主题活动，在社区内设置“两癌”救助活动的宣传标识标牌，为村里的贫困母亲特别组织“两癌”专场，帮助其获得与“两癌”相关的健康知识。针对村内的妇女的需要，不定期组织“关爱农村妇女，呵护生殖健康”的知识讲座。在成功吸引了村内妇女的“注意力”后，村两委把村内妇女组织起来，成立“妇女之家”，为乡村治理贡献属于“半边天”的独特力量。农村妇女的工作重心在家庭，她们与老人和儿童打交道最多，村两委充分利用妇女在这方面的优势。一方面，关爱村内留守儿童。“妇女之家”组织留守儿童参加“庆六一”活动和冬季运动会等活动，让远离双亲的留守儿童感受到家的温暖，为特别困难的儿童发放新衣服、新书包、新生活用品等。暑假期间，为儿童举办安全教育和安全知识培训等活动，提高村内儿童的安全防范意识。另一方面，关爱村内留守老人。“妇女之家”积极关爱留守老人的生活起居和身心健康，在村内组织国学大讲堂、重阳节思亲戏文汇演出等文化活动，极大地丰富了老年人的业余文化生活。

针对农村老人容易误入邪教的风险，“妇女之家”组织志愿者向老人发放反邪教宣传资料，为老人详细讲解如何防范邪教，同时也为他们及时宣传惠民政策等。“半边天”的独特力量为村两委解决了如何服务老人和小孩的问题，极大地解放了村两委的“双手”，使村两委有更多的时间和精力从事村内其他事务。在组织村内妇女积极服务老人和小孩之外，还组织妇女积极参与村内其他事务。如防汛期间，积极组织妇女协助抗洪抢险任务，为前线运送生活必需物资，为家里的老人、妇女和儿童提供力所能及的帮助，及时传达前线的抗洪汛情，让留守村内的家人放心。在防汛结束后，在村内宣传防汛知识，开展大灾来临时的自救和自保等知识讲座，鼓励村民群策群力，共同应对天灾人祸。

图 8-4　关爱留守儿童

三、保障城乡融合发展的经济秩序

促进村域经济持续有效的发展，是解决“三农”问的关键，峒山村就怎么发展村域经济，提升村民收入，找到了一条切实可行的道路，在集思广益和多方联动的基础上，不断引进先进的理念和管理模式，迅速发展起一批村级产业。在发展村域经济上，村两委始终坚持广泛听取党员群众意见、集体利益集体智慧共同决定的原则，遇事及时召集两委班子成员，以及各支部

图 8-5　关爱留守老人

书记开会讨论决定。除了定期召开各党支部小组会议外，把助推村域经济发展列入每月的支部主题党日会议中，充分发挥每名党员的聪明才智。在村两委的带领下，峒山村在发展经济方面取得了一个又一个显著成果，如蓝焰生态能源项目、光伏发电项目、高效农业示范园项目等项目的逐步落地，不仅增加了峒山村村集体的经济收入，更直接解决了农户的就业和生计问题，尤其是贫困户的就业问题，显著提升了广大村民的获得感与幸福感。

（一）用创新发展的理念引导村域经济秩序

峒山村两委采用创新发展的理念，确定以产业为支撑，通过产业带动村域经济的持续发展。与以往农村建设普遍"无规乱建"不同，如今的美丽乡村建设、乡村振兴必须与城镇发展一样"依规而建"，且必须是在城乡融合背景下的统一规划建设。峒山村两委没有急于开展村域产业发展，而是聘请专业的规划设计院，为村域未来产业发展制定发展蓝图。经过专业规划设计院、村两委，以及广大村民代表的深入讨论，最终确定"三位一体"的产业定位，主要依靠农业、观光旅游和古镇文化三位一体带动村域经济发展。产业发展定位确定后，峒山村两委采用切实可行的建设思路引导村域经济秩序。明确"五个一"的建设思路，也称"三点一线"建设规划思路。村两委围绕水边、路边、山边做文章，充分利用已有资源和村域结构发展村域经济。在村内水港旁建造一个旅游观光码头，促使其成为未来百里长港示范中转站。在主干道旁边建造一个大型的社区和服务中心，计划总投资3500万元，规划面积为197亩，可容纳256户村民。峒山是村民最早居住之处，也是聚集村民最多的区域，为充分利用已有资源，本着不大拆大建的原则，设计方案对山边400多户村民住房进行逐步分批改造，打造具有明清风格的峒山古镇。

（二）用高效的治理模式服务村域经济秩序

好的规划与建设思路能够引领村域经济朝正确的方向发展，而好的治理模式是确保规划与思路落地的关键。为更好、更有效地管理好村内党务、村务、产业等多方事务，村两委在采用“三管合一”的治理模式，新建成的社区成立了一个“三合一”的管理班子，把党总支、村委会、农业发展有限公司三块牌子整合成一套领导班子。为更好地服务村域经济建设与发展，村两委在“三管合一”的治理模式基础之上，搭建“1+8”的服务平台。以村党总支、村委会、农业发展有限公司为主导，整合新社区内旅游接待中心、警务室、劳动就业培训中心、文化活动室、便民超市五方面资源，建立一个大型综合社区服务体系。

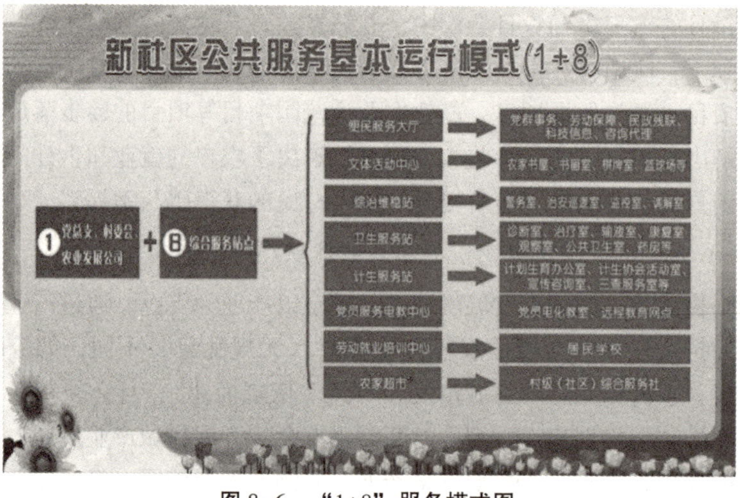

图8-6 “1+8”服务模式图

（三）用先进的运营模式助力村域经济秩序

在创新发展的理念和高效的治理模式下，村两委于2009年成立鄂州市峒山村农业发展有限公司。自2010年8月投产以来，公司依托村域土地资源，以农业科学技术的研发和应用为主导，着重与乡村旅游景点开发、生态农产品种植与销售等，逐步成长为百里长港示范带的示范企业。公司始终秉持“诚信为本，信守合同”的原则，努力打造“峒山质量、峒山品牌、峒山形象”。为助力村域经济，公司必须首先理顺内部经营模式。公司首先明晰与农户的利益联结方式，与参与农村产业化经营的农户签订《生态农产品生产收购合同》，承诺实行保护价收购和市场调节相结合的制度，打消广大农户的后顾之忧，大幅度提升农户的经济收入。其次积极探索产业化经营模式。公司采用多种产业化经营模式，促进农业产业化经营发展。第一种模式为与其他公司联建，如与武汉鑫兴达苗木公司签订合作协议，公司提供520亩土地，鑫兴达负责所有道路、河道两侧及村庄空置地的生态林、经济林、景观林的设计和施工，建成公园式园林景观，公司可借势开发村域休闲娱乐项目，推动乡村旅游业发展。第二种模式为村民联合经营，聘请技术专家指导村民生产。如新沟队村民谢金发、夏新华集中亲戚朋友的土地共计27亩种植西瓜，在专家的指导下，实现共同管理，连片规模经营，实现年纯收入30万元。第三种模式是公司通过以物放货形式促进生态农业产业化发展。公司与困难农户签订合同，无偿提供种苗、肥料、农机具等生产物质及田园看护的资料技术等，解决部分农户没有生产投入的困难，实现村域有机农产品产业化发展目标。最后公司制定切实可行的未来发展思路，避免发展的盲目性。公司主要依据鄂州生态农业发展战略，重点发展观光种植业，建设和完善若干个有机、绿色、无公害、高效益种植业板块，逐步形成长港生态农业观光线。主要抓好百里长港乡村休闲农业建设，建设和完善蔬菜园、观光采摘园、休闲垂钓园、民俗文化园等丰富多彩的休闲农家乐。为满足不同游客的需求，公司将结合峒山风景区各景点资源，制定一日游、两日游等不同特点的旅游路线和旅游安排。

第三节 适应城乡融合发展的乡村治理思考

党的十九大报告明确指出：“我国社会主要矛盾已经转化为人民日益增长的美好生活需要和不平衡不充分的发展之间的矛盾。”在诸多发展不平衡中，城乡发展不平衡对城市与农村的持续发展影响巨大。城乡发展不平衡主要表现为：一是城乡居民之间的收入差距巨大，虽然国家统计局数据表明2016年城乡居民人均可支配收入之比为2.72，与2012年相比，下降0.16，城乡居民的差距依旧较大；二是与城镇相比，农村的基础设施与公共服务非常差，在优先发展城镇的思维下，人力物力财力聚集在城镇，导致城镇基础设施与公共服务显著高于农村；三是中国广大农村地区本身发展极不平衡，存在诸多的空壳村和贫困村。面对当前纷繁复杂的国际形势，过多依靠外资和外需导向已无法支撑中国经济持续健康发展，必须不断扩大内需才能实现经济持续且高质量发展。城乡之间各方面差距较大，一方面暴露出广大农村地区面临缺人才、缺技术、缺设施、缺服务等不足之处，另一方面也表明通过强化乡村治理，释放农业农村发展新动能，将会成为拉动中国未来经济高质量发展的最大内需动力。基于此，我们看到释放农业农村发展新动能对未来中国经济增长的贡献潜力巨大，同时也应看到在城乡长期发展不平衡的背景下，农村面临诸多问题，其中以治理结构失衡、党组织核心引领弱化、养老问题现状与隐患严重最为突出，也最为关键。当下城乡融合发展正逐步成为释放农村活力与内需的强力助推剂，为适应以城乡融合发展而促进乡村振兴战略的发展要求，必须着重破解以上三大问题。

一、必须首先破解乡村治理结构失衡问题

在治理结构失衡的影响因素中，城乡融合带来的乡村日益空心化影响尤为严重。治理结构失衡虽然表现为参与治理的主体非常单一，村民与社会组织等参与度非常低，但实质上是“人”的问题，是在城乡融合发展中，农村人特别是乡村精英过度流失的问题。乡村空心化是当前时代变迁的产物，是城乡转型发展中的一种特殊形态，其对乡村社会结构产生了深远的影响，带来了参与主体缺失、参与结构失衡、治理流程流于形式等严重问题，给乡村治理带来的极大的挑战。乡村空心化不仅会直接带来人员流失与人才短缺，更会对农村的经济社会、资源环境等产生严重的负面效应。各地乡村治理的实践探索证明，只有首先解决农村人过度流失问题，才能切实解决乡村治理结构失衡问题，才能促进城乡融合中“城”与“乡”的一体化发展，而不是过度牺牲“乡”促进“城”的发展。因此，城乡融合发展必须首先破解乡村治理结构失衡问题，必须坚持标本兼治，治本为主；坚持内外兼治，以内为主的解决办法。

（1）整治并合理规划村内各类用地。农村人过度流失问题中的关键点是人与地的问题，笔者认为应该首先解决地的问题。之所以这么说，因为空心村土地整治与规划的潜力巨大。全国农村居民人均居住面积为 228 平方

米，远远超过了强制性国家标准《村镇规划标准》（GB50188—93）规定的人均上限 150 平方米。[①] 付标等认为河南省空心村中闲置的土地至少有 250 万亩，通过几年的专项整治可以复垦 150 万亩耕地。[②] 刘彦随等对山地禹城典型村庄用地的调查数据显示，48 个典型村庄宅基地废弃率均值为 8.4%（最大值达到 25%），空闲率均值为 10%（最大值达到 18.7%）。如果采取专项措施进行整治，预计人均可增地 0.56～0.82 亩，净增耕地 13%～15%。[③] 河南和山东的空心村问题在全国较为普遍，因此，解决空心村问题的前提条件是整治并合理规划各类用地。具体而言，首先要整合与规划空心村的空间、组织和产业布局，以城乡融合发展为契机，以美丽乡村建设为切入点，坚持打造"产业兴旺、生态宜居、乡风文明、治理有效、生活富裕"乡村振兴战略总体要求，着力推进农村地域内的空间重构、组织重建和产业重新布局，形成"中心镇—特色村"的空间布局，实现乡村与城镇有效衔接，促进各类生产要素在城乡间高效流通。其次是进一步落实宅基地改革政策。宅基地是农村建设用地的主体，在"三块地"（农用地、农村集体经营性建设用地和宅基地）的整治与改革中意义重大。2018 年，中央一号文件《中共中央国务院关于实施乡村振兴战略的意见》明确提出：适度放活宅基地和农民房屋使用权。对于广大农户而言，放活使用权意味着可以与其他组织与个人探索利用闲置宅基地做一些副业，在盘活空置、闲置住宅的同时，增加村民的财产性收入与就业机会。对于土地市场而言，城里人虽然不能在农村建房，但可以改造已有宅基地，可以利用空置与闲置的宅基地发展民宿、农家乐、农村电商、农户产品加工等，切实增加村民的收入和就业机会。最后是加强规划意识。在城乡融合的宏观背景下，科学规划并分类指导村内基础设施建设和宅基地建造，特别是采用多样化手段加强对宅基地的管理。在管理宅基地上，一方面需严格审批流程，杜绝"乱批乱占"现象；另一方面需依法依规整治非法占用的宅基地。

（2）积极留住并发挥内外乡村精英的作用。从狭义上看，乡村治理结构失衡问题主要表现为农村人口过度非农化，特别是农村精英的大量外出务

---

① 刘彦随，刘玉．中国农村空心化问题研究的进展与展望［J］．地理研究，2010（1）．

② 付标，祝桂兰，康鸳鸯，等．河南省"空心村"治理与农村环境建设［J］．生态经济，2004（12）．

③ 刘彦随，刘玉，翟荣新．中国农村空心化的地理学研究与整治实践［J］．地理学报，2009（10）．

工。因此，留住村内精英，吸引外出精英是解决结构失衡问题的关键。乡村精英的回流不仅能解决村民参与治理能力和愿望不高的问题，也能解决因缺人才而导致乡村正式和非正式组织式微的问题。在培养和留住村内精英人才方面，应采用多样化的手段鼓励乡村精英在正式场合和非正式场合发挥作用，如果有可能，也可通过选举途径吸纳进村两委班子。随着生态农业的兴起和乡村振兴战略的提出，已有一部分精英留在村内从事与农业有关的工作。他们中既有乡贤、经济能人，也有退休的公职人员等，与其他普通村民相比，他们具有丰富的知识水平和独立思考能力，具备较强的责任意识，也勇于发表自己的意见。这类乡村“意见领袖”应培养成为解决治理结构失衡问题的中坚力量。在吸引外出精英回流方面，应积极采用信息化手段联系并帮助外出务工精英，鼓励其回村参与村域建设。当下，中国农村的基础信息化建设已基本完成，据《全国农业农村信息化发展“十二五”规划》数据显示，截至2010年，全国100%的乡镇均实现能上网，其中98%实现宽带上网。在此条件下，村两委应充分利用网络信息平台，如QQ、微信等平台，加强与外出务工精英人才的交流。在建立交流联系中，建立完备且动态的外出人才档案至关重要。这种实时更新的人才档案不仅能随时联系外出务工精英，听取他们的意见表达；还能在他们遇到困难时提供帮助；更能向他们展示村内越来越好的发展形势，建立有效机制吸引他们回流。

（3）大力吸引并引进外来人才和培育社会组织。不管是合理规划土地资源，还是留住村内精英人才，都是发挥内因的作用。而在城乡融合发展的态势下，仅发挥内因的作用还难以彻底解决治理结构失衡问题，需借助外部的力量。在帮助农村解决治理结构失衡问题的外部力量中，大学生村干部和社会组织的作用与潜力巨大。就大学生村干部而言，自20世纪90年代中期开始，大学生村干部从无到有，经历了较长时间的积累和发展。一般来说，1995年江苏省丰县的“雏鹰工程”被广泛视为大学生村干部的萌芽。1999年，海南省推出大学生村干部计划，浙江省通过公开招考的形式在全国首先推行“一村一名大学生”的计划。自此后，大学生村干部逐渐在全国范围内兴起。大学生村干部能有效弥补村内精英知识水平不高的现状，协助村两委干部处理一些文字要求较高的事务。峒山村也有一名大学生村干部，学历为研究生文凭，在村内已经工作两年。通过对村内其他干部的访谈，我们发现大学生村干部由于具有较强的知识优势，容易较快得到村民和村干部的认同与支持。大学生村干部的知识优势正是当前农村缺少的，它能加速城镇与农村的对接，让城乡间的信息和资源流通更为畅通，这种积极的变化符合广大农民的利益。大学生村干部本应在乡村振兴战略中发挥重要作用，但现实中的作用往往较小。主要是大学生村干部的任职岗位以及与村主要干部的关系限制了其作用发挥。通过访谈发现，大学生村干部主要协助村书记/主任处理文字工作，较少处理实际事务性工作，没有真正到农村的第一线岗位进行锻炼。此外，大学生村干部基本不是本村人，在村内待的时间较短，一般两年时间就会离开。也正因为如此，村干部不会把主要工作交给他们。在访谈中，我们发现村干部也会担心大学生村干部长期待在村内会参加农村选举，与他们产生直接利益之争。虽然有这种担心，但村干部也表示，如果大学生村干部安心待在村内为农民谋福利，他们愿意让出主要管理职位。因此，我们发现大学生村干部与村内精英无根本利益上的冲突，只要设法让大学生村干部在村内“待得下来”，然后让他们从事更多一线工作，给他们权限去“独当一面”。大学生村干部就有可能融入村内精英，共同助力乡村振兴，也能完成村干部队伍的新陈代谢，为乡村治理注入新鲜血液。社会组织正逐步成为城市社区治理的重要帮手，也应成为乡村治理的一支重要参与力量。在城乡融合发展过程中，乡镇与村委会关系发生一定程度的“异化”。为完成上级指标和任务，乡镇不断把各种行政任务下派到村委会，村委会成为最末端的“政府执行服务机构”，自治功能逐步弱化。村委会本应成为村民与政府部门的沟通桥梁与纽带，但其与村民的关系亦逐步疏远，此时，社会组织特别是“土生土长”的社会组织可以有效发挥桥梁作用。当下的中国农村依旧为“熟人社会”或者“半熟人社会”，熟人治理成本较低，效率较高，能有效弥补政府部门、村两委不能面面俱到的问题。社会组织不仅能有效弥补村两委治理幅度不够的问题，也能充分调动村民的参与积极性，在“熟人社会”的乡村中，“土生土长”的社会组织与村民有着“千丝万缕”的联系，他们能与村民充分沟通，能充分反映并代表村民的意愿，因此也能够得到村民的认可，能够有效弥补治理结构失衡问题。

二、必须重点解决乡村党组织核心引领弱化问题

美丽乡村建设离不开党组织的领导，城乡融合发展更离不开党组织的坚强领导。在中国特色社会主义新时代，农村基层党组织面临诸多新情况和新问题，给原本组织功能弱化的基础党组织带来了巨大的挑战。“治乱绳，不可急”，面对日益复杂的农村工作事务，基层党组织必须首先坚持执政能力建设，发挥好领导工作，切实加强对各项农村工作的领导。村域经济发展落

后与党组织弱化往往同时存在，两者难以分辨谁因谁果，但引领农村经济发展，带领村民摆脱贫困奔小康是基层党组织应有之责。党的十八大以来，以习近平同志为核心的党中央针对农村精神文明建设，提出了一系列富有创见的新思想、新观点和新要求。强调美丽乡村建设是美丽中国的前提条件，乡村文明是中华民族文明的主体，耕读文明是我国重要的软实力，农村发展必须注重乡土味道，记得住乡愁。因此，基层党组织必须担负起引导农村精神文明建设的责任。总之，基层党组织是农村各项工作的领导核心，在城乡融合发展中必须发挥统领各项工作和任务的作用。面对日益复杂的新情况和新问题，农村党组织必须着重解决组织弱化的问题。

(1) 强化党员培训教育，吸引青年精英入党。鉴于单个村资源、经费、讲课人才有限，市县可统一规划乡村党员培训教育，充分利用远程教育系统，加强对农村党员的教育和培训。目前，行政村上网已比较普遍，据工信部最新数据显示，2017 年我国 96%以上的行政村已经通宽带，贫困村宽带覆盖率也达到了 86%。因此，利用网络信息技术，创新农村党员的教育培训方式和内容，促使农村党员培训教育逐步走向制度化和规范化。学历不高且年龄偏大是影响农村党员自身素质的主要因素，因此，发展和吸纳青年精英入党是提升党员能力素质的重要举措。上级组织与部门应设立政策性指标，使得农村党支部有权充分吸纳退伍转业青年、回村大学生、外出经商务工精英、大学生村干部等优秀青年人才，为农村党组织引进新鲜血液和后备人才，激发基层党组织的发展活力。

(2) 建立健全基层党组织考核考评机制。结合各村具体情况，有针对性对村干部进行定期考核，把农村经济发展、生态环境、稳定等作为重要的考核内容，落实村干部责任书的签订与考核制度。落实农村民主评议制度，村党支部定期召开全体党员大会，党员对支部成员的行为和任期目标落实情况进行评议与打分，上级党组织需依据全体党员评议与打分的结果对支部成员进行升降奖惩，把村内民主建设的流程做实。建立切实可行的追责制度，对行使村务公开、民主决策与管理等不力的行为，切实追究相关党员干部的责任。健全党内外民主监督机制。对党员干部进行定期审计和离任审计，并及时公布审计结果，确保全体党员群众的知情权与监督权。充分发挥村民代表的积极作用，定期召开村民代表会议，共同商议村域经济社会发展，涉及村民切实利益的事项由村民自己讨论决定。

(3) 创新农村党建方式与内容。找准党建工作与农村工作的结合点，丰富党建内容，创新党建方式，增加党建活动的吸引力。如峒山村不仅开展党员议事制度、民主议政日、党内重大决策全体党员集体决定制度等，为广大党员知晓并参与村务治理提供了途径；也开展丰富多彩的农村文化艺术节、知识竞赛等村民喜闻乐见的活动，提升村两委与村民联系，提高村民参与乡村治理的热情。在大数据与互联网的新时代，党员群众的需求不断多元化和复杂化，农村党组织可充分利用互联网、新媒体等建立网上党支部，通过网站、手机报、QQ、微信、远程教育管理平台等及时发布村内事务，让村内村外村民都能第一时间了解村内发展动态。可通过网上平台丰富党员教育学习方式，促使党员之间相互交流学习，实现对党员教育管理的全覆盖。村民也可通过党员教育管理平台了解村内党建动态，增强村民对党建工作的认知度，进而提升其对党组织的信任度，提高其参与乡村治理的热情。

三、必须持续解决乡村养老的现状与隐患问题

从我国老龄化与城镇化发展历程看，老龄化问题出现相对较晚。1992年，市场化改革打破了城乡分割的制度壁垒，城镇化进入一个黄金发展期。2011年，我国城镇人口首次超过农村人口，达到51.27%。中国1999年开始步入老龄化社会，60岁以上人口占比超过10%。2011年开始的“十二五”时期同样是我国老龄化加速发展的时期。据2011年我国农民工调查监测报告数据显示，在转移农村就业人口中，男性占65.9%，40岁以下占61.7%，表明大部分身体素质较好的青壮年男性农村人口转移到城镇就业，留守在农村的大部分为老年人、妇女和儿童。因此，2011年以后，城镇化与农村人口老龄化两者之间的关系越来越密切。在某种程度上，我们可以认为城镇化是导致农村老龄化异常严重的重要原因。农村人口老龄化问题一开始并非与城镇化紧密联系，但随着城镇化进程加速，城乡一体化发展，农村人口老龄化问题逐渐与城镇化、城乡融合发展密切相关。当下，来自农村的各要素在推动城镇化进程上发挥越来越重要的作用，如农民工进城、农村人口向城镇迁徙、土地等要素流入城镇等。与此同时，乡村振兴离不开城镇的大力支持，如城镇工业技术下乡、资金回流、交通等公共设施延伸等。城乡之间的互补性越来越强，一方的发展离不开另一方的大力推动。如果乡村养老问题得不到有效解决，我国的城镇化进程与城乡融合发展将会受到影响，乡村振兴战略也将难以持续深入推进。因此乡村养老问题不能离开城镇化而独立解决，必须在城乡统筹发展的思维模式下思考城镇化与农村人口老龄化问题的关系，充分利用城镇的资源解决乡村养老问题。

（1）大力发展农业园区。产业兴旺是乡村振兴的关键所在，也是解决乡村养老问题的前提条件。从某种意义上说，大量农村青壮年流向城镇导致农村老龄化问题的本质为：农村的生产条件与生产方式较为落后，无法为乡村发展乃至振兴提供坚实的产业保障，农业也无法形成产业聚集地而带动乡村乃至县域经济的发展，致使农业、农村吸引力迟迟无法提升，人口大量外出，老龄化日益严重。因此，在城乡融合背景下大力发展农业园区是解决乡村养老问题的关键所在。应加大对大型农场、合作社、专业大户的引导、吸引力度，促使他们形成较大规模的农业园区。农业园区不仅能带动农村经济发展，提升广大农民的收入水平；更能就近吸引农民进园区工作，让青壮年农民工、失地农户等就地转化为农业产业工人。农业园区能够有效对接城乡要素，促使城乡要素高效流通，城镇的技术、资金与农村的土地、人力能在农村就地实现对接转化，实现农村地区的“三产融合”发展，从而从根本上缓解农村人口老龄化问题。

（2）加大城镇反哺农村力度。不管是农村，还是城镇，社保养老体系都是应对人口老龄化问题的关键。近年来，每年 2 亿多农民工为城镇建设做出了巨大贡献，为大城市创造了巨大社会财富，他们理应分享城镇经济发展的成果，但城乡养老保障体系不平等不公平导致他们难以享受与城市人同等的养老保障。虽然中国目前的国力无法在短期内实现城乡完全一样的养老保障体系，但加大城镇反哺力度，改善农民的养老保障问题还是大有可为的。针对农民工流动性强、参保率低的问题，可采取降低费率、增加养老金缴费时间等弹性办法，建立保障机制确保养老账户在地区间、城乡间自由流动与对接。着重解决失地农民的养老问题，不应采取一刀切的方法，只采取一次性补偿的方法解决农村土地征用问题。有学者提出，可依据年龄、劳动能力等采取弹性补偿办法，如无劳动能力的老人直接纳入养老保障，有劳动能力的依据年龄段采取不同的应对策略。

（3）注重逐步解决新生代农民市民化问题。新生代农民工逐渐成为进城务工的主体，与第一代农民不同，新生代农民工没有务农的经验与技能，他们离开城镇回归农村的话，难以依靠土地实现自足养老，但他们中的绝大部分又难以真正市民化，享受与城镇居民一样的福利。这种身在城镇，根在农村的“半城镇化”问题是产生新生代农民工养老隐患的关键所在。新生代农民工养老虽然不是当务之急，当如果不逐步消化处理，未来将成为城乡社会难以承受之痛。我国已采取了诸多手段解决城乡二元户籍制度带来的弊端，如 1984 年颁布新户籍管理制度，允许农户进城务工经商；2001 年取消对办理小城镇常住户口的计划指标管理；2014 年，国务院颁布了《关于进一步推进户籍制度改革的意见》，结束了实行半个世纪的“农业”和“非农业”二元户籍管理制度；2017 年，国家推动全面户籍制度改革，重点推进农业转移人口市民化问题。户籍制度改革牵涉利益太多，改革成效难以一蹴而就，部分地区由于受到财力等限制，市民化推进力度不大。新生代农民工由于自身特点，是农民工中最容易市民化的群体，故需要优先解决他们的城镇户籍，彻底解决他们难以真正回归农村的尴尬境地。农民工大量市民化无疑会给城镇公共资源、环境保护、财政支出等带来巨大压力，在财政支出无法一步到位的情况，可分阶段市民化。让新生代农民工取得城市户口，优先解决其最关心的问题，如住房、医疗、教育问题，然后在根据城镇发展情况，逐步解决后续保障问题，才能从根本上解决农村养老隐患巨大的问题。

小　结

在城乡统筹发展阶段和城乡一体化发展阶段，不少人对城乡发展的理解产生一定程度的偏差，认为统筹城乡发展或者是城乡一体化发展就是不断推进城镇化进程，促使越来越多的农村转变为城镇，越来越多的农村人转变为市民。近年来按照城市模式搞新农村建设的案例不胜枚举，有探索失败的案例，也有短暂取得较好成绩的案例，但不管是成功的案例，还是失败的案例，这种发展模式均带来诸多发展困境。农村不能全盘按照城市的发展模式进行发展，也不能全盘按照城市的治理模式进行治理，需要结合本地特色，进行乡村治理创新。本章分三节阐述统筹城乡融合发展的乡村治理创新。第一节主要阐述城乡融合发展趋势下乡村治理面临的挑战。在新时代的城乡融合发展下，乡村治理主要面临治理结构失衡的问题、党组织核心引领弱化的问题、养老现状与隐患双层夹迫的问题。第二节主要介绍峒山村适应城乡融合发展的乡村治理创新实践。为解决城乡融合发展中面临的一系列问题，村两委不断强化农村党组织建设，切实发挥党组织的核心引领作用；不断引导村民、各社会组织参与乡村治理，让村民自治之路愈发通畅；在集思广益和多方联动的基础上，不断引进先进的理念和管理模式，找到一条符合本村特色的经济发展之路。第三节主要进行适应城乡融合发展的乡村治理思考。释放农业农村发展新动能对未来中国经济增长的贡献潜力巨大，当下城乡融合发展正逐步成为释放农村活力与内需的强力助推剂，为适应以城乡融合发展而促进乡村振兴战略的发展要求，必须着重破解治理结构失衡问题、党组织核心引领弱化问题、养老现状与隐患双层夹迫问题。在破解治理结构失衡问题上，需整治并合理规划村内各类用地，积极留住并发挥内外乡村精英的作用，大力吸引并引进外来人才和培育社会组织。在破解党组织核心引领弱化问题上，需强化党员培训教育，吸引青年精英入党；建立健全基层党组织考核考评机制；创新农村党建方式与内容。在破解养老现状与隐患双层夹迫问题上，需大力发展农业园区，加大城镇反哺农村力度，逐步解决新生代农民市民化问题。

后　记

《城乡融合发展助力峒山村乡村振兴》一书，是湖北省社会科学院社会学研究所和湖北省社会治理体系研究中心多位科研人员的集体智慧结晶。湖北省社会科学院副院长杨述明研究员和社会学研究所副所长覃国慈研究员，对该著的策划、调研、写作、统稿各个环节均给予了悉心指导。具体章节的作者为：蔡玲撰写第一章、第七章，叶宁撰写第二章、第五章，马德富撰写第三章、第四章，许伟撰写第六章、第八章。

本书的面世，要感谢湖北省财政厅、湖北省社会科学院科研处的大力支持，感谢湖北人民出版社责任编辑的辛勤劳动，感谢鄂州市峒山村两委干部对调研的大力协助。此外，该书参考了诸多学者的研究成果，在此一并感谢！

峒山村的探索实践表明，城乡融合发展是实现乡村振兴发展的有效途径，在各地全力实施乡村振兴战略的进程中，具有重要借鉴启示意义。首先，在十九大报告提出"实施乡村振兴战略"的新阶段，必然要求重塑城乡关系，以此来实现乡村振兴；其次，重塑城乡关系，必然要求建立更加紧密的城乡融合的产业体系，实现这一目标的有效途径，则是走农村一二三产业融合发展道路；另外，重塑城乡关系必然要求城乡在城乡基础设施建设、公共服务体系建设、城乡体制机制创新等各个方面与时俱进；最后，新型城乡关系的逐渐形成，也必然对农村社会结构带来冲击，因此，必然要求建立起与之相适应的乡村善治模式。这些课题的提出和解决，对正在加快实施的乡村振兴战略至关重要。本书审慎触及上述问题，期待学界前辈、同行和读者关注，并对我们的不足之处予以指正！

编　者

2018 年 12 月